Zana Muhsen / Andrew Crofts

Noch einmal meine Mutter sehen

Vom eigenen Vater in die Sklaverei verkauft

Aus dem Englischen
von Silvia Morawetz

WILHELM HEYNE VERLAG
MÜNCHEN

HEYNE SACHBUCH
Nr. 19/2008

Titel der englischen Originalausgabe
SOLD. A STORY OF MODERN-DAY SLAVERY
Erschienen bei Macdonald & Co (Publishers) Ltd, London & Sydney

7. Auflage

Printed in Germany 1992
Umschlagfoto: The Observer Ltd, London
Umschlaggestaltung: Atelier Adolf Bachmann, Reischach
Satz: Typoservice Urban GmbH, München
Druck und Verarbeitung: Presse-Druck Augsburg

ISBN 3-453-05546-2

Inhalt

Einleitung

Die Geschichte dieses Buches hätte ein Märchen aus Tausendundeiner Nacht sein können, wenn sie sich nicht in den achtziger Jahren des zwanzigsten Jahrhunderts ereignet hätte. Sie ist bittere Realität in einem der ärmsten Länder der Welt und für die meisten Menschen hier nahezu unvorstellbar.

Für die Mehrheit der Bevölkerung im Jemen hat sich das Leben in den letzten eintausend Jahren kaum verändert. Die Männer suchen sich größtenteils im Ausland Arbeit, um Geld für Lebensmittel nach Hause schicken zu können, ihre Frauen bleiben in den Dörfern, hinter Schleiern verborgen, versorgen die Familien unter primitivsten Bedingungen und arbeiten bis zur Erschöpfung.

Zana und Nadja Muhsen, zwei Teenager aus Birmingham, wurden von ihrem Vater unter dem Vorwand in den Jemen geschickt, dort Urlaub machen und die Heimat ihres Vaters kennenlernen zu dürfen. Man erzählte ihnen, daß märchenhafte Strände auf sie warteten, daß sie lernen würden, wie man Pferde ohne Sattel und auf Kamelen durch die Wüste reitet. Statt dessen aber sind sie – fünfzehn und vierzehn Jahre alt – schon vor der Abreise von ihrem eigenen Vater an jemenitische Ehemänner in den von Familienclans beherrschten Dörfern der Bergregion Mukbana verkauft worden. In dieser mittelalterlichen Welt haben Frauen praktisch keine Rechte und sind den Männern und deren Familien vollkommen ausgeliefert.

Zana und Nadja sind nicht die ersten Mädchen aus westlichen Ländern, die mit üblen Tricks in Ehen und in eine lebenslange Sklaverei verkauft wurden und werden, aber Zana ist die erste, der mit Hilfe ihrer Mutter und einer großangelegten Pressekampagne die Flucht aus dem Jemen gelang.

Sechs lange Jahre hat es gedauert, bis Zanas Mutter ihre in den Bergen der Mukbana versteckten Töchter ausfindig machen konnte, und weitere zwei Jahre vergingen, bis ein Weg gefunden war, Zana nach England zurückzuholen. Obwohl sie gezwungen wurde, zumindest äußerlich zu dem zu werden, was sie nach dem Willen der Männer zu sein hatte – eine jemenitische Ehefrau –, hat Zana nie die Hoffnung aufgegeben, eines Tages zu ihrer Familie nach England zurückkehren zu können. Ihr Wille sollte gebrochen werden: Durch nicht endenwollende Arbeit, durch Schläge, Vergewaltigung, seelische Grausamkeiten und die Ängste, die eine Frau durchsteht, die – ganz auf sich gestellt – ein Kind zur Welt bringen muß. Doch Zanas Widerstände waren größer.

Ihre Schwester Nadja dagegen wird noch immer in der Mukbana gefangengehalten, und Zana kämpft verzweifelt darum, Nadja, ihren Sohn Marcus und die Kinder ihrer Schwester aus der Sklaverei zu befreien. Mit diesem Buch hofft sie, die Öffentlichkeit aufzurütteln und den Männern, die ihre Schwester gefangenhalten, bewußt zu machen, welches unermeßliche Leid sie ihr durch eine ihr völlig fremde, erzwungene Lebensweise zufügen.

KAPITEL 1

Kindheit und Jugend in Birmingham

Ich muß ungefähr sieben gewesen sein. Ich hatte mit meiner Schwester Nadja Streit und weiß noch, daß ich sie geschlagen habe und daß sie geweint hat. Meine Mutter lief mir nach, und ich rannte durch die Haustür auf die Lincoln Street, in der wir wohnten. Halb fürchtete ich mich vor dem, was mir blühen würde, wenn Mum mich zu fassen bekäme, halb mußte ich aber auch lachen.

Neben dem Gehweg war ein Lieferwagen geparkt, und um den herum sprang ich auf die Straße. Von dem, was danach geschah, weiß ich nur noch, daß ich von einem vorbeifahrenden Auto in die Luft gehoben wurde, daß ich eine Ewigkeit flog und dann mit den Knien und dem Kopf auf dem Pflaster aufschlug. Danach ging alles durcheinander, und Leute schrien und trugen mich zur Seite.

Ich weiß noch, daß ein Krankenwagen gekommen ist und mich ins Krankenhaus gebracht hat. Die Wunde am Kopf mußte vernäht werden, und die Narben auf den Knien sieht man heute noch. Das ist meine erste deutliche Erinnerung.

Von meinem Leben vor diesem Tag weiß ich nichts mehr, ganz genau aber weiß ich, daß ich niemals unglücklich gewesen bin. Das Leben in meiner Familie war schön.

In der Lincoln Street wohnten viele von unserer Familie. Es war das Haus meiner Großmutter, und wir waren alle aus Sparkbrook, wo ich geboren wurde, zu ihr gezogen. Außer meinem Dad und meiner Mum wohnten noch vier ihrer Brüder mit uns zusammen, meine Onkel. Diese Onkel waren nicht viel älter als ich, sie waren wie Brüder. Mum kümmerte sich zu der Zeit um sie. Da sie das älteste von Großmutters dreizehn Kindern war, führte sie, als Großmutter älter wurde, den Haushalt, kümmerte sich um die Brüder, die nicht ausgezogen waren, und gleichzeitig um ihre eigenen Kinder.

Mum und Dad hatten vor mir schon zwei Kinder, Leilah und Ahmed, doch die hatte mein Dad, als ich erst zwei Jahre alt war, zu seiner Familie nach Aden mitgenommen. Zu Mum hat er damals gesagt, daß sie nur zu Besuch mitfahren würden, sie waren drei und vier Jahre alt, aber dann kamen sie nicht wieder. Später fand ich heraus, wie verzweifelt meine Mum darüber war, daß sie sie verloren hatte, doch zu der Zeit wußte ich davon nichts. Mum sprach nie viel über das, was sie beschäftigte, und wir kamen nicht auf die Idee, zu fragen, warum sie fortgegangen waren und nun woanders wohnten.

Als Dad sie zu seiner Familie nach Aden mitnahm, war er anscheinend neun Monate fortgeblieben und hatte Mum kein einziges Mal geschrieben. Als er ohne Leilah und Ahmed zurückkehrte, konnte Mum gar nicht fassen, was geschehen war. Er sagte ihr, daß es das Beste für die Kinder sei, in Aden zu bleiben, sie würden bei ihren Großeltern ein besseres Leben haben als das, das er und Mum ihnen in England bieten konnten.

»Mein Vater hat in dem Dorf Marais ein großes, schönes Haus«, machte er ihr weis. »Die Kinder wollten dort bleiben.«

»Aber das konnten sie doch gar nicht beurteilen«, widersprach Mum. »Sie sind doch noch so klein.«

Sie schrieb ans Außenministerium und ans Innenministerium, doch von dort bekam sie nur zur Antwort, daß Leilah und Ahmed eine doppelte Staatsbürgerschaft hätten, die britische durch ihre Mutter und die jemenitische durch ihren Vater, und daß man sie nun als jemenitische Staatsbürger betrachtete. Zwei Jahre lang schrieb sie an verschiedene Leute, aber niemand wollte ihr helfen, und dann wurde sie wieder schwanger und mußte ihr Leben in England weiterführen. Sie redete sich ein, daß Leilah und Ahmed es da unten bei ihrem Großvater wirklich besser hätten, und es wurde, als wir heranwuchsen, nur selten über sie gesprochen.

Nadja und ich hatten noch zwei jüngere Schwestern, Ashia und Tina, und einen kleinen Bruder, der Mo hieß. Und alle wohnten wir in der Lincoln Street.

An dem Tag des Unfalls war ich zur Haustür hinausgelaufen, dabei hatten wir an der Rückseite des Hauses sogar einen ziemlich großen Garten, in dem wir Tauben hielten. Es waren immer viele Leute da, meist Verwandte von Mum. Von Dads Verwandten lebte niemand in England, deshalb erfuhren wir nicht viel über seine Familie oder seine Vergangenheit, abgesehen von dem, was er uns selbst erzählte. Er arbeitete damals bei British Steel und hatte andere kleine Jobs nebenbei, um etwas mehr zu verdienen. Mum mußte das Haushaltsgeld wohl sehr genau einteilen, um so viele Kinder zu ernähren, aber ich kann mich trotzdem nicht daran erinnern, daß es mir je an etwas gefehlt hätte. Als Großmutter gestorben war, zogen alle nacheinander aus der Lincoln Street aus. Meine Onkel gingen zuerst fort, und danach zogen Mum, Dad und wir Kinder für eine Zeitlang nach Washwood Heath. Irgendwann später muß Dad beschlossen haben, daß er sein Leben ändern wollte.

Als wir nach Sparkbrook zogen, war ich glücklich. Ich war ungefähr zehn, und mir gefiel die Gegend gleich, als ich sie zum ersten Mal sah. Mein Dad hatte unser Haus mit einem seiner türkischen Freunde getauscht für einen Fish and Chip Shop in der Stratford Road, und wir sollten alle über dem Café wohnen. Es war eine ganz gewöhnliche Wohn- und Geschäftsstraße, aber sie wirkte freundlich, und ich fühlte mich dort sofort sehr wohl. Ich wollte immer da bleiben.

Wir kamen schon vor dem großen Möbelwagen hin, und Mum sagte mir, daß das das Stadtviertel sei, in dem Nadja und ich geboren worden waren. Nachdem wir unsere Sachen hineingebracht hatten, fingen wir an, im Café sauberzumachen und die Böden zu wischen, damit wir öffnen konnten. Nadja und ich halfen Mum immer gern bei der Arbeit. Dad machte noch ein paar Umbauten im Laden und eröffnete ihn dann eine Woche später.

Als wir Mädchen klein waren, schenkte Dad uns wenig Beachtung. Er war den ganzen Tag über bei der Arbeit, und wenn er abends nach Hause kam, war er gewöhnlich mit

Freunden zusammen und sprach arabisch. Erst als wir in die Secondary School kamen, fing er an, sich anders als alle anderen Väter zu benehmen. Seiner Meinung nach wurden wir allmählich erwachsene Frauen, und er war überzeugt davon, daß wir gefährlichen Versuchungen ausgesetzt wären. Von da an war er sehr streng zu uns.

Als Nadja und ich zwölf oder dreizehn Jahre alt waren, ließ er uns nicht mehr aus den Augen. Jedesmal wenn ich aus dem Haus gehen wollte, mußte ich mir seinetwegen Geschichten ausdenken. Ich erzählte ihm, daß ich bei meinem Onkel auf das Baby aufpassen würde, wenn ich eine Freundin zu Hause besuchen oder zu einer Party oder in die Disco gehen wollte. Bei unserem Café gleich um die Ecke gab es ein Family Association Centre, eine Art Klubhaus, in dem jede Woche Discos stattfanden. Dort ging ich sehr gern mit meinen Freundinnen hin. Wenn mein Onkel Dad sah, hielt er immer zu mir und sagte, daß ich bei ihm zu Hause sei. Mum wußte auch, wo wir waren, aber sie verriet uns nicht.

Er war dagegen, daß wir Röcke trugen und die Beine zeigten, selbst wenn die Röcke knielang waren. Er hatte etwas gegen die Leute, mit denen ich zusammen war. Und wegen der Männer, die sich nach seiner Meinung nach Einbruch der Dunkelheit auf den Straßen herumtrieben, mochte er auch Sparkbrook nicht. Schwarze haßte er am meisten. Seine arabischen Freunde hatten alle die gleichen Ansichten. In den Klub kamen viele schwarze Jungen, und er wußte, daß ich mit ihnen befreundet war. Er haßte sogar die Musik, die ich hörte, Reggae und Soul, weil sie hauptsächlich von Schwarzen gemacht wurde. Ich fragte Mum immer wieder »Was hat er denn gegen Schwarze?« Sie antwortete jedesmal: »Ich weiß es nicht, frag ihn doch«, aber ich hatte nie den Mut, solche Fragen zu stellen. Er sagte immer, daß die Schwarzen dort, wo er herkam, Sklaven seien und daß das auch so sein müßte.

Ich war damals zu jung, um etwas von der Geschichte der Schwarzen zu wissen. Erst später lernte ich, wieviel die Äthiopier beim Aufbau Ägyptens und der anderen arabischen Länder geleistet hatten und daß die Araber ursprünglich aus Afrika kamen. Ich konnte nie begreifen, warum er solche Ansichten hatte, weil ich zwischen Angehörigen der verschiedensten Rassen aufwuchs und sie niemals als Fremde betrachtete. Ich hatte alle Kinder gern, die wie ich in die St. Albans Schule der Church of England gingen – ich hatte immer viel Spaß mit allen meinen Freunden, ganz gleich, welche Hautfarbe sie hatten. Wenn ich mit den Jungs und Männern redete, die als Kunden ins Café kamen, hatte Dad nichts dagegen, wenn ich aber draußen mit einem Mann sprach, egal, ob er schwarz oder weiß war, fragte er mich aus, wer das sei, auch wenn er ihn kannte, und drohte mir, mich nicht noch einmal von ihm erwischen zu lassen. Nadja hatte genau die gleichen Probleme mit ihm.

Manchmal war er schlecht gelaunt, und es gab Zeiten, zum Beispiel wenn er mich nicht einmal um die Ecke zu meinem Onkel gehen lassen wollte, in denen ich ihn wirklich haßte. Meine Freundinnen durften anscheinend jeden Abend weggehen. Ihre Väter verlangten zwar, daß sie zu einer festgesetzten Zeit, wieder zu Hause sein mußten, aber sie durften wenigstens raus. Wenn ich aus der Schule gekommen war, durfte ich das Haus nicht wieder verlassen, es sei denn, ich erfand irgendeine Geschichte, die ihn überzeugte. Ich ließ mir aber mein Leben nicht von ihm zerstören. Als ich fünfzehn war, schlich ich mich einfach fort, ganz egal, was er sagte, und überließ es meiner Mum zu erklären, wo ich war. Ich wußte, daß ich, wenn ich wieder nach Hause kam, eine Ohrfeige kriegen oder abgekanzelt werden würde, aber das war mir die Freiheit wert. Er schlug nie fest zu, meistens schimpfte er mich nur aus. Wenn ich nach Hause kam, ging ich immer möglichst gleich in mein Zimmer, ohne mit ihm zu sprechen. Weil er uns nicht traute, spionierte er uns manchmal nach und überprüfte, ob unsere Angaben stimmten. Wenn er uns aus den Augen verlor, stellte er uns bei unserer Rückkehr zur Rede und wollte wissen, wo wir gewesen seien, was wir gemacht und mit wem wir uns getroffen hätten.

Ich gewöhnte mir allmählich an, ihn nicht zu beachten, und das machte ihn noch wütender. Von den schrecklichen Dingen, die uns angeblich passieren konnten, wenn wir abends allein ausgingen, glaubte ich ihm kein Wort. Ich hatte nie Angst auf der Straße, ich fühlte mich immer sicher. Es war ja mein Viertel, ich kannte jeden, der vorüberging, und ich wußte, was ich tat. Auch wenn wir schon um sechs Uhr abends nach Hause kamen, wollte er wissen, wo wir gewesen waren. Ich sagte dann immer, in der Schule, obwohl wir meistens mit unseren Freunden ins Familienzentrum oder in den Park gegangen waren. In dem Alter hatten wir nie Lust, zu Hause zu bleiben. Mum war immer sehr schweigsam, aber ich wußte, daß sie uns verteidigte, wenn wir nicht da waren.

Nicht daß wir ständig ausgegangen wären, an den meisten Abenden blieben Nadja und ich zu Hause und halfen Mum im Café. Sie hatte früher auch gearbeitet, aber nie ein Café geführt. Es war schwere Arbeit, aber wir taten sie alle gern. Wir hatten immer viele Leute um uns. Oben, über dem Laden, hatten wir zwei Wohnzimmer und drei Schlafzimmer. Meine Schwestern und ich schliefen alle zusammen im Dachgeschoß des Hauses. Wie alle Schwestern stritten wir uns oft, aber wir kamen im Grunde gut miteinander aus. Ashia war jünger als Nadja, und von einem bestimmten Alter ab hing sie wie eine Klette an uns. Ich hielt sie für zu jung und versuchte immer sie abzuschütteln. Um in meiner Nähe bleiben zu können, erpreßte sie mich mit der Drohung, Dad zu verraten, was wir vorhatten, wenn wir sie nicht dabeihaben wollten. Nadja und ich hatten die engste Beziehung, mit ihr wollte ich immer zusammensein. Ich hatte das Gefühl, mich um sie kümmern zu müssen, und sie war der wichtigste Mensch für mich.

Obwohl Nadja und ich die meiste Zeit zusammen waren, hatten wir unterschiedliche Freundeskreise. Nadja war eine Klasse unter mir, und sie war im Gegensatz zu mir ein richtiger Wildfang. Wenn wir zusammen in den Park gingen, war sie mit ihren Freunden auf dem Fußballfeld oder kletterte in den Bäumen herum. Ich dagegen war lieber im Klub und spielte Tischtennis oder Billard oder las ein Buch. Wir hatten unterschiedliche Interessen, aber wir wußten immer, wo die andere gerade war. Nadjas Freunde gerieten öfter in Schwierigkeiten als meine, aber es ging nur um harmlose Raufereien auf der Straße, nie um etwas Ernstes.

Im Familienzentrum gab es immer etwas zu tun. Die meiste Zeit verbrachten wir damit, Bilder und Basteleien für die Kindergruppen zu machen. Das Zentrum stand allen Altersgruppen offen, und wir halfen den Angestellten gern bei der Arbeit mit den jüngeren Kindern. Sie veranstalteten die verschiedensten Wettbewerbe, so zum Beispiel für die originellste Kostümierung. Ich weiß noch, daß wir einmal eine riesige Weihnachtskarte gemacht haben, die jemand bei einem Wettbewerb als Kostüm angehabt hat, sie gewann den Preis von zwei Pfund! Ich hätte das Kostüm am liebsten selbst angezogen, aber ich traute mich nicht, weil ich dachte, für so etwas sei ich nun wirklich schon zu alt.

Mit dem Café lief es anscheinend gut. Wir boten Fish and Chips zum Mitnehmen an, hatten aber auch ein paar Tische, an denen Leute sitzen und essen konnten. Ein Billardtisch war da, den die Jungen aus der Nachbarschaft ständig umlagerten, und Glücksspielautomaten. Es schien nie an Kunden zu mangeln. Dadurch, daß wir Mum servieren halfen, lernten Nadja und ich alle Leute aus dem Viertel kennen. Es ging überall sehr freundschaftlich zu, und wir hatten nie irgendwelche Probleme.

In der Schule waren Nadja und ich guter Durchschnitt. Nadja wurde manchmal gerügt, weil sie sich mit ihren Freunden im Klassenzimmer herumstritt, und bei mir schrieben die Lehrer am Ende eines Trimesters immer ins Zeugnis, ich sei zu »schwatzhaft«. Ich war gut in Englisch; Lesen, Schreiben und Orthographie machten mir Spaß. Der Lehrer forderte immer mich auf, aufzustehen und der Klasse laut vorzulesen, und das gefiel mir.

Ich hatte immer auch Bücher, die ich allein las. Ständig trug ich irgendeinen Roman, in dem es um Herz und Schmerz ging, in der Tasche, egal wohin ich ging. Ich nahm die Bücher auch mit in den Park. Hatte ich eins angefangen, dann konnte ich es nicht wieder weglegen. Manches Wochenende saß ich den ganzen Tag auf einer Schaukel im Park und verlor mich in den Geschichten. Am Ende eines traurigen Romans weinte ich. Ich bin immer sehr gefühlvoll gewesen. Über traurige Geschichten im Fernsehen oder in Zeitungen weine ich heute immer noch.

Der Roman »Wurzeln« über die Sklaven, die aus ihrer Heimat in Afrika auf die Plantagen des amerikanischen Südens verschleppt worden waren, hat mich so beschäftigt, daß ich ihn wohl insgesamt sechsmal gelesen habe. Ich konnte damals nicht ahnen, wieviel dieses Thema später mit meinem eigenen Leben zu tun haben würde.

An einem Samstagmorgen im Jahre 1979 gingen Mum, Nadja und ich in die Stadt, um ein paar Einkäufe zu machen. Wir waren auf einem gutbesuchten Markt, schlenderten zwischen den Ständen umher und schauten die Kleiderständer und die Verkaufstische durch, auf denen von Handtaschen bis Schallplatten alles ausgelegt war. Nadja stand vor einer Auslage mit Schmuckstücken und sah sich an, was es dort gab. Sie entdeckte einen Ring, der ihr gefiel, nahm ihn und drehte sich zu Mum um.

»Mum«, rief sie, »kaufst du mir den?«

Der Ring kostete neunzig Pence. Als Mum zu ihr hinüberging, kam der Besitzer des Stands hinter seinem Tisch hervorgerannt, hielt Nadja fest und warf ihr vor, daß sie mit dem Ring fortlaufen wollte, ohne ihn zu bezahlen. Alle Leute um uns herum fingen an wild durcheinanderzuschreien, und der Standbesitzer rief die Polizei und beschuldigte Nadja des Diebstahls. Wir mußten alle zum Gericht, und Mum und ich sagten als Zeugen aus. Weitere Zeugen gab es nicht. Wir erklärten, wie es wirklich gewesen war, aber der Standbesitzer beteuerte weiter, daß Nadja habe stehlen wollen, und das Gericht glaubte ihm. Meine Mum mußte eine Geldstrafe zahlen, und Nadja bekam Bewährung und wurde einer Sozialarbeiterin zugeteilt. Noch nie hatte jemand von uns Schwierigkeiten mit der Polizei gehabt, und wir waren alle sehr aufgeregt, weil wir wußten, daß Nadja den Ring auf keinen Fall hatte nehmen wollen.

Was wir nicht geahnt hatten war, daß Dad es so schwernehmen würde. Er begleitete uns weder zum Gericht noch bot er uns in irgendeiner Weise seine Hilfe an. Im Gegenteil, seinen arabischen Freunden klagte er über die Schande, daß der Name seiner Familie vor Gericht gezerrt und seine Tochter als Diebin gebrandmarkt worden sei. Das schien seine Befürchtung zu bestätigen, daß wir moralischen Gefahren ausgesetzt wären und auf den »Pfad der Tugend« zurückgebracht werden müßten. Wir sollten lernen, uns wie gute Araberinnen zu benehmen.

Obwohl Dad einen solchen Skandal daraus machte, daß Nadja nun als Diebin überführt war, fand ich später heraus, daß er in seiner eigenen Familie selbst als Dieb und Betrüger angesehen wurde. Als ich sie später im Jemen kennenlernte, erzählten sie mir, daß er das Gold seiner Stiefmutter gestohlen hätte, um es für die Reise nach England zu Geld zu machen.

In den späten sechziger Jahren bekam Mum von Dad einmal ein Telegramm aus dem Winson Green-Gefängnis, darin bat er sie, zu einem seiner Freunde zu gehen und das Geld zu leihen, das er dem Gericht schuldete. Mum hatte gewußt, daß er am Vormittag zum Gericht gegangen war, um dort über das Geld zu sprechen, aber sie hatte bis zu diesem Telegramm am Abend keine Ahnung, daß sie ihn eingesperrt hatten.

Sie tat, worum er sie gebeten hatte, und sein Freund bezahlte die Summe, die für seine Freilassung nötig war. Danach mußte Mum jede Woche zum Gericht gehen und Strafen für Verkehrsdelikte oder für versäumte Ratenzahlungen bezahlen. Sie mußte sogar für ihn die Gerichtsvollzieher bezahlen, weil er sich zu sehr schämte und ihnen nicht selber begegnen wollte.

KAPITEL 2

Der geheime Plan eines Vaters

Solange ich zurückdenken kann, waren bei uns zu Hause immer arabische Freunde von Dad zu Besuch. Es waren nur Männer, die zu jeder Tageszeit und abends vorbeikamen, und sie sprachen stets arabisch miteinander. Als ich noch klein war, war das für mich ganz alltäglich, und ich schenkte ihnen nie Beachtung. Frauen und Mädchen bezogen sie in ihre Gespräche niemals ein; es war, als ob wir für sie gar nicht existierten.

Schon seit der Zeit, als wir noch ganz klein waren, war insbesondere ein Mann sehr häufig da. Sein Name war Gowad. Er und Dad waren enge Freunde, sie unterhielten sich und spielten Karten. Ich schnappte arabische Höflichkeitsfloskeln wie »Danke« oder »Möchten Sie eine Tasse Tee?« auf, aber ich hatte nie die geringste Vorstellung, worüber sie miteinander sprachen. Ich interessierte mich auch nicht dafür; das waren die Gespräche erwachsener Männer, nach allem was ich wußte, nichts, was mich betraf.

Abends gingen die Männer oft zusammen in den Pub, und Mum blieb dann mit uns im Café. Wir wußten nie, was sie vorhatten. Mum machte es wohl nichts aus, wie er sie behandelte, ich nehme an, sie hatte sich daran gewöhnt. Ich glaube, verglichen mit einigen der Männer, mit denen ihre Freundinnen zusammenlebten, war mein Dad für sie schon ganz in Ordnung. Sie hat sich uns gegenüber nie über ihn beklagt, obwohl ich später von anderen Leuten hörte, daß es sie traurig machte, wenn sie mit uns Kindern allein in den Park ging und andere Väter sah, die mit ihren Familien etwas unternahmen. Obwohl Mum und Dad fast zwanzig Jahre zusammenlebten und sieben Kinder hatten, hat Dad sie nie geheiratet.

Kennengelernt haben sie sich, als Mum siebzehn war. Dad stammt aus dem Dorf Marais, das in der Nähe der Hafenstadt

Aden im Südjemen liegt. Er hatte ihr erzählt, daß er als Fünfzehnjähriger nach England fortgelaufen war, weil seine Familie ihn in eine vermittelte Ehe gezwungen hatte, aus der er fliehen wollte.

Er verreiste oft und blieb dann lange weg, so wie das eine Mal, als er Leilah und Ahmed nach Marais brachte. Da war er neun Monate fort und ließ Mum ganz allein in einem Zimmer in Birmingham zurück. Die meisten seiner Freunde waren so; sie fuhren für ein paar Monate nach Hause in den Jemen und kamen dann für eine Weile zum Arbeiten nach England zurück. Viele gingen zum Geldverdienen auch in Länder mit reichen Ölvorkommen wie Saudi-Arabien oder Kuwait. Im Jemen gibt es für Männer nicht viel Arbeit, deshalb müssen die meisten ins Ausland gehen und ihren Eltern und Frauen Geld nach Hause schicken. Die mit dem Herumreisen in der Welt verbundene Lebensweise gefällt anscheinend vielen von ihnen, sie gibt ihnen ein Gefühl von Freiheit und erlaubt ihnen, sich zu benehmen, wie sie wollen. Sie wissen ja, daß die Frauen zu Hause bleiben, ihre Kinder erziehen und die Häuser und die kleinen Äcker versorgen.

Kurz bevor ich die Schule abschloß, bekam ich einen Teilzeitjob als Reinigungskraft in Büros. Mit Lynette, meiner besten Schulfreundin, meldete ich mich nachmittags in den Büros, und man wies uns unsere Arbeit zu. Ich verdiente mir so ein wenig Taschengeld für Zigaretten und Schallplatten. Ich hab immer gern Reggae und Soul gehört, noch heute kaufe ich mir ständig Platten.

Anfangs rauchte ich nur ein oder zwei Zigaretten am Tag, mußte es aber vor Dad geheimhalten. Man konnte zu der Zeit Zigaretten noch einzeln in den Läden kaufen, und als ich noch nicht genug Geld hatte, um mir meine eigenen zu kaufen, hab ich immer welche von Mum stibitzt. Im Hof an der Rückseite des Cafés hatten wie eine Toilette, und dorthin ging ich zum Rauchen. Einmal kam Mum gerade nach mir auf die Toilette und bemerkte den Rauch, sie warnte mich, daß Dad mich umbringen würde, wenn er mich erwischte.

Ich weiß nicht mehr, warum ich anfing zu rauchen, aber ich weiß noch, daß die Leute mir vorher immer Komplimente wegen meiner blendendweißen Zähne gemacht hatten. Die Zigaretten sorgten dafür, daß damit bald Schluß war. Bevor ich England verließ, habe ich aber nicht wirklich stark geraucht.

In der Regel hatte Dad nichts dagegen, wenn ich mich mit Lynette traf. Ihre Eltern besaßen in der Stratford Road einen Laden, und so oft ich konnte, ging ich dorthin und half ihnen.

Ich hatte nie vorgehabt, den Bürojob lange zu machen. Ich hatte ihn seit zwei oder drei Monaten, als ich von dem geplanten Urlaub im Jemen erfuhr. In Wirklichkeit wollte ich eine Ausbildung als Kindergärtnerin machen. Die Arbeit mit den Kindern im Familienzentrum machte mir viel Spaß, und ich hatte auch in der Schule Kurse über Kindererziehung belegt. Jeden Mittwoch durften wir uns ein Hobby aussuchen, mit dem wir uns ernsthaft beschäftigen wollten. Einige Kinder wollten Bibliothekare werden und gingen mittwochs in Bibliotheken. Ich ging in Kindergärten und beaufsichtigte Kinder und beobachtete die Kindergärtnerinnen bei der Arbeit. Es war wie ein Kurs. Ich wollte aufs College gehen und eine richtige Fachausbildung machen. Ich habe mich immer gern um kleine Kinder gekümmert, ich glaube, ich war für mein Alter sehr vernünftig.

Eines Abends waren Nadja, Ashia und ich im Zentrum um die Ecke. Als wir zum Café zurückkamen, war es ungefähr neun Uhr. Wir rannten nach oben ins Wohnzimmer und sahen eine ganze Runde von Arabern bei Mum und Dad sitzen. Dads alter Freund Gowad war auch dabei.

Anscheinend war Dad einmal nicht böse, daß wir uns verspätet hatten. Er stellte uns den Fremden vor, was ungewöhnlich war, und sie redeten alle englisch und bezogen uns in die Unterhaltung mit ein. Die Atmosphäre war sehr freundschaftlich. Ein Mann war mit seinem erwachsenen Sohn da. Der Mann hieß Abdul Khada, und sein Sohn Mohammed. Ich fragte Mohammed, wie lange er schon in England sei, und er erzählte mir, daß er seit vier Jahren in einer Fabrik arbeite. Davor hatte er einen guten Job in Saudi-Arabien gehabt und viel Geld verdient. Ich glaube, daß er sich so lange in England aufhielt, weil er eingebürgert werden wollte, damit er nach Belieben kommen und gehen konnte. Die meisten Jemeniten machten es so. Sie lernen gern Englisch, weil sie mit einer zweiten Sprache etwas Besseres sind, wenn sie in den Jemen zurückkehren. Mohammed sprach gut Englisch und schien sehr nett zu sein. Abdul Khada war klein und dick. Er hatte einen großen Schnurrbart, lockiges Haar und große Augen. Er war anscheinend ein übellauniger Mensch, zu mir war er aber damals sehr nett.

Gowad hatte Fotos von seiner Familie und besonders viele von seinem Sohn mit, die er uns zeigte. Wir schauten sie mit höflichem Interesse an, aus Respekt, dachten uns aber nichts weiter. Zu Nadja war Gowad besonders nett. Wir unterhielten uns eine Zeitlang, und dann verabschiedeten sich die fremden Männer.

Nachdem sie gegangen waren, erzählte Dad Nadja, daß Gowad angeboten habe, sie für einen einmonatigen Urlaub mit in den Jemen zu nehmen, wo sie dann auch unseren Bruder Ahmed und unsere Schwester Leilah besuchen sollte. Er hatte oft davon gesprochen, wie wunderschön sein Heimatland sei, und nun malte er uns ein Bild, als wäre der Jemen einer der Orte, an denen die Filmwerbung für die Bounty-Schokoladenriegel gedreht wird. Er sprach von wunderschönen, palmengesäumten Stränden, ewigem Sonnenschein und Kamelritten durch die Wüste. Er beschrieb, daß die Häuser, in denen sie dort alle lebten, auf Klippen stünden, und daß man von ihnen auf blaues Meer und weißen Sand blickte, und er sprach von Schlössern auf Sanddünen. Er sagte, sie würde auf einer Farm wohnen und lernen, wie man ohne Sattel Pferde reitet.

Es klang so wunderbar, daß Ashia und ich auch dorthin fahren wollten. Ich war auch nicht so glücklich darüber, daß Nadja allein fahren sollte, mit vierzehn hielt ich sie für zu jung, um in Begleitung Fremder so weit zu reisen, und außerdem ging sie ohne mich nie irgendwohin. Ich sagte Dad, daß ich sie begleiten wolle. Zum einen war ich eifersüchtig, daß sie so wunderbare Ferien bekommen sollte, und zum anderen wollte ich nicht sechs Wochen ohne sie verbringen, aber ich war auch beunruhigt, daß sie ganz allein fahren sollte.

Dad hörte mir zu, und ich hatte den Eindruck, daß er in diesem Augenblick zum ersten Mal darüber nachdachte, mich ebenfalls fahren zu lassen. Er nickte schlau und sagte: »Wir werden sehen.« Er wollte sich diese Ideen offensichtlich sehr genau durch den Kopf gehen lassen.

Er muß anschließend zu seinen Freunden gegangen sein, um mit ihnen darüber zu sprechen, und ein paar Tage später sagte er mir, daß Abdul Khada und sein Sohn Mohammed ein paar Wochen früher als Gowad in den Jemen zurückfahren würden und freundlicherweise angeboten hatten, mich mitzunehmen, so daß ich ihre Familie besuchen und danach mit Nadja weiterfahren und die Ferien bei Leilah und Ahmed verbringen konnte. Ich war sehr aufgeregt. Ich würde zum ersten Mal in die Ferien fahren, und gleich mit einem Flugzeug. Ich freute mich auf die Abwechslung und das Faulenzen in der Sonne. Und dann würde ich zurückkommen und meine Ausbildung als Kindergärtnerin anfangen.

Obwohl ich lieber am gleichen Tag wie Nadja abreisen wollte, hatte ich doch Angst, zu Hause bleiben zu müssen, wenn ich nicht an dem Tag fahren würde, für den mir das Flugticket angeboten wurde. Darum war ich einverstanden, zwei Wochen vor Nadja mit Abdul Khada und Mohammed zu reisen.

Mum war sehr schweigsam, schien sich aber zu freuen, daß wir einen schönen Urlaub haben sollten. Ich erinnere mich noch, daß ich sie fragte, wie ich mich mit Leilah und Ahmed verständigen könnte, da ich kein Arabisch konnte und sie wiederum kein Englisch. Ich wußte das, weil sie Dad regelmäßig Tonbandkassetten schickten und ihm auf arabisch erzählten, wie es ihnen ging. Er spielte sie seinen Freunden vor, um ihnen zu beweisen, wie glücklich seine Kinder waren. Mum hat nie darüber gesprochen, was sie von den Kassetten hielt. Ich glaube, sie litt sehr, aber da sie das Gefühl hatte, sowieso nichts unternehmen zu können, hielt sie sich einfach heraus. Und ich bin einfach davon ausgegangen, daß es ihnen gut gehen mußte, wenn Dad das sagte.

Damit Nadja in den Jemen fahren konnte, mußte Mum eine Genehmigung von ihrer Sozialarbeiterin einholen, daß sie das Land verlassen durfte. Mum meinte, daß eine Abwechslung Nadja nach der Belastung, die sie mit der Gerichtssache gehabt hatte, guttun würde, und sie rief an und bat um die Genehmigung. Man wollte die Entscheidung nicht sofort fällen, sie mußten sich gedulden. Nadjas Sozialarbeiterin machte dann einen Hausbesuch und sagte, daß sie Gowad überprüft habe und sie mit ihm in die Ferien fahren dürfe. Wir waren beide schrecklich aufgeregt bei der Aussicht auf ein solches Abenteuer, und wir hatten auch ein bißchen Angst.

KAPITEL 3

Abreise

Wir reisten Ende Juni 1980, eine Woche vor meinem sechzehnten Geburtstag und vier Monate vor Nadjas fünfzehntem.

Am Abend vor meinem Abflug luden ein paar meiner Freunde uns beide ins Zentrum ein. Dad wußte, daß wir hingingen, und es störte ihn anscheinend nicht. Es schien ihm auch egal zu sein, wann wir an diesem Abend nach Hause kamen. Das hätte uns eigentlich auffallen müssen, aber wir waren einfach glücklich darüber, daß wir uns an dem Abend amüsieren durften.

Meine Freunde holten mich zu Hause ab, alle kicherten und tuschelten und freuten sich über irgend etwas. Unsere ganze Clique ging zum Klub, Ashia war auch dabei. Als ich das Zentrum betrat, sah ich, daß der Raum mit Luftballons geschmückt und voller Menschen war.

»Was ist denn los?« fragte ich beim Umschauen.

»Das wird eine Abschiedsparty«, sagten sie, »für dich und Nadja.«

Ich traute meinen Augen nicht, als ich sah, was sie alles organisiert hatten. Es gab eine Disco mit einem Discjockey und Essen und Getränke. Es war ein toller Abend, alle Leute, die ich kannte, drängten sich in den Raum, und alle wünschten uns viel Spaß und sagten, wie sie uns beneideten, weil wir das Glück hatten, etwas von der Welt zu sehen und das exotische Leben in der Wüste kennenzulernen. Sie alle kannten Dad und wußten, daß er von irgendwo kommt, wo es sehr geheimnisvoll und schön ist.

Einer der Klubverantwortlichen trat auf ein Podest, nahm das Mikrofon und hielt eine Rede für uns, und er wünschte uns beiden viel Spaß. Bei dem Gedanken, von ihnen wegzufahren, fing ich an zu weinen. Ich wußte zwar, daß es nur für sechs Wochen sein würde, aber ich war bis dahin noch nie von ihnen getrennt gewesen, und es kam mir wie eine Ewigkeit vor. Wir blieben bis Mitternacht dort und tanzten und redeten.

Während wir uns auf der Party amüsierten, bereiteten sich die Männer in der Stille und Dunkelheit der Nacht von Birmingham auf die Reise vor. Sie hatten alles Notwendige erledigt und warteten nun bei uns zu Hause auf uns. Während wir tanzten und lachten und klönten, saßen sie über dem Café und unterhielten sich.

Schließlich verließen wir die Party und gingen durch die kühlen, leeren nächtlichen Straßen nach Hause. Wir waren immer noch glücklich, in Erwartung der vor uns liegenden Abenteuer aber zunehmend auch nervös.

Um drei Uhr morgens sollte uns ein Bus abholen und zum Flughafen Heathrow in der Nähe von London bringen. Als Nadja, Ashia und ich nach Mitternacht in der Wohnung eintrafen, sahen wir, daß Mum und Dad noch auf waren und sich mit Abdul Khada und seinem Sohn Mohammed im Wohnzimmer unterhielten. Mum sagte, daß wir nach oben gehen und noch etwas schlafen sollten, und versprach, uns zu wekken, wenn der Bus da sei. Ich antwortete, ich wäre nicht müde. Ich war zu aufgeregt, um schlafen zu können. Die Männer nahmen kaum Notiz von uns.

Alle meine Freunde hatten mir versprochen, daß sie zwischen ein und zwei Uhr nochmal vorbeikommen und sich endgültig verabschieden würden. Ich hatte sie gebeten, zur Rückseite des Hauses zu gehen und draußen auf mich zu warten, weil ich wußte, daß Dad verrückt werden würde, wenn er sie sah.

Die drei Männer blieben im vorderen Zimmer. Ich hörte, daß sie arabisch sprachen, und wußte deshalb, daß sie nicht herauskommen würden. Nadja und ich schlichen uns hinunter, als wir sicher waren, daß sich unsere Freunde hinten eingefunden hatten, und wir standen am Hoftor und flüsterten. Eine meiner besten Freundinnen, Susan, fing an zu weinen und sagte: »Fahr nicht, ich will nicht, daß du fährst.« Ich bat sie, sich keine Sorgen zu machen: »Ich bin doch in Nullkommanichts wieder da, ich bleibe nicht lange.« Ich war selber den Tränen nahe, weil ich sie alle zurücklassen mußte, und nervös, weil ich so weit weg fahren sollte von allem, was mir vertraut war.

»Na gut«, sagte Susan, »aber vergiß nicht, mir zu schreiben.«

In den frühen Morgenstunden verschwanden sie dann nacheinander, und Nadja und ich gingen hinein. Nadja küßte mich zum Abschied und ging nach oben schlafen. Ich war ganz nervös vor Aufregung und setzte mich zu den drei Männern, die im vorderen Zimmer Karten spielten, bis der Bus kurz vor drei eintraf. Das Motorgeräusch war der einzige Laut, der in der Nacht zu hören war, die Männer sprangen auf und ließen Karten und Geld liegen. Sie hatten es anscheinend sehr eilig, loszufahren. Als ich Nadja das nächste Mal sah, berichtete sie mir, daß sie und unsere Geschwister, als sie am folgenden Morgen aufgestanden waren, die Karten und das Geld auf dem Tisch gefunden hätten. Sie hätten alles für Süßigkeiten ausgegeben.

Als wir aus dem Haus traten, war es kühl geworden. Im Bus saßen schon ein paar andere Leute. Das Licht im Businnern erhellte ihre Gesichter; mit großen Augen, in denen eine Mischung aus Müdigkeit und Erregung lag, starrten sie zu uns heraus. Mum und Dad fuhren bis zum Flughafen mit und wollten die Männer und mich dort verabschieden. Während der ganzen Fahrt schlief ich nicht, sondern starrte aus dem Fenster in die Dunkelheit und versuchte mir vorzustellen, was mich im Jemen erwarten würde.

Als wir in Heathrow ankamen, wurde es gerade hell, das Flugzeug sollte aber erst um zehn Uhr starten. Der Flughafen begann sich schon mit Leben zu füllen, denn die ersten Frühmaschinen flogen ab, und Geschäftsleute, die sie noch erreichen wollten, hasteten vorüber.

Wir hatten Hunger, und von irgendwo drangen köstliche

Küchengerüche. Wir gingen alle ins Flughafenrestaurant und frühstückten. Abdul Khada war sehr freundlich und großzügig, er bestellte mir alles, was ich wollte, und war nur darauf bedacht, daß ich mich wohl fühlte und glücklich war. Ich hatte uneingeschränktes Vertrauen zu ihm. Zu der Zeit vertraute ich allen arabischen Männern blind, weil ich glaubte, daß sie tiefreligiös wären und deshalb keinem Menschen etwas Böses antun könnten. Er hatte alle Flugkarten, ich bekam sie nie zu sehen, und darum setzte ich einfach voraus, daß ich ein Rückflugticket hatte und daß er schon aufpassen würde, daß ich nach meinen Ferien ins richtige Flugzeug einstieg. Ich hatte keine Lust, mir über diese Einzelheiten Gedanken zu machen, ich war froh, daß die Männer sich um alles kümmerten.

Mum und Dad blieben bis zum Start des Flugzeuges bei uns. Ich wurde immer nervöser. »Wenn es mir dort nicht gefällt«, fragte ich Mum einmal, als die Männer nicht zuhörten, »darf ich dann zurückkommen?«

»Aber natürlich«, beruhigte sie mich. »Du darfst zurückkommen, wann immer du willst.«

Als wir zu dem Jumbo-Jet auf dem Rollfeld hinausgingen, hatte ich große Angst vor meinem ersten Flug. Das Flugzeug wirkte, als wir näherkamen, so groß, und da war so viel Lärm und Wind. Ich drehte mich zum Flughafengebäude um und hoffte, daß ich Mum sehen und ihr ein letztes Mal zuwinken könnte, doch die Leute, die dort standen, waren zu weit entfernt, um die Gesichter zu erkennen. Einen Augenblick lang spürte ich Panik, so plötzlich von allem abgeschnitten zu sein, was mir vertraut war, unterwegs mit zwei Männern, die ich kaum kannte, zu etwas ganz Neuem und Unbekannten.

Wir hatten drei Plätze in der Mittelreihe des Flugzeugs. Ich saß neben einer Frau aus England, die nach Abu Dhabi unterwegs war. Weil ich so aufgeregt war, redete ich die ganze Zeit, während das Flugzeug zum Starten vorbereitet wurde, auf sie ein. Sie erzählte mir, daß sie Hebamme sei, und antwortete sehr freundlich auf meine neugierigen Fragen und half mir dadurch, mich zu entspannen. Abdul Khada saß auf der anderen Seite neben mir und schlief, eingelullt durch das Motorengebrumm, fast den ganzen zehnstündigen Flug hindurch. Ich rutschte auf meinem Sitz hin und her und redete und versuchte mich abzulenken.

Wir flogen nicht nonstop in den Jemen, sondern mußten einmal in ein kleineres Flugzeug umsteigen. Als wir am späten Nachmittag dort landeten und auf die Gangway des Jumbos hinaustraten, schlug mir die heiße Luft wie ein Tuch entgegen, das mich ersticken wollte, und nahm mir den Atem. Nie zuvor hatte ich eine derartige Hitze erlebt. Zunächst glaubte ich, daß sie von den Flugzeugmotoren kommen mußte. Als wir über die Landebahn gingen, rief ich Abdul Khada durch den Motorenlärm zu: »Wo ist denn der Heizlüfter, der diese Hitze verbreitet?«

Er lachte. »Das ist das Wetter«, erklärte er mir. »Das ist hier die normale Temperatur. Du bist nicht mehr in deinem kalten alten England.«

Man hatte zwar über die Lautsprecher durchgesagt, wo wir landeten, aber ich hatte die Durchsage nicht richtig verstanden.

»Wo sind wir?« fragte ich.

»In Syrien«, antwortete Abdul Khada, und ich spürte auf einmal, wie sich mein Magen vor Angst zusammenkrampfte – ich war so weit weg von zu Hause und in einem so fremd klingenden Teil der Welt. Panik überfiel mich, und einen Augenblick lang wollte ich einfach nur ins Flugzeug zurückrennen und nach Hause nach Sparkbrook zu Mum und Nadja fliegen. Ich sah mich nach einer Fluchtmöglichkeit um, doch die Leute gingen alle ganz ruhig auf das Flughafengebäude zu und spürten nicht, daß etwas nicht stimmte. »Es ist alles in Ordnung«, redete ich mir ein. »Du machst nur Ferien.« Der Gedanke daran, daß Nadja bald in meiner Nähe sein würde, hielt mich davon ab, irgend etwas zu unternehmen, und ich ging wie die übrigen weiter.

Unser Anschlußflug hatte Verspätung und wir mußten in

der Flughafenhalle warten. Ich dachte, es würde sich nur um ein paar Minuten handeln, doch aus den Minuten wurden Stunden. Die Hitze war überwältigend, und aus verschiedenen Flugzeugen strömten weitere Menschentrauben herein und verstopften die Halle. Was mir so fremd vorkam, war ihnen anscheinend ganz vertraut. Ich trank die ganze Zeit Coke und schaute mir das Defilee von Kleidern und Gesichtern an.

Zum Sitzen gab es nur Holzbänke, ich war so müde und verschwitzt, und mir war so heiß, daß ich mir wünschte, ich hätte diese Reise nie angetreten. Ich sehnte mich nach Abkühlung, nach einer Dusche oder einem Bad. Ich beschloß, zur Damentoilette zu gehen und mich frisch zu machen. Beim Eintreten schlug mir ein entsetzlicher Gestank entgegen. Der Raum war voller Menschen, und als Toiletten dienten Löcher im Boden. Überall war Schmutz, es war unglaublich. Ich hatte so etwas noch nie zu Gesicht bekommen. Ich rannte wieder hinaus und fühlte mich so unwohl wie zuvor und erzählte Abdul Khada, wie es dort aussah, in der Hoffnung, er würde mir etwas Sauberes zeigen, wohin die Touristen aus Ländern wie England gehen konnten. Er aber lachte wieder bloß und sagte, ich sollte mich nicht so anstellen. Ich setzte mich wieder auf die Holzbank und starrte unglücklich vor mich hin.

Mit einem klaren, sternenübersäten Himmel senkte sich die Nacht über den Flughafen, und das Gedränge in der Halle ließ langsam nach, je mehr Leute nach draußen auf die Rollbahn zu den beleuchteten Flugzeugen gingen, die im Dunkeln regelrecht zu glühen schienen. Am Ende waren in dem riesigen, hallenden Flughafengebäude nur noch ungefähr zwanzig Leute übriggeblieben, die alle auf den gleichen Flug warteten wie wir. Wir sprachen nicht mehr viel, und je schwärzer die Nacht wurde, desto niedergeschlagener wurde ich. Wir saßen nun schon sieben Stunden dort.

Es war tiefe Nacht, als unser Flugzeug kam und wir zum Abflug aufgerufen wurden. Ich war zwar froh, den Flughafen endlich zu verlassen, aber mich ängstigte die Vorstellung, in ein so kleines Flugzeug einsteigen zu müssen. Verglichen mit dem Jumbo fühlte man sich in seinem Inneren so beengt und ungeschützt.

Diesmal bekam ich einen Platz am Fenster und konnte die Tragfläche sehen, die, als wir abhoben, im Wind zu flattern schien. Ich war überzeugt davon, daß sie abgerissen war und wir abstürzen würden. Ich geriet in Panik und machte Abdul Khada darauf aufmerksam. Er erklärte mir, daß alles in Ordnung sei. Ich glaubte ihm, aber es war ausgeschlossen, daß ich in diesem Flugzeug hätte schlafen können, ganz egal, wie müde ich auch war. Um fünf Uhr morgens, er wurde gerade hell, landeten wir auf dem Flughafen von Sanaa.

Sanaa ist die Hauptstadt des Jemen und liegt fast dreitausend Meter über dem Meeresspiegel. Man nennt sie manchmal »das Dach Arabiens«. Die Luft war so dünn, daß mir schwindlig wurde und ich kaum atmen konnte, als wir über die Landebahn gingen. In diesem Gemisch von Sinneseindrücken, Müdigkeit und Hunger fühlte ich mich wie betrunken.

Wir hatten unseren Zielort noch nicht erreicht, sondern mußten noch weiter nach Süden fahren, nach Ta'izz, in dessen Nähe das Dorf lag, in dem Abdul Khadas Familie lebte. In Sanaa war es viel kühler als in Damaskus, einerseits natürlich, weil es noch so früh am Morgen war, aber man sagte mir, es sei auch sonst die jemenitische Stadt mit den niedrigsten Temperaturen.

Der Flughafen lag außerhalb der Stadt in der Wüste, daher gab es nichts zu sehen, als wir die Zollabfertigung passiert hatten. Ich bemerkte, daß mich viele Leute wegen meiner Kleidung anstarrten. Ich trug einen knielangen Rock, eine ärmellose Baumwollbluse und Sandalen und hatte das Haar nicht bedeckt. Es waren nicht viele andere Frauen auf dem Flughafen, aber alle trugen nach arabischer Sitte Schleier und lange Kleider.

»Was starren sie denn nur alle so?« fragte ich mürrisch.

»Mach dir nichts daraus«, lächelte Abdul Khada freundlich, »hier bei uns ziehen sich nicht alle Frauen so an. In den Städten gibt es mehr moderne Frauen, die wie du gekleidet sind.«

Außerhalb des Flughafens lag keine romantische Wüste mit Sanddünen wie in den Filmen, es gab dort anscheinend nur viele heruntergekommene alte Steinhäuser und unbefestigte Straßen. Wir standen vielleicht zehn Minuten herum und warteten, bis ein großes, weißes Taxi kam, das uns in einer vierstündigen Fahrt nach Ta'izz bringen sollte. Wir drei ließen uns auf der Rückbank des sechssitzigen Autos nieder.

Von der Landschaft nahm ich während der Fahrt nicht viel wahr. Ich war müde und hungrig und versuchte, mich von dem Flug zu erholen. Die beiden Männer unterhielten sich mit dem Fahrer auf arabisch, aber ich war kaum in der Lage, überhaupt etwas aufzunehmen. Es war ein bißchen so wie in einem Traum.

Als wir in Ta'izz ankamen, war ich enttäuscht, wie klein und schmutzig dort alles war. Die engen Straßen waren von Menschen verstopft. Die Häuser und Geschäfte auf beiden Seiten der Straße stießen fast aneinander. In der Hitze vermengte sich der Gestank von Schmutz und Tieren mit Autoabgasen und Essensgerüchen. Wegen der vielen Menschen, die sich auf den Straßen bewegten und zum Teil sogar Esel oder Kühe hinter sich herführten, kam das Auto nur sehr langsam voran. Die Luft war von Geschrei und Staub erfüllt. Überall lagen Abfälle, Essensreste und verfaultes Obst einfach auf der Straße und wurden von den Rädern der Autos und den Füßen der Vorübergehenden zerquetscht. Alle Gebäude waren in traditioneller arabischer Bauweise errichtet, gebaut wie schon vor tausend Jahren. Von Ferne gesehen wirkte das sehr schön und exotisch, aus der Nähe betrachtet war es ein einziges Chaos aus Menschen, Tieren und Taxis. Ich sah ein paar Frauen in westlicher Kleidung, die überwiegende Mehrheit aber trug traditionelle arabische Gewänder, zu denen die das Gesicht verdeckenden Schleier gehören.

»Ich habe einen Freund hier in der Stadt«, sagte Abdul

Khada. »Wir fahren zu seinem Haus. Dort bleiben wir über Nacht, und du kannst dich mal richtig ausschlafen, und morgen fahren wir ins Dorf.«

»Okay.« Ich wäre mit allem einverstanden gewesen, wenn es nur bedeutete, daß wir nicht mehr unterwegs sein mußten und ich mich waschen konnte.

Wir bogen in eine Seitenstraße ein, die nur wenige Zentimeter breiter war als das Auto, drängten uns zwischen den neben den drei- und vierstöckigen Häusern entlanglaufenden Menschen hindurch und suchten das richtige Haus. Schließlich hielten wir vor einer großen braunen Tür an.

»Komm, steig aus«, sagte Abdul Khada, »wir sind da.«

Als wir aus dem Taxi in die Hitze und den Staub traten, flog die Haustür auf, und Abdul Khadas Freund kam und begrüßte uns. Er trug einen bis zu den Knöcheln reichenden arabischen Rock, der, wie ich später erfahren sollte, »Futa« genannt wird. Abdul Khada und er waren etwa gleichaltrig, er sprach jedoch kein Englisch.

Wir traten durch die Tür in einen breiten, betonierten Vorraum, dessen Boden mit gemustertem Linoleum bedeckt war. Im Wohnzimmer dahinter lag ein Teppich auf dem Boden, und überall im Raum waren Matten und Kissen ausgelegt, auf die wir uns setzen sollten. Für einen Jemeniten waren das Symbole von Reichtum, aber ich war den englischen Lebensstandard gewöhnt und sah darin nichts Besonderes. Es gab einen Fernsehapparat, und auf dem Tisch stand ein elektrisch betriebener Ventilator, der die Luft ein wenig abkühlte. Nach der mehr als vierundzwanzigstündigen Reise war ich durchgeschwitzt und müde und völlig fertig. Meine Nerven waren gespannt wie Drahtseile. Der Besitzer des Hauses zeigte mir das Badezimmer, in dem ich duschen und mich umziehen konnte. Es war ein großer, nach westlichem Vorbild eingerichteter Raum, aber auch hier war statt einer Toilette nur ein Loch im Boden. Es machte mir nichts mehr aus, wenn ich mich nur waschen konnte.

Nachdem ich geduscht und frische Sachen angezogen

hatte, fühlte ich mich wohler und ging ins Wohnzimmer zurück. Die Männer saßen auf dem Boden und unterhielten sich. Als ich hereinkam, standen sie auf und teilten mir mit, daß sie einkaufen gehen würden, damit wir etwas essen konnten. Ich blieb allein in einer Zimmerecke auf den Kissen sitzen. Ich fühlte mich sehr verloren und einsam ohne Abdul Khada, der mir nun nichts erklären und übersetzen konnte. Unmittelbar nachdem die Haustür zugeschlagen war, kamen die Frauen des Hausherrn und zwei kleine Töchter herein. Ich erfuhr später, daß eine Frau ein Zimmer nicht betreten darf, wenn ihr Mann sich dort mit anderen Männern aufhält, ausgenommen, es sind Verwandte. Solange Männer im Haus sind, bleiben die Frauen unsichtbar. Sie warten aber in Hörweite, falls ihnen befohlen wird, Essen oder Getränke zuzubereiten oder vielleicht die kleinen Söhne des Ehemanns hineinzuschicken, damit der Gast sie bewundern kann.

Diese Frau und ihre Töchter sprachen kein Wort Englisch, und ich wollte mich doch so gern mit ihnen unterhalten. Ich war inzwischen so müde und hungrig und fühlte mich so weit weg von zu Hause, daß ich plötzlich zu weinen anfing. Ich konnte mich nicht beruhigen, die Tränen und das Schluchzen brachen einfach aus mir heraus. Mir war zumute, als hätte man mich am Ende der Welt ausgesetzt.

Die Frau kam zu mir und küßte mich auf die Wange. Sie und die Kinder setzen sich neben mich auf den Boden und versuchten, ein Gespräch anzufangen. Ihre Augen sahen so freundlich aus, und ihre Blicke waren voller Mitleid mit mir. Ich hatte das Gefühl, mich dumm aufzuführen, und wollte mich zusammennehmen. Durch Handbewegungen zeigte ich einem der Mädchen, daß ich einen Stift und ein Stück Papier haben wollte. Sie stand auf und holte die Sachen, und fing an, kleine Bilder zu zeichnen und englische Worte aufzuschreiben. Ich weiß nicht, warum ich das tat, ich fühlte mich einfach so einsam und war so verzweifelt, weil ich mit niemandem sprechen konnte. Das Mädchen malte die Buchstaben nach, die ich aufschrieb. Ich konnte die Tränen immer noch nicht zurückhalten, als ich mich mit ihnen beschäftigte, und die Frau fing ebenfalls zu weinen an.

Als die Männer zurückkamen, wollten sie wissen, was zwischen uns vorging. »Warum weinst du denn?« fragte einer von ihnen.

»Ich weiß nicht«, sagte ich. »Frag sie, warum sie weint.«

Abdul Khada sprach auf arabisch mit der Frau und erklärte mir dann, daß sie weinte, weil ich ihr leid tat und weil sie sich auch mit mir unterhalten wollte. Jahre später, als ich mit ihr bereits in ihrer eigenen Sprache sprechen konnte, sollte ich die Frau wiedertreffen. Ich erfuhr, daß sie an jenem Tag geweint hatte, weil sie wußte, was mit mir geschehen würde, und mich nicht warnen konnte. Ich liebte sie dafür, daß ihr das so naheging, doch zu der Zeit hätte sie absolut nichts unternehmen können, es war schon zu spät. Niemand hätte zu dem Zeitpunkt mehr verhindern können, was danach geschah, sie hatten mich schon in der Falle, und alle Fluchtwege waren versperrt.

Wir aßen etwas, obwohl ich mittlerweile zu müde war, um noch viel essen zu können. An dem Abend gaben sie mir ein Bettlaken, und ich legte mich im Wohnzimmer auf eine der Matten. Endlich schlief ich, tief und fest.

KAPITEL 4

Verschleppung in die Berge

Am nächsten Morgen wachte ich von dem Geruch von Eiern und gedünsteten Zwiebeln schon zeitig auf. Ich stand auf, wusch mich und frühstückte, und dann verabschiedeten wir uns von der Familie. Nachdem ich eine ganze Nacht durchgeschlafen hatte, ging es mir schon viel besser. Ich hatte das Gefühl, daß meine Ferien jetzt beginnen konnten, und ich freute mich auf die Abenteuer, die ich erleben würde.

»Können wir in die Stadt gehen und uns ein bißchen die Geschäfte ansehen?« fragte ich. »Ich möchte ein paar Geschenke kaufen, die ich nach Hause mitnehmen kann.«

»Dafür hast du später noch genug Zeit«, versicherte mir Abdul Khada. »Heute fahren wir in die Mukbana, in die Berge, damit du meine Familie kennenlernen und in meinem Haus zu Gast sein kannst.« Er kündigte an, daß es eine lange Fahrt über holprige Straßen werden würde, und ich packte daraufhin etwas Obst und Orangensaft ein, um unterwegs nicht schlappzumachen. Im Innern des Hauses war es kühl und friedlich. Als wir durch die große Holztür auf die Straße traten, schlugen uns der Lärm, die Gerüche und die Hitze wie eine Wand entgegen. In dieser bedrückenden Hitze war mir nie groß nach Essen zumute, ich hatte nur ständig Durst.

Abdul Khada schlug mir vor, daß ich ein paar Postkarten nach Hause schreiben und mitteilen sollte, daß ich gut angekommen sei und daß es mir gut ginge. Er wollte sie dann in der Stadt aufgeben, damit sie eher in England ankämen. Ich war einverstanden.

In das Dorf in der Mukbana kam man nur mit Jeeps, mit einem Land Rover oder Range Rover. Sie waren für das ganze Gebiet als Busse und Taxis im Einsatz, denn es waren die einzigen Fahrzeuge, die die unbefestigten, gewundenen Straßen in die Berge hinauf bewältigen konnten. Alle Straßen standen voll von gewöhnlichen Taxis, doch Abdul Khada hatte für diesen Tag einen Range Rover bestellt.

Als wir nach dem Mittagessen in das Auto einstiegen, brannte die Sonne so heiß wie noch nie. Am Steuer saß der Ehemann von Abdul Khadas Nichte. Mit jedem, den wir trafen, war Abdul Khada anscheinend bekannt oder verwandt. Wir waren nicht die einzigen Fahrgäste, mit Abdul Khada, Mohammed und mir waren wir insgesamt zwölf Passagiere. Vorn saßen zwei ganz in Schwarz gehüllte Frauen, und wir übrigen saßen hinten dicht zusammengepfercht.

Ungefähr eine Stunde lang fuhren wir auf einer befestigten Straße und wurden daher kaum durchgeschüttelt. Man sagte mir, daß die Straße von Deutschen gebaut worden sei. Auf beiden Seiten war die Landschaft nur trockene Ödnis, auf der außer kümmerlichem Gestrüpp nichts wuchs. Im Abstand von ungefähr dreißig Kilometern passierten wir Straßensperren und Kontrollpunkte, die von bewaffneten Polizisten und Soldaten bewacht wurden. Sie kauten fast immer »Qat«, die landesübliche Droge, und spielten geistesabwesend mit den Fingern am Abzug ihrer Gewehre. Jedesmal wollten sie unsere Papiere sehen.

Jeder, der im Jemen umherreisen will, braucht eine Erlaubnis, auch die Einwohner des Landes, doch die Soldaten interessierten sich anscheinend für keinen von uns besonders. Später erfuhr ich, daß diese Straßensperren meist die Grenzen zwischen verschiedenen Stammesgebieten markieren. In den einzelnen Dörfern sind alle miteinander verwandt und gehören zum gleichen »Stamm«. In der Vergangenheit hatte es viele Stammesfehden und Tote gegeben, und die Armee sollte dazu beitragen, für Ruhe zu sorgen.

Nach einer Stunde bogen wir von der Hauptstraße auf einen Weg ab, der ins Gebirge führte. Die übrigen Männer im Range Rover waren anscheinend auch mit Abdul Khada und seinem Sohn befreundet. Sie unterhielten sich und lachten während der ganzen Fahrt. Mir fiel ein, daß die Männer eines Dorfs sich ja alle kennen mußten. Von der Landschaft gelangweilt, fing ich an zu überlegen, was für Geschenke ich für Mum und die anderen zu Hause kaufen würde. Ich aß etwas Obst und trank aus der Packung Orangensaft.

Die Dörfer, durch die wir fuhren, sahen kahl und unwirtlich aus, nur wenig deutete überhaupt auf Leben hin. Gelegentlich sahen wir ein verwahrlost wirkendes Kind, das ziellos zwischen ein paar Schafen oder in der Nähe einer Kuh umherstrich, während die abgemagerten Tiere den steinigen Boden nach etwas zu Fressen absuchten, oder ein paar Hühner, die zwischen den zerbrochenen Steinen alter Häuser nach Futter herumstöberten. In ganzen Rudeln streunten magere, von Flohbissen gepeinigte Hunde zwischen den Häusern umher und suchten Nahrung.

Als wir durch die kleinen Dörfer fuhren, sahen wir verschleierte Frauen, die mit Wassergefäßen auf dem Kopf vom Brunnen zurückkamen, und ältere Dorfbewohner, die in kleinen Grüppchen vor ihren Häusern standen und plauderten. Wenn der Range Rover näherkam, hörten sie auf zu sprechen, drehten sich um und musterten die Eindringlinge. Mich schienen sie besonders lange anzustarren, wohl weil ich immer noch westliche Kleidung trug und nicht verschleiert war. In einigen Dörfern hielten wir an, um Leute aus- und einsteigen zu lassen. Ein paar Frauen mit Wasserkrügen auf dem Kopf blieben stehen und beobachteten uns neugierig. Zerlumpte, barfüßige Kinder standen mit dem Finger im Mund da. Kleine Mädchen, die wie ihre Mütter Wasser oder Gestrüpp auf dem Kopf trugen, wandten schüchtern den Blick ab. Die Männer, die mit angezogenen Beinen dahockten und Qat kauten, winkten Abdul Khada und riefen ihm Willkommensgrüße zu, wohl weil er vier Jahre fortgewesen war, dachte ich.

Ich bemerkte, daß sie über mich sprachen, aber ich konnte nicht einmal erraten, was sie sagten. Ich lächelte einfach immer weiter und nickte so höflich wie möglich und sah mich um, solange sie redeten.

Die Häuser mit den flachen Dächern wirkten auf mich, als

wären sie schon hundert Jahre alt. Es waren kaum mehr als Steinhaufen in der Wüste, die winzigen Fenster waren zum Schutz vor der gleißenden Sonne mit Fensterläden dicht verschlossen. Tausend Jahre lang wurden hier die Häuser auf diese Weise gebaut, und daher war es unmöglich, die neuen von den alten zu unterscheiden. Jedes Dorf war ganz isoliert. Manchmal fuhren wir von einem Dorf bis zum nächsten eine halbe Stunde oder noch länger, ohne in der Zwischenzeit Häuser oder Menschen zu sehen.

Ein Ort, in dem wir anhielten, um etwas zu trinken, hieß Risean. Durch ihn hindurch verlief ein Flüßchen, so daß im Umkreis von mehreren Kilometern alles grün war. Es war, als wären wir in einer Oase angekommen. Ringsherum lagen Kornfelder, wuchsen Obstbäume. Ich stand da und sah den Bewohnern zu, die ihre Felder bestellten und sich um ihr Dorf kümmerten. Auf den Feldern gedieh Gemüse, so zum Beispiel Kartoffeln, Karotten, Zwiebeln, Lauch und Kohl, aber auch Gewürzpflanzen, die ich nicht kannte. Obwohl Wein im Jemen verboten ist, gab es sogar ein paar Weinberge, denn die Rosinen werden gern gegessen. An den Obstbäumen hingen Mandeln, Walnüsse, Pfirsiche, Aprikosen, Birnen, Zitronen und Früchte, die ich nicht kannte, Granatäpfel, wie ich später erfuhr.

Während man in den anderen Dörfern, durch die wir gefahren waren, kaum Menschen zu Gesicht bekommen hatte, hielten sich hier anscheinend alle draußen in der Sonne auf, arbeiteten und waren beschäftigt. Es war der schönste Ort, den ich mir denken konnte, und ich hoffte, daß ich auch irgendwo bleiben würde, wo alles so üppig und gepflegt war. Die Bewohner von Risean waren Araber schwarzer Hautfarbe. Ich wollte mehr über sie erfahren, traute mich aber nicht zu fragen und stieg schweigend wieder in den Range Rover ein, als die Fahrt weitergehen sollte. Später erfuhr ich, daß der Jemen nur durch eine schmalen Meeresstreifen von schwarzafrikanischen Ländern wie Äthiopien oder Somalia getrennt ist.

»Mein Dorf wird dir sehr gefallen.« Ich begriff, daß Abdul Khada mich auf englisch ansprach, als wir weiterfuhren.

»Ja?« lächelte ich zurück. Ich freute mich darauf, neue Menschen kennenzulernen.

»Wir haben herrliche Apfelbäume und Orangenbäume.«

»Klingt gut.« Ich betrachtete wieder die Gegend, durch die wir fuhren, und malte mir aus, daß wir zu einem zweiten Dorf wie Risean unterwegs waren, doch die Landschaft wurde schon bald wieder zu der ausgedörrten, nichtssagenden Wüste, die wir vor Risean durchquert hatten. Ich fragte mich, wann es endlich von neuem grün werden würde.

Je höher wir ins Gebirge hinauffuhren, desto weiter konnte man das Land überschauen. Der Range Rover lief im niedrigsten Gang, als er eine beinahe senkrecht aufsteigende Felswand erklomm und sich holpernd über loses Geröll und über Felsbrocken quälte. Nach zwei Stunden derartiger Fahrt hielten wir am Ende der Welt an.

»Hier steigen wir aus«, verkündete Abdul Khada, und wir drei kletterten aus dem Auto und standen neben dem Fahrweg. Alle Männer riefen uns auf Wiedersehen zu, und von eine Staubwolke eingehüllt setzte sich der Range Rover wieder in Bewegung und fuhr weiter die Straße aufwärts. Ich schaute mich um, konnte aber keine Häuser entdecken. Tatsächlich sah ich außer kahlen Hügeln und ein paar verkrüppelten Bäumen nichts. »Wo wohnst du denn?« fragte ich.

Abdul Khada zeigte auf den Berg hinter uns. »Da oben.« Er grinste, nahm meinen Koffer, und wir drei stiegen langsam die fast senkrecht verlaufenden steinigen Gebirgspfade hinauf. Ich begann mir zu wünschen, daß ich mich auf diese Reise niemals eingelassen hätte. Auf den losen Steinen rutschten mir die Sandalen unter den Füßen weg, ich schwitzte, fühlte mich wieder schmutzig und hatte Durst.

Als wir den Berggipfel erreicht hatten, breitete sich das Dorf Hockail vor uns aus, und ich seufzte vor Erleichterung. Es war zwar längst nicht so schön wie Risean, aber wenigstens waren wir angekommen, und ich konnte mich waschen.

»Wo ist denn dein Haus?« fragte ich in der Hoffnung, es wäre eins der am nächsten gelegenen.

»Da oben.« Abdul Khada zeigte vom Dorf weg auf ein Haus, das ganz allein auf dem Gipfel des höchsten der umliegenden Berge stand. Bussarde kreisten in seiner Nähe in der Luft. Um dorthin zu kommen, mußten wir über einen mit Stufen in den Felsen gehauenen groben Weg eine senkrecht aufragende Felswand hinaufsteigen. Beim Anblick des absolut einsamen Hauses war ich vor Schreck wie gelähmt. Kahl und trostlos ragte es auf dem Gipfelpunkt dieser dürren, leeren, leblosen Welt empor. Von unten gesehen, wirkte es zwar groß, aber weder einladend noch gemütlich. Na gut, dachte ich, es ist ja nur für eine Nacht oder zwei, dann gehen wir wieder weg und fahren zu Leilah und Ahmed. Dieses schreckliche Haus war einfach nur eine weitere Station des großen Abenteuers, und ich war neugierig zu erfahren, wie diese Leute in ihren so merkwürdig aussehenden Häusern wohnten.

Das erste Haus, an dem wir haltmachten, gehörte Abdul Noor, Abdul Khadas Bruder. Es war ein ganz winziger, einstöckiger Bau mit einer Tür und nur zwei Fenstern. Ich konnte mir nicht vorstellen, wie ein Mensch an einem solchen Ort leben konnte. Es lag direkt unter Abdul Khadas Haus, und dieses wiederum stand auf dem dahinter aufragenden Felsen, so daß jemand, der auf dem Dach des unteren Hauses stand, den Leuten weiter oben etwas zurufen und sie informieren konnte, wenn sich im Dorf etwas tat oder wenn jemand zu Besuch gekommen war und in einem der übrigen Häuser wartete. Neuigkeiten, die auf der Straße mitgebracht wurden, kamen zuerst in Abdul Noors Haus an, und von dort konnten sie zu dem Haus auf dem Felsgipfel hinaufgerufen werden.

»Komm weiter.« Abdul Khada führte mich zum Fuß des Felshangs.

»Ich kann da nicht raufsteigen«, protestierte ich.

»Natürlich kannst du«, sagte er und ging mir auf dem kaum erkennbaren Pfad voran.

Als wir den Aufstieg nach oben in Angriff nahmen und ich verzweifelt versuchte, nicht in den Abgrund unter mir zu schauen, wurde wie durch ein Wunder an der Felswand eine winzige Ziegenspur sichtbar. Auf halber Höhe spürte ich auf einmal, wie die losen Steine unter meinem Fuß wegbröckelten, als ich gerade zu einem Schritt ansetzte. Es riß mir die Sandale herum, und ich fiel schmerzhaft auf die Knie und rutschte mit dem rieselnden Geröll abwärts. Ich schrie auf, und Abdul Khada packte mich an der Hand und zog mich auf den Weg zurück. Nach etwa einer halben Stunde hatten wir endlich den Gipfel erreicht. Ich war schweißgebadet, meine Knie waren zerschrammt und bluteten, und alle Muskeln taten mir weh. Die Männer waren wohl daran gewöhnt.

Von dem Haus auf dem obersten Endpunkt der Welt bot sich in jeder Himmelsrichtung Hunderte von Kilometern weit ein Ausblick über Gebirgshügel. Das Haus glich einer im Himmel treibenden Insel. Die Luft war sehr kühl. Inzwischen war die Dämmerung hereingebrochen, und es wurde frisch. In der Ferne verschwand die Sonne hinter den Bergen, und die Tiere hatte man für die Nacht schon ins Haus geholt.

Bei unserem Eintreffen kam die Familie heraus und begrüßte uns. Zu ihr gehörten Abdul Khadas Frau Ward, seine alte Mutter Saeeda und sein blinder Vater, außerdem noch Mohammeds Frau Bakela und ihre beiden kleinen Töchter Shiffa und Tamanay, die ungefähr acht und fünf Jahre alt waren.

Ich wurde allen vorgestellt, und ich lächelte und nickte ununterbrochen und hatte nur den einen Wunsch, verstehen zu können, was sie sagten. Anscheinend freuten sie sich alle sehr, mich kennenzulernen, und waren ausgesprochen herzlich. Ich hatte das Gefühl, daß ich für sie ein Ehrengast war.

Alle Frauen, sogar die kleinen Mädchen, trugen die traditionelle arabische Kleidung: die Kleider fielen bis zum Knie und darunter trugen sie Hosen, die bis zu den Knöcheln reichten. An den Füßen hatten sie Gummipantoffeln, die durch zwei Riemen zwischen den Zehen gehalten wurden.

Um die Köpfe waren Tücher geschlungen, die das Haar bedeckten, denn Mädchen müssen, sobald sie laufen können, ihre Sittsamkeit demonstrieren. Wenn die Frauen sich in der Nähe ihrer Häuser und Dörfer aufhalten, dürfen sie das Gesicht und den Haaransatz zeigen, und das Haar darf am Rücken in langen Flechten aus dem Tuch herausschauen. Sobald sie aber in ein anderes Dorf oder auf der Straße unterwegs sind, wo sie von fremden Männern gesehen werden könnten, müssen sie das Gesicht vollständig hinter einem Schleier verbergen. Alle hatten Gummipantoffeln an den Füßen, nur der Großvater trug Schuhe aus schwerem Holz, die mit einem angenagelten Lederriemen gehalten wurden.

Als ich ins Haus ging, war mir, als beträte ich einen Käfig. Ich spürte, hier waren auch die Tiere untergebracht, denn ich nahm ihren Geruch wahr und hörte, wie sie sich hinter den Stalltüren bewegten. Es war so dunkel, daß ein paar Sekunden vergingen, bis ich wieder etwas erkennen konnte. Ein paar Hühner liefen zwischen unseren Füßen herum.

Ein paar Steinstufen führten zu dem oberen Bereich, in dem die Familie wohnte. Alle Wände und Böden waren aus Stein, aber von Hand mit einer Mischung aus getrocknetem Kuhdung und Sand bestrichen, wodurch es im ganzen Haus wie in einem Kuhstall roch.

Von der Treppe gelangte man zuerst in einen Aufenthaltsraum, der bis auf einen Stapel kleiner, selbstgenähter Kissen in einer Ecke völlig leer war. Von diesem Hauptwohnbereich gingen sämtliche Zimmer der Familienmitglieder ab. Alle Räume waren klein und wurden durch Stalltüren mit schweren Riegeln verschlossen. Die Türöffnungen waren sehr schmal, man konnte nur seitlich durchgehen.

Ich bemerkte, daß ich tatsächlich wie ein Ehrengast behandelt wurde. Ward hatte mir ihr Zimmer zur Verfügung gestellt. Es war das einzige Zimmer, das mit Linoleum ausgelegt war, und es hatte fünf kleine Fenster mit verriegelbaren Läden, zwei in der einen Wand und drei in der andern. Das bedeutete, daß man bei geöffneten Läden wenigstens einen

Windhauch spürte und daß man in zwei Richtungen auf die Berge hinaussehen konnte. An der Decke hing eine Petroleumlampe, die nach Sonnenuntergang angezündet wurde und einen beißenden Geruch verströmte.

In dem Zimmer stand auch ein kleiner, an eine Autobatterie angeklemmter Schwarzweißfernseher, den Abdul Khada für mich gekauft hatte, damit ich mich nicht langweilte. Ich stellte bald fest, daß ich damit nur arabische Sender empfangen konnte, bei denen ich kein Wort verstand und die nichts Interessantes zu bieten hatten. Ich wollte aber sowieso nicht im Haus herumhocken, ich wollte die ganze Zeit draußen im Licht und an der frischen Luft sein.

Das einzige Möbelstück in dem Zimmer war eine Bettstelle aus Metall mit einer dünnen Matratze, einem Kissen und einem Laken, und vor einer Wand befand sich ein Podest, der aus der gleichen groben Paste aus Kuhdung und Sand gemacht war. Dort saß ich, wenn ich nicht im Bett lag. Eine ähnliche Sitzgelegenheit befand sich vor der Haustür, und dort hockten die beiden alten Leute fast den ganzen Tag lang auf einer winzigen Matte in der Sonne und genossen die Aussicht. Die Menschen dort achten die Alten. Man ist der Meinung, daß sie ihren Beitrag zum Erhalten der Familie geleistet haben und erwartet nicht, daß sie die Hausarbeit übernehmen; im Gegenteil, alle anderen Familienmitglieder kümmern sich um sie.

Auf der Wohnebene befanden sich auch der Raum der Großeltern, ein zweiter für Mohammed und seine Familie – die Kinder schliefen hier auf dem Boden –, und ein langes, schmales Zimmer, das Abdul Khada und Ward gehörte. Eine zweite Steintreppe führte zum Dach hinauf, auf dem wir viel Zeit verbringen sollten. Auf halber Höhe lag da oben eine winzige schwarze Küche mit einem Holzofen, in dem die »Tschapatis«, das Fladenbrot zubereitet wurden, dem Hauptnahrungsmittel hier. Auf einem Petroleumkocher wurde Wasser heiß gemacht und auch gebraten. Neben der Küche war das Badezimmer.

Ich mußte zur Toilette und fragte Abdul Khada, wo sie sei. Er führte mich zu einer kleinen Vertiefung in der Mauer und öffnete die Tür. Ich mußte mich bücken, um hineinzukommen. Im Innern war es bis auf den kleinen Lichtkegel, der in einer Ecke durch ein Loch im Boden kam, völlig dunkel. Die Decke war so niedrig, daß ich mich nur gebückt aufhalten konnte, und wenn ich in der Mitte des Raums stand, konnte ich alle vier Wände berühren. Um zu sehen, was ich tat, brauchte ich immer eine Taschenlampe.

Zum Waschen stand eine Schüssel da, und wenn ich die Toilette benutzen wollte, mußte ich mich über die Öffnung hocken. Was durch das Loch fiel, lag dann einfach auf den Steinen unter dem Haus und trocknete zwischen den Dornensträuchern in der Sonne. Wenn jemand in der Nähe war, schämte ich mich zu sehr, zur Toilette zu gehen, und später gewöhnte ich mir an, nachts dorthin zu schleichen. Wenn ich tagsüber einmal mußte, kletterte ich zuerst aufs Dach und schaute um das ganze Haus herum, um mich zu vergewissern, daß niemand sehen konnte, was ich tat.

Im Badezimmer stand ein Behälter mit Wasser, in dem man sich nach der Benutzung der Toilette waschen konnte. Die Frauen füllten ihn aus den unten stehenden Kanistern immer wieder auf.

Wenn ich mir das Gesicht waschen wollte, mußte ich mir eine Waschschüssel holen und die kleine Seifendose mitnehmen, die ich aus England mitgebracht hatte. Heißes Wasser gab es nicht, aber bei der ständigen Hitze, die draußen herrschte, wollte man sowieso am liebsten den ganzen Tag unter einer kalten Dusche stehen.

An diesem Abend fragte ich nicht danach, woher das Wasser in den Kanistern kam. Es war einfach da, wie in England, und das war alles, was ich wissen mußte. In den darauffolgenden Tagen wurde mir klar, wie sich die Frauen abrakkern mußten, damit das Wasser auch wirklich da war, wenn es gebraucht wurde.

Am ersten Abend hatte ich keinen Hunger. Es war alles so

eigenartig. Ich war eingeschüchtert und brauchte Zeit, um wieder Atem zu schöpfen und zu begreifen, was geschah. Ich setzte mich in meinem Zimmer auf den Boden und sah der Familie zu, die sich zum Essen draußen im Aufenthaltsraum niederließ.

Sie setzten sich auf Kissen, der Raum war von Öllampen erleuchtet, und in der Mitte des Kreises stand eine Schüssel mit in Stücke gebrochenen und in Milch eingeweichten Tschapatis. Diese teigartige Mischung schöpften sie dann mit den Händen aus der großen Schüssel in ihre kleinen Eßschüsseln. Alle unterhielten sich und lachten, und ich konnte mir nicht vorstellen, daß ich mich je dazu überwinden könnte, so zu essen. Fasziniert sah ich zu, konnte aber nichts von dem, was sie sagten, verstehen. Alle tranken Wasser, obwohl sie anläßlich meiner Ankunft und der Rückkehr der Männer auch Vimto gekauft hatten. Vimto ist so etwas wie ein verdünnter Kirschsaft, den es nur zu besonderen Festtagen gab.

Ich sah, daß Abdul Khada, nachdem er so lange fortgewesen war, nun im Zentrum der Aufmerksamkeit stand. Er sprach am meisten, und alle übrigen hörten ihm respektvoll zu. Als sie das Essen beendet hatten, kam die ganze Familie zum Sitzen und Reden in mein Zimmer. Es tat mir wohl, so geehrt zu werden; ich freute mich schon darauf, meinen Freunden in England alles über diese Menschen erzählen zu können. Schließlich gingen alle schlafen, und ich schlich mich ins Badezimmer und versuchte herauszufinden, wie ich mich nach der langen Reise in dieser Hitze waschen konnte.

Als ich endlich ins Bett ging, fühlte ich mich sehr unwohl. An das Bett selbst konnte ich mich nur schwer gewöhnen. Ich fühlte mich nicht sauber und hatte nun doch Hunger, aber trotzdem war es immer noch ein Abenteuer, und ich rechnete nicht damit, lange in dem seltsamen Haus zu bleiben. Endlich schlief ich ein.

Am nächsten Tag wurde ich schon im Morgengrauen vom Krähen des Hahns und den Arbeitsgeräuschen der Frauen geweckt, die Wasser vom Brunnen geholt hatten und in der

Küche hantierten. In das frühe Morgenlicht getaucht, sahen die Berge vor meinem Fenster sehr bewegend aus. Zum Frühstück gab es wieder Tschapatis, diesmal aber mit ein wenig Öl in der Pfanne gebraten, und Eier. Es wurde auch schwarzer, süßer Tee gekocht und in eine Flasche gefüllt, aus der die Familie tagsüber trank. Für mich hatten sie im Laden sogar Milch besorgt, weil sie wußten, daß Engländer den Tee gern mit Milch trinken.

Die folgenden zwei Tage verbrachte ich völlig arglos als ihr Gast. Ich freute mich darauf, daß es bald wieder losgehen sollte und ich noch mehr von dem Land sehen und Leilah und Ahmed besuchen würde. Obwohl ich sie noch nie getroffen hatte und ja auch wußte, daß sie nicht Englisch sprachen, gehörten sie doch zur Familie, und das würde uns so weit von zu Hause verbinden. Trotz meiner Ungeduld fragte ich nicht. Ich wartete darauf, daß Abdul Khada mir sagen würde, wann es weiterginge. Die meiste Zeit spielte ich mit den Kindern vor dem Haus. Sie versuchten mir einige einfache arabische Wörter beizubringen. Es waren sehr liebe, glückliche kleine Mädchen, und ich schloß sie sofort ins Herz.

An diesen zwei Tagen war Abdul Khada sehr freundlich zu mir. Er bemerkte, daß ich mich schwer damit tat, auf dem Boden zu sitzen und mit den Händen zu essen, und er brachte mir eine Gabel und einen Teller in mein Zimmer und kochte mir anderes Essen. Am zweiten Nachmittag ging er mit mir in die Geschäfte hinunter. Für mich sahen sie mehr wie Verschläge aus, die mit Obst, Zigaretten, Dosen und anderen Lebensmitteln vollgestopft waren. Obwohl Frauen dort normalerweise nicht rauchen dürfen, wußte Abdul Khada, daß es keinen Sinn hatte, es mir wieder abgewöhnen zu wollen, und kaufte mir deshalb Zigaretten. Die ganze Zeit über behandelte er mich wie ein englisches Mädchen, so als wäre ich, im Unterschied zu den einheimischen Frauen, ihm gleichgestellt. Ich hatte immer noch keinen Grund zu vermuten, daß irgend etwas nicht stimmt.

Mit allen Leuten im Dorf war er gut bekannt, und mit den

meisten anscheinend auch verwandt. Ständig blieb jemand stehen und sprach ihn an, und viele ältere Männer, die früher auch in England gearbeitet hatten, knüpften auch mit mir ein Gespräch an und fragten mich auf englisch, ob es mir im Jemen gefiele. Keiner von ihnen machte eine Andeutung darüber, warum man mich in Wahrheit hergebracht hatte.

Als Abdul Khada und ich vom Einkaufen zurück waren und auf dem Podest vor dem Haus saßen und uns mit den Großeltern und den Kindern unterhielten, erschien plötzlich Mohammeds jüngerer Bruder Abdullah. Er war den gleichen Weg heraufgekommen, den wir am ersten Tag auch gegangen waren. Ich wußte, daß es noch einen zweiten Sohn gab, und hatte gehört, daß er sich in Campais, ungefähr zwei Autostunden von hier, aufhielt. Abdul Khada besaß in Campais ein Restaurant an der Hauptstraße nach Sanaa. Abdullah hatte seinem Vater bei den Vorbereitungen für die Eröffnung geholfen. Schon vor meiner Abreise hatte er mir Fotos des Jungen gezeigt, aber ich hatte nicht weiter auf sie geachtet. Ich wußte, daß er vierzehn war, er sah aber mehr wie zehn aus. Er war ein körperlich schwacher, dünner und blasser Junge, der krank wirkte. Die ganze Familie kam zu seiner Begrüßung vors Haus, und seine Mutter trug ihm die Tasche hinein. Ward hatte anscheinend ihren jüngeren Sohn besonders gern. Später sollte ich erfahren, daß er von Geburt an nie sehr gesund gewesen war, deshalb hatte sie ihn immer besonders bemuttert und beschützt.

»Das ist mein Sohn Abdullah.« Abdul Khada machte uns miteinander bekannt, und wir reichten uns sehr förmlich die Hände, so wie ich es bei allen anderen zwei Tage vorher auch gemacht hatte. Sein Händedruck war kraftlos, und seine Hand war kleiner als meine. Wir setzten uns alle wieder, und ich achtete nicht mehr auf Abdullah, als es die Höflichkeit gebot. Er schien sich auch nicht besonders für mich zu interessieren. Ich wollte aber mit jedem aus der Familie möglichst gut auskommen und alle kennenlernen. Ich wollte, daß es schöne Ferien würden.

Als die Sonne hinter den Bergen versank und es kühler wurde, gingen wir hinein und unterhielten uns in meinem Zimmer weiter. Nach einer Weile verließ der Rest der Familie den Raum. Abdul Khada saß zwischen mir und dem Jungen auf dem mit einem Laken bedeckten Podest. Ich hockte auf meinem Lieblingsplatz neben dem Fenster, es war das kühlste Fleckchen im Zimmer. Der Junge starrte schweigend zu Boden.

Ganz leise und beiläufig sagte Abdul Khada zu mir: »Er ist dein Ehemann.«

Ich hielt das für einen Witz. Ich schaute ihn verblüfft an und wußte nicht, ob ich lachen sollte. »Was?« fragte ich.

»Abdullah ist dein Ehemann«, wiederholte er, und ich versuchte, mich auf die Worte, die er sprach, zu konzentrieren, ich wußte nicht, ob ich sie richtig wahrnahm. Mein Herz schlug zwischen den Rippen einen solchen Lärm, daß mir nicht klar war, was ich hörte. Mein Atem setzte aus, und ich war vor Panik wie gelähmt.

»Er kann nicht mein Ehemann sein.« Ich wußte immer noch nicht, ob das ein Scherz war oder ob er es ernst meinte. Ich verstand gar nichts.

Mohammed mußte draußen gelauscht haben, denn er kam zur Tür und schaute herein.

»Wovon redet er, Mohammed?« fragte ich.

»Abdullah ist wirklich dein Ehemann, Zana«, antwortete Mohammed, und mir dämmerte jetzt, daß sie es ernst meinten. Ich versuchte mir rational klarzumachen, was passiert sein konnte.

»Wie kann er denn mein Ehemann sein?« war alles, was ich sagen konnte. »Was ist los?«

»Dein Vater hat die Heirat in England vereinbart«, erklärten sie, »und für deine Schwester Nadja ebenfalls. Sie ist mit Gowads Sohn verheiratet. Wir haben Heiratsurkunden, es ist also legal. Du bist verheiratet, und Abdullah hier ist dein Mann.«

Wie betäubt saß ich in dem kühlen Luftzug, der durchs

Fenster hereinkam, schüttelte den Kopf und sagte stumpfsinnig immer wieder: »Das kann nicht sein. Wie ist das nur möglich?«

Die Gedanken überschlugen sich in meinem Kopf. Abdul Khada und seine Söhne unterhielten sich wieder auf arabisch, als ob ich gar nicht da wäre. Schließlich gingen sie aus dem Zimmer und ließen mich weinend zurück. Ich glaube, sie waren etwas essen gegangen. Es war mir egal. Ich wollte bloß wieder zu Hause bei Mum sein. Ich wollte zu jemandem gehen, zu jemandem, der alles in Ordnung bringen konnte. Ich hatte keine Ahnung, wie ich mich in dieser Situation verhalten sollte.

Es wurde dunkel im Zimmer, während ich nur dasaß und in die Luft stierte, und dann kam Abdullah wieder herein, und mir wurde klar, daß es Nacht war und daß er mit mir schlafen wollte. Abdul Khada war bei ihm.

»Er wird nicht hier schlafen«, sagte ich. »Ich will allein sein.«

»Er ist dein Mann«, erwiderte Abdul Khada streng. »Du mußt mit ihm schlafen.« Er stieß den Jungen herein und schlug die Tür zu. Ich hörte, wie von draußen der Riegel vorgeschoben wurde.

Ich sah Abdullah nicht an, und er sagte kein Wort zu mir. Ich spürte, daß er im Zimmer umherging, er wußte ebensowenig wie ich, wie er sich verhalten sollte. Er legte sich ins Bett, und ich ließ mich auf dem Laken auf dem Podest unter dem Fenster nieder. Ich wollte auf keinen Fall mit ihm im gleichen Bett liegen. In dieser Nacht schlief ich nicht, ich konnte nichts gegen die in meinem Kopf rasenden Gedanken tun. Immer wieder fragte ich mich, was passiert war, betrachtete die Ereignisse aus allen möglichen Blickwinkeln, versuchte zu verstehen, was mit meinem Leben geschehen war. Ich hörte das Geheul der Wölfe und Hyänen in den Bergen und das Rascheln der Tiere im unteren Stockwerk. Da der Mond schien, sah ich die Eidechsen an der Decke. Die Stunden quälten sich langsam dahin.

Am folgenden Tag muß Abdullah seinem Vater berichtet

haben, daß ich nicht im Bett geschlafen hatte. Abdul Khada war wütend und schrie mich an. »Warum hast du nicht mit ihm geschlafen?«

»Ausgeschlossen«, sagte ich, »ich will nicht mit ihm schlafen.« Jedesmal wenn mich jemand ansprach, spürte ich, wie ich wieder in Panik geriet. Ich weinte den ganzen Tag, lief hinter Abdul Khada her und bat ihn, mir zu sagen, was sie mit mir vorhatten, und mich nach Hause fahren zu lassen. Ich klammerte mich an diesen Hoffnungsschimmer, glaubte, daß ich, wenn ich nur den Mut nicht verlor, aus dem Alptraum erwachen würde und in mein Zuhause in Birmingham zurückkehren könnte.

»Wann«, flehte ich, »wann kann ich nach Hause fahren?« Doch er gab mir keine Antwort.

Abdullah hatte anscheinend genausoviel Angst wie ich. Er mußte gewußt haben, daß man ein Mädchen aus England mitbringen würde, das er heiraten sollte, aber wie ich war und wie ich mich kleidete, so ganz anders als alle Frauen, die er in seinem bisherigen Leben kennengelernt hatte, das muß ein Schock für ihn gewesen sein. In seinen Augen war ich unrein und unanständig. Ich glaube, er fürchtete sich vor mir. Noch mehr aber fürchtete er sich vor seinem Vater.

Niemand beachtete mich, und ich wankte wie betäubt in dem Haus umher. Ich trat in Mohammeds Zimmer. Bakela war vor kurzem krank gewesen, und auf dem Podest lagen noch ein paar Tabletten. Mir fiel ein, daß ich solche schon einmal gesehen hatte. Ich wußte nicht, was für Tabletten das waren, aber ich dachte, daß sie ein Ausweg aus dem Alptraum sein konnten, wenn ich nur genug davon schluckte. Ich ging in das Zimmer und nahm das Röhrchen. Dann kehrte ich in mein Zimmer zurück, leerte den Inhalt des Röhrchens auf meine Hand und schluckte die Tabletten hinunter. Mohammed mußte mich beobachtet haben, denn er kam genau in der Sekunde in mein Zimmer gerannt, packte mich am Hals und würgte mich, so daß die Tabletten wieder herauskamen.

Ich hatte Mohammed gern, ich konnte mich mit ihm unterhalten, und ich glaubte, daß ich ihm leid tat, und meistens war er auch nett zu mir. »Bitte, hilf mir«, bat ich ihn, doch er zuckte bloß mit den Schultern.

»Ich kann nichts für dich tun«, sagte er. »Ein Sohn muß seinem Vater gehorchen.«

Er fürchtete sich ebenfalls vor seinem Vater, obwohl er ein erwachsener Mann mit einer eigenen Familie war. Arabische Männer gehorchen ihren Vätern immer, stellte ich fest, auch wenn sie nicht mit ihnen einer Meinung sind. Mir fiel keine andere Lösung ein, als mich solange zu weigern, bis sie genug von mir haben und mich nach Hause schicken würden. An jedem Abend kam Abdul Khada zu mir und sagte, daß ich mit Abdullah schlafen müßte.

»Das werd ich nicht«, erwiderte ich.

»Du wirst«, sagte er streng, »denn sonst müssen wir dich dazu zwingen und dich am Bett festbinden.« Mohammed kam herein und bestätigte es. Nach ihren Mienen zu urteilen meinten sie das wirklich. Sie hatten nicht erwartet, daß eine Frau ihnen so viele Schwierigkeiten machen würde, und erst recht nicht ein junges Mädchen, das weit weg von zu Hause war. Sie waren entschlossen, mich zu dem zu zwingen, was sie verlangten. Wenn ich nicht wollte, daß sie Gewalt anwendeten, mußte ich nachgeben.

In der Nacht mußten sie uns nicht zusammen einsperren, ich hätte sowieso nirgendwohin weglaufen können. Abdullah kam herein und tat, was sein Vater ihm befohlen hatte. Ich hielt still und ließ es ihn hinter sich bringen.

KAPITEL 5

Gefangen

Am nächsten Morgen, als Abdullah und ich aufgestanden waren, ging ich mit einer Taschenlampe ins Bad, um mich in dem Eimer mit dem kalten Wasser zu waschen. Als ich fertig war und wieder ins Zimmer kam, begegnete ich dort Ward, Abdullahs Mutter, die das Bett machte und das untere Laken inspizierte.

»Was hat sie in dem Zimmer zu schaffen?« fragte ich Abdul Khada so frech ich nur konnte, obwohl ich wußte, daß sie nach Blutspuren auf dem Laken suchte, um sich zu vergewissern, daß ich noch Jungfrau gewesen war und daß Abdullah seine Sache richtig gemacht hatte. In dem Augenblick hätte es mich gefreut, wenn ich nicht mehr Jungfrau gewesen wäre, denn ich gönnte ihnen diese Genugtuung nicht, mir die Jungfernschaft genommen zu haben.

Ich haßte sie so sehr, daß ich meine Zunge kaum im Zaum halten konnte. Ich war so häßlich zu allen, wie ich nur konnte, warf ihnen verächtliche Blicke zu, schaute böse und machte Abdul Khada und Mohammed gegenüber sarkastische Bemerkungen, denn sie waren ja die einzigen, die verstanden, was ich sagte. Doch sie ließen sich durch nichts aus der Ruhe bringen. Die Erwachsenen gingen mir einfach aus dem Weg und warfen mir nur von Zeit zu Zeit spöttische Blicke zu. Ich nehme an, sie hatten damit gerechnet, daß ich anfangs wütend reagieren würde.

Nachdem Ward das Zimmer verlassen hatte, ging ich hinein und dachte über mein Schicksal nach. Das einzige, was ich von diesem Tag noch weiß, ist, daß die beiden Mädchen, Shiffa und Tamanay, kamen und mir etwas sagen wollten. Es waren wirklich ganz liebe Kinder, und ich wollte sie nicht kränken, denn sie konnten ja nicht ahnen, was vorging und wie mir zumute war. Aber ich wollte an dem Tag einfach allein sein. Den ganzen Tag lang sagte ich mir, früher oder später wird Mum davon erfahren und mich hier rausholen. In den folgenden acht Jahren hab ich mir jeden Tag gesagt, daß ich aus diesen Dorf rauskommen, daß ich auf keinen Fall für immer dort bleiben würde. Diese Entschlossenheit, glaube ich, hat mich am Leben erhalten.

In den ersten Tagen erlaubte mir Abdul Khada, allein in meinem Zimmer zu bleiben. Er brachte mir Essen und gab mir Messer und Gabel, so daß ich nicht essen mußte wie sie. Er kochte weiter englische Gerichte wie Huhn und Chips für mich, obwohl mir wirklich nicht danach war, etwas zu essen. Ich war so durcheinander und hatte keinen Hunger, und ich ekelte mich vor den vielen Fliegen. Im Jemen ist jeder und natürlich auch alle Speisen, die irgendwo offenstehen, ständig von einem Schwarm von Fliegen umgeben. Am Tage wurden wir von Fliegen geplagt und in der Nacht von Moskitos. Man konnte nicht verhindern, daß man gestochen wurde, aber man mußte versuchen, sich zu beherrschen und die Stiche tagsüber nicht aufzukratzen. Am Anfang schaffte ich das nicht und kratzte, bis es blutete. Doch der Juckreiz ließ nicht nach. Ich brauchte ungeheuer viel Willenskraft, um damit aufzuhören, mir die eigene Haut aufzureißen, doch ich schaffte es. In diesen ersten Tagen konnte ich aber kein Essen anrühren, ich trank Vimto und wartete darauf, daß etwas geschehen würde.

Mein Mut stieg und sank. Manchmal war ich sicher, daß es nicht lange dauern konnte, bis jemand herausgefunden hatte, was geschehen war, und nach mir suchen kam. Dann fiel mir wieder ein, was für eine lange Reise es von Birmingham bis dorthin war, und ich hatte keinen Grund mehr anzunehmen, daß Mum mich je finden würde.

In Augenblicken der tiefsten Verzweiflung dachte ich, daß Mum vielleicht die ganze Zeit über gewußt hatte, was Dad ausheckte, daß sie vielleicht sogar daran beteiligt war. Wenn das stimmte, hatte ich in der ganzen Welt keinen Menschen mehr, dem ich vertrauen konnte, außer Nadja.

Ich wollte Nadja so dringend sehen, doch der Gedanke daran, daß meine kleine Schwester die gleiche Tortur wie ich durchmachen sollte, war unerträglich. Ich mußte irgendwie verhindern, daß sie mit Gowad abreiste.

Ich hatte aus England einen Block Schreibpapier und Briefumschläge mitgenommen, und ich fing an, Mum und Nadja zu schreiben. Es war ein sehr langer Brief, und ich berichtete ihnen alles, was Abdul Khada und seine Familie mir angetan hatten, und ich flehte Mum an, mir zu helfen, und schärfte Nadja ein, nicht herzukommen. Ich steckte den Brief in einen Umschlag und gab ihn Abdul Khada, der nach Ta'izz fuhr. Es wäre nur ein kurzer Gruß an Mum, daß ich angekommen sei und daß es mir gutginge, erzählte ich ihm. Er schöpfte anscheinend keinen Verdacht und sagte, er würde ihn abschicken. Ich weiß bis heute nicht, ob er es wirklich getan hatte. Später hat er es jedenfalls behauptet und gesagt, Dad wäre an dem Tag, an dem der Brief in England ankam, als erster zum Briefkasten gegangen, hätte ihn an sich genommen und gelesen und vor Mum und Nadja versteckt.

Fast die ganze folgende Woche tat ich gar nichts, saß vor dem Haus und ging auch einmal mit Abdul Khada einkaufen. Immer noch starrten mich alle Leute wegen meiner Kleidung an, aber das machte mir nichts aus. Ich wollte zeigen, daß ich anders war, ein Mädchen aus England, keine von ihnen. Ins Dorf hinunter führten zwei verschiedene Wege. Der Hauptweg war eine holprige Straße, die vor Abdul Noors Haus am Fuße des Felsen begann. Er wurde von den Autos und den Männern benutzt. Die Alternative dazu war ein Seitenweg, der durch Büsche einen Berghang hinabführte und den die Frauen nehmen mußten. Zu dieser Zeit gestattete mir Abdul Khada noch, mit ihm zusammen auf dem Hauptweg zu gehen, als ich jedoch wie die einheimischen Frauen wurde, mußte ich wie sie auch den Seitenweg gehen. Sie waren so klug, nicht von mir zu verlangen, daß ich mich zu schnell an zu vieles auf einmal anpaßte. Sie waren sich wohl sicher, daß sie mich zu guter Letzt ja doch kleinkriegen würden.

Im Dorf kaufte Abdul Khada mir viel Obst. Es war zwar nicht besonders gut, aber ich war froh, etwas zu haben, das ich von zu Hause kannte. Auf dem Rückweg machten wir im Haus seines Bruders Station. Abdul Noor war nicht da, er arbeitete auswärts, seine Frau und seine Schwiegertochter waren allein. Weil ihre Familie nicht so groß war, war das Haus viel kleiner als das von Abdul Khada. Es war nur einstöckig, die Zimmer zweigten alle von einem langen Korridor ab. Wir gingen hinein und besuchten Amina, die Frau seines Bruders. Sie war sehr freundlich und höflich. Ihre Schwiegertochter Haola wohnte ebenfalls dort. Ich begann zu begreifen, daß es zum Los der Frauen gehörte, in den Dörfern zurückgelassen zu werden, während die Männer auf Arbeitssuche durch die ganze Welt fuhren.

Ich hatte Amina und Haola sehr gern, beide waren sehr warmherzig und gaben mir ein Gefühl von Geborgenheit. Amina sprach die ganze Zeit mit mir, und ich wollte die Sprache so gern lernen, damit ich sie verstehen konnte. Die Atmosphäre in diesem Haus war ganz anders als bei Abdul Khada und Ward. Amina weinte an dem Tag aus Mitleid mit mir, doch Abdul Khada herrschte sie an, sie solle stark sein. Ich konnte aus seinen Handbewegungen erraten, was er sagte.

Seit dem ersten Abend, an dem Mohammed mir bestätigt hatte, daß man mich festbinden würde, damit Abdullah mich vergewaltigen konnte, war er fast immer nett zu mir, obwohl er mich manchmal auch provozierte. Er redete viel und gab sich so, als sei überhaupt nichts geschehen. Abdullah, mein angeblicher Mann, schwieg, wenn ich in der Nähe war. Er nahm von mir so wenig Notiz wie ich von ihm. Nachts mußten wir weiter im gleichen Zimmer schlafen, und ich tat alles mögliche, um zu vermeiden, mit ihm ins Bett zu gehen. Jeden Morgen fragte Abdul Khada den Jungen darüber aus, was in der Nacht passiert war, und ich glaube, Abdullah hat ihm wahrheitsgemäß berichtet, daß ich nicht mit ihm schlafen wollte, denn Abdul Khada war ständig wütend auf mich. Als mich Abdullah eines Abends anfassen wollte, verlor ich die

Nerven und trat so heftig nach ihm, daß er von einer Ecke des Zimmers in die andere stolperte. Ich bin sicher, daß ich ihm wehgetan hatte, denn er sagte es seinem Vater, und ich wurde wieder ausgeschimpft. Obwohl ich mich die ganze Zeit dagegen zu wehren versuchte, wußte ich, daß ich am Ende doch nachgeben mußte, denn mir war klar, daß Abdullah Sex mit mir haben mußte. Es war Gesetz, daß eine Frau sich den sexuellen Bedürfnissen ihres Mannes zu fügen hatte. Ich konnte es ihnen zwar so schwer machen wie nur möglich, sie wußten aber, daß sie letztendlich alles von mir erzwingen konnten, was sie wollten.

Abdul Khada war entschlossen, meinen Widerstand zu brechen, und er war kein Mann, gegen den man sich ewig auflehnen konnte. Abdullah wenigstens konnte es nicht. Wenn es nicht nach seinem Willen ging, wurde Abdul Khada zu einem böswilligen Tyrannen. Er erwartete von der Familie absolute Unterordnung, und keiner von ihnen hatte den Mut, gegen seine Herrschaft aufzubegehren. In dieser Gesellschaft haben die Männer das Recht auf ihrer Seite und die Freiheit, zu tun, was ihnen gefällt.

Sie hatten wohl die Hoffnung, daß ich bald schwanger werden würde, denn sie bildeten sich ein, daß ich mich beruhigen würde, wenn ich erst einmal ein Kind hätte. Wenn ich mich um ein Baby kümmern müßte, so ihre Berechnung, würde ich nicht mehr aus dem Jemen fortgehen und nach England zurückkehren wollen. Wenn ich schwanger wäre, beteuerte mir Abdul Khada oft, dürfte ich zurück nach England fahren, um das Baby dort bei Mum zur Welt zu bringen. Je schneller ich meinen Widerstand aufgeben würde, desto schneller käme ich zurück nach Birmingham, sagte er. Sie verlangten nur, daß ich nachgäbe und mich in mein Schicksal fügte. Obwohl ich entschlossen war, niemals aufzuhören zu kämpfen, begann ich zu begreifen, daß ich mich ihren Ansichten annäherte. Mein Verstand sagte mir, daß ich früher nach England zurückkommen würde, wenn es mir gelang, ihnen vorzuspielen, daß sie mir vertrauen konnten. Schon bei der nächsten Gelegenheit aber mußte ich feststellen, daß ich in den Gesprächen meinen Sarkasmus und meinen Unwillen nicht unterdrücken konnte. Ich haßte sie zu tief, um ihnen etwas anderes vorgaukeln zu können.

Eines Abends, ungefähr eine Woche nach der Eröffnung, daß ich mit Abdullah verheiratet sei, kam ein Freund von Abdul Khada zu Besuch. Er kam herein, begrüßte mich und ging dann in Abdul Khadas Zimmer und redete mit ihm. Ich war höflich zu dem Gast und unterhielt mich dann mit Bakela in ihrem Zimmer. Ich trug immer noch meine englischen Sachen und mein Haar nicht bedeckt. Ein wenig später, als der Mann gegangen war, kam Abdul Khada hereingestürmt. Er hatte ein Kleiderbündel in der Hand, warf es mir vor die Brust und befahl mir, die Sachen anzuziehen.

»Wozu?« fragte ich.

»Es gehört sich nicht, daß fremde Männer dich so sehen!« schrie er. »Es bringt Schande über mich, wenn ich in meinem Haus eine Frau habe, die sich so vor Männern zeigt.«

Ich sah mir die Sachen an, die er mir zugeworfen hatte. Die Farbe des Stoffs war ein scheußliches Orange, und er war mit kleinen angenähten Metallplättchen übersät. Die Kleider gehörten Ward.

»Ich zieh das nicht an«, sagte ich und warf sie zu Boden. Abdul Khada machte einen Satz nach vorn, seine Wut entlud sich, und er schlug mir mitten ins Gesicht. Ich schrie auf, der Kopf tat mir weh, ich war so wütend über ihn wie er über mich. Ich schleuderte ihm das Kleiderbündel entgegen. Er kam mit erhobener Hand auf mich zu und wollte mich wieder schlagen. Ich sprang an ihm hoch und biß ihm so fest ich nur konnte in den Daumen und ließ nicht los. Wie ein Hund ein Kaninchen packt, biß ich so lange auf seinen Daumennagel, bis ich sein Blut schmeckte. Er schrie vor Schmerz, und der Tumult führte dazu, daß Mohammed angerannt kam.

»Was machst du denn?« schrie er seinen Vater an und riß uns auseinander. Beide Männer gingen aus dem Zimmer, Abdul Khada rieb sich die blutende Hand, und ich und die vor Angst und Entsetzen schlotternde Bakela blieben allein. Ward kam herein, als ihr Mann verschwunden war, und hob die auf dem Boden verstreuten Kleider auf. Ich verstand nicht, was sie sagte, aber ich konnte ihrer Zeichensprache entnehmen, daß ich die Sachen jetzt anziehen müßte, denn sonst würde Abdul Khada vor Wut verrückt. Sie war entsetzt darüber, daß ich es gewagt hatte, ihn so in Rage zu bringen.

Beide Frauen redeten so lange auf mich ein, bis ich schließlich einwilligte, die Kleider wenigstens anzuprobieren, aber nur über meine eigenen Sachen. Der Stoff war schwer und schon abgetragen, und er kratzte. Ich stand da und fühlte mich lächerlich und unwohl; Bakela legte mir tröstend die Hand auf die Schulter, und vor Mitleid standen ihr Tränen in den Augen. Ich zog die Sachen wieder aus und schüttelte den Kopf. »Tut mir leid«, sagte ich, »ich kann das nicht anziehen.« Ich war entschlossen, ihnen nicht nachzugeben, jedenfalls noch nicht.

Ich war weiter so böse zu allen, wie ich nur konnte, und Abdul Khada schlug mich jedesmal, wenn ich ihm eine freche Antwort gab, und sorgte dafür, daß ich mich nicht körperlich wehren konnte. Er wußte anscheinend nicht, was er mit einer Frau anfangen sollte, die ihm einfach nicht gehorchen wollte. Mein Benehmen machte ihn immer mißmutiger. Ich begriff bald, daß jeder im Dorf Angst vor ihm hatte und daß nur sehr wenige Leute ihn mochten. Die ganze Freundlichkeit, mit der er mich zu Beginn behandelt hatte, war nur Theater und sollte über seine Gemeinheit hinwegtäuschen, und jetzt zeigte er seinen wahren Charakter.

Die Frauen versuchten, mich zur täglichen Hausarbeit heranzuziehen, zwangen mich anfangs aber zu keiner Arbeit. Sie versuchten, mich durch Überredung für ihre Arbeit zu interessieren, damit ich ihnen freiwillig half. In diesen ersten Wochen tat ich ihnen wahrscheinlich noch leid, und deshalb wollten sie mir Zeit lassen, mich an ihre Lebensweise zu gewöhnen, und bestanden nicht darauf, daß ich für sie arbeitete. Die Tschapatis buken sie auf den glutroten Platten des

Ofens, in dessen Mitte ein Holzfeuer brannte. Ward fragte mich, ob ich helfen wollte, und zeigte mir, was ich tun sollte. Ich schaute in den Ofen und sah, wie die Flammen an den Wänden, die die Frauen mit den Händen berühren mußten, hochzüngelten. Als ich mich über den Ofen neigte, brannte mir die starke Hitze ins Gesicht, und ich rannte voller Angst weg. Ich sah, daß ihre Hände schon ledrig waren und ihnen die Hitze nichts mehr ausmachte, meine Hände waren aber nicht abgehärtet, und für mich sah es wie eine entsetzliche Tortur aus, als müßte man Tag für Tag in der Hölle schmoren.

Tschapatis wurden auf zwei verschiedene Arten zubereitet und gegessen: gebraten und gebacken. Die gebratenen wurden aus einem Mehl gemacht, das wir bereits gemahlen im Laden kauften. Wir besorgten immer gleich einen Vorrat für mehrere Monate und bewahrten ihn unten im Haus auf. Die Frauen mußten die Säcke auf dem Kopf vom Dorf herauftragen, und weil sie prallvoll waren, hatte man immer Angst, daß sie aufreißen würden. Das war eine Arbeit, die ich später auch lernen mußte, zu dem Zeitpunkt aber schien sie mir unausführbar schwer. Das Mehl wurde dann geknetet und zu runden Fladen geformt. Man gab ein wenig Fett in eine Bratpfanne und legte den Teig in das heiße Fett, bis er auf beiden Seiten gebräunt war.

Meistens wurden die Fladen jedoch im Feuer gebacken, dazu mußte man sich in den Ofen beugen und den Teig mit den Händen an die weißglühenden Wände drücken. Diese gebackenen Tschapatis wurden aus Weizenmehl gemacht, das die Frauen mit einem großen Stein selbst mahlten, eine endlose Schinderei, die ich bald zu hassen begann. Waren die Fladen an die Ofenplatten angedrückt, wurde Holz nachgelegt, um das Feuer noch stärker anzufachen, und dann wartete man, bis sich im Teig Blasen bildeten. Nach ungefähr fünf Minuten nahmen die Frauen die Fladen mit den bloßen Händen von den heißen Platten ab. Als diese Arbeit mir zufiel, mußte ich lernen, die Fladen so schnell abzunehmen, daß ich mir nicht die Finger verbrannte, aber auch nicht zu schnell, damit sie nicht ins Feuer fielen. Wenn die Tschapatis herausgeholt wurden, waren sie natürlich brennend heiß, und man mußte sie so schnell wie möglich ablegen. Als ich mit dieser Arbeit anfing, bildeten sich von der Hitze Blasen auf meinen Händen, aber Ward zwang mich zum Weitermachen, und schließlich wurden die Hände härter und ich so geübt, daß ich mich nicht mehr verbrannte. Die Tschapatis waren unser Hauptnahrungsmittel und wurden entweder trocken gegessen oder mit Milch und Butter vermengt und als Brei mit den Fingern geschöpft.

Anfangs weigerte ich mich jedoch, eine dieser Arbeiten auch nur auszuprobieren, und weil ich im Haushalt nicht half, blieb mir nichts anderes übrig als herumzusitzen und über das nachzugrübeln, was mir widerfahren war. Eines Morgens, als Abdul Khada zum Einkaufen ins Dorf gegangen war, hielt ich das Herumsitzen nicht mehr aus. Ein schmaler Pfad, auf dem die Frauen manchmal Wasser holen gingen, führte vom Haus weg in den Wald. Von meinem Zimmer aus konnte ich ihn sehen, und er kam mir wie ein Ausweg aus meiner Lage vor. Im Nu beschloß ich, wegzulaufen.

Ich mußte einfach nur rennen und so lange weiterrennen, bis ich aus den Bergen und aus dem Jemen heraus sein würde. Ich hatte keine Ahnung, wie ich das schaffen sollte, wie ich den Männern im Dorf, die doch wußten, wie man in den Bergen jagt, Spuren verfolgt und kämpft, entkommen und wie ich in der Tageshitze überleben sollte. Ich hatte keine Ahnung, was ich essen und trinken und wo ich schlafen wollte, von den Schlangen und wilden Tieren ganz zu schweigen. Ich wußte nur, daß ich aus diesem Haus und vor Abdul Khada und seiner Familie fliehen mußte, daß alles andere besser sein würde als die Aussicht, ihre Gefangene zu bleiben.

Zeit zum Warten und Nachdenken hatte ich nicht, ich mußte gehen, solange Abdul Khada fort war. Ich lief die Treppe hinunter zur Hintertür. Der alte Mann ging gerade hinaus, und ich stieß ihn beiseite und rannte in die Sonne.

Ich lief so schnell ich konnte den Berg ins Tal hinab, die

Steine rutschten unter meinen Füßen weg und flogen zur Seite, in meinen Beinen hämmerte es, und ich hatte das Gefühl, daß mir die Lunge gleich zerplatzen würde. Ich lief an dem kleinen Dorffriedhof hinter dem Haus vorbei und rannte immer weiter. Wohin, wußte ich nicht. Ich hörte die Stöße meines Atems im Kopf, und ich dachte an Kunta Kinte, den Sklaven in »Wurzeln«, der versucht hatte, von der Plantage zu fliehen, auf die man ihn verschleppt hatte. Ich dachte daran, daß sie ihn eingefangen und zurückgebracht hatten und daß er bestraft worden war, und zwang meine Beine, noch schneller zu laufen.

Der Alte mußte die anderen alarmiert haben, denn Mohammed und Ward fingen an, mich zu verfolgen. Ich hörte sie hinter mir, und wenn ich mich umschaute, hatten sie jedesmal ein Stückchen aufgeholt und riefen mir nach. Es war ein Alptraum, und von der Anspannung des Rennens tat mir der ganze Körper weh, und ich sah, daß sie schneller liefen, als ich es je gekonnt hätte. Unten im Tal hatten sie mich eingeholt. Ich hatte keine Ahnung, wo ich war und wohin ich mich wenden konnte. Ich konnte mich nirgends vor ihnen verstekken. Mohammed packte mich und schüttelte mich brutal. Er keuchte ebenfalls. »Was machst du nur?« rief er. »Wohin rennst du denn? Du mußt verrückt sein, so einfach wegzulaufen. Komm zurück ins Haus. Mein Vater wird bald vom Einkaufen wieder da sein, und wenn er erfährt, daß du fortlaufen wolltest, wird er sehr wütend sein.«

Mir blieb nichts anderes übrig, als mit ihnen ins Haus zurückzukehren. Als wir dort ankamen, wartete Abdul Khada bereits auf uns, und ich spürte, wie eine Welle der Furcht vor dem, was er nun tun würde, in mir aufstieg. Er war so wütend, wie Mohammed es vorausgesagt hatte, aber ich hatte ihm nichts zu sagen. Ich konnte nichts rechtfertigen, ich wollte einfach nur weg.

Am Wochenende vor Nadjas geplantem Eintreffen im Jemen bot Abdul Khada an, mit mir nach Marais zu fahren, um meinen Bruder Ahmed und meine Schwester Leilah zu besuchen. Ich war sofort einverstanden und hoffte, sie dazu bewegen zu können, mir zu helfen. Abdul Khada mußte mich hinbringen, weil er es meinem Dad versprochen hatte. Er erzählte mir, ich dürfte so lange bei Leilah und Ahmed und ihren Familien bleiben, wie ich wollte. Ich war ganz verwirrt von seinen Versprechungen. Obwohl ich bereits gelernt hatte, jedem seiner Worte zu mißtrauen, hoffte ich trotzdem, daß es eine Möglichkeit wäre zu fliehen. Ich packte meinen Koffer.

Vom Dorf aus dauerte die Fahrt sieben Stunden, und wie immer brachen wir schon sehr früh am Morgen auf, um nicht in den heißesten Stunden des Tages unterwegs zu sein. Wir fuhren mit einem Land Rover-Taxi, das Abdul Khada und mich an der Hauptstraße erwartete. Für unterwegs hatten wir Obst eingepackt.

Nachdem wir eine Weile gefahren waren, kamen wir in einen zweiten Gebirgszug. Die Straße war holprig und in schlechtem Zustand und wand sich von da an in Haarnadelkurven bergauf. Als wir um eine Kurve fuhren, schaute ich aus dem Fenster und sah, daß der Berg direkt neben dem Auto senkrecht nach unten abfiel. Wir schaukelten und rumpelten am Rand einer Bergkuppe entlang. Ich geriet in Panik und schrie und flehte sie an, mich aussteigen zu lassen, doch Abdul Khada redete auf mich ein und versuchte, mich zu beruhigen, und der Fahrer fuhr weiter. Die Wege wurden immer schlechter, und an jeder Biegung schienen wir uns dem Rand des Abgrunds weiter zu nähern. Vor Angst wurde ich hysterisch, doch die Fahrt dauerte noch Stunden.

Einmal hielten wir zur Rast auf einen kleinen Platz, und ich stieg aus, um frische Luft zu schöpfen. Wir standen unmittelbar neben einer steilen Felswand, und ich beschwor Abdul Khada, mich den Rest des Wegs zu Fuß gehen zu lassen. »Zu weit«, sagte er kopfschüttelnd und bedeutete mir, wieder ins Auto einzusteigen.

Als wir endlich in Marais angekommen waren, war ich den

Tränen nahe. Ich hatte solche Angst, ich war müde und verschwitzt. Kaum war ich mit zitternden Beinen aus dem Auto ausgestiegen, da umringten uns schon die Dorfbewohner, plapperten auf arabisch und wollten mich kennenlernen. Ich bat Abdul Khada, mir zu übersetzen, aber es drängten sich einfach zu viele Leute zu uns durch, und alle redeten, lächelten und lachten auf einmal.

In der Menge sah ich einen alten Mann, der, auf einen Stock gestützt, auf uns zugehumpelt kam. Er war klein, und sein Rücken war vom Alter gekrümmt. Er hatte weißes Haar und trug eine Brille.

»Das ist dein Großvater«, sagte Abdul Khada zu mir, und ich brach in Tränen aus. Ich wollte mit dem alten Mann sprechen und ihn um Hilfe bitten und konnte es nicht. Adbul Khada übersetzte für uns, deshalb konnte ich ihm nicht sagen, was geschehen war. Ich fragte, wo meine Geschwister seien.

»Dein Bruder ist schon unterwegs«, antworteten sie mir, und ein paar Minuten später kam Ahmed durch die Menschenmenge auf uns zugelaufen. Er trug die traditionelle arabische Männerkleidung, den »Futa«, und darüber ein Hemd, doch ich erkannte in ihm sofort ein Mitglied der Familie Muhsen. Er weinte, noch bevor er sich den Weg durch die Leute aus dem Dorf gebahnt hatte und am Auto angekommen war. Weinend fielen wir uns in die Arme und setzten uns zusammen ins Auto. Abdul Khada mußte auch für uns übersetzen, denn Ahmed hatte, seit mein Vater ihn im Alter von drei Jahren aus Birmingham weggebracht hatte, kein Wort englisch mehr gesprochen. Ich wollte ihm unbedingt sagen, wovor ich mich so fürchtete, konnte ihn aber nur höflich fragen, wie es ihm ging und wo meine Schwester sei. Er sagte, daß wir sie jetzt gleich besuchen könnten.

Wir fuhren noch über ein paar löchrige Straßen durch ein Tal bis in ein anderes Dorf, in dem meine Schwester wohnte. Ringsherum um das Dorf lag offenes Land, und auf den Feldern stand das Getreide gut. Nach der entsetzlichen Fahrt durchs Gebirge war nun alles flach und grün, und die Flüsse, an denen wir vorüberfuhren, versorgten die Gegend ausreichend mit Wasser. Wir hielten vor einem alten Steinhaus an, und die Bewohner kamen heraus, begrüßten uns lächelnd, waren höflich und neugierig. Sie teilten uns mit, daß Leilah nicht zu Hause sei. Sie und ihr Mann waren irgendwohingegangen, sie hatten ja nicht wissen können, daß wir kommen würden.

Wir fuhren zurück nach Marais, und Abdul Khada befahl mir, mich von Ahmed zu verabschieden. »Wir müssen fahren«, sagte er nur.

»Was meinst du damit?« Ich spürte, wie mir wieder Tränen in die Augen stiegen. »Du hast doch gesagt, ich kann hierbleiben.«

»Du kannst eben nicht«, sagte er schulterzuckend. »Deine Schwester Nadja kommt morgen aus England an, und du mußt sie mit mir abholen.«

Nadja zu sehen, war mir wichtiger als alles andere, und so widersprach ich nicht mehr. Abdul Khada befahl mir, am Auto zu warten, während er für die Rückfahrt etwas zu trinken kaufen wollte. Er ging zu einem Stand unter freiem Himmel und begann mit dem Besitzer zu sprechen. Ein Mann, der einen westlichen Anzug mit Schlips trug, kam auf mich zu und sprach mich sehr aggressiv auf englisch an.

»Was willst du hier?« fragte er drohend und musterte mich von Kopf bis Fuß. »Du bist doch nur gekommen, um Ahmed und Leilah durcheinanderzubringen.« Ich war über seinen Ton verblüfft, aber es tat gut, jemanden englisch sprechen zu hören. Ich wollte ihn sogar um Hilfe bitten und ihm erzählen, was hier vorging, doch die Worte kamen mir nicht über die Lippen, und er wandte sich ab, als Abdul Khada mit ein paar Flaschen Coke von dem Laden zurückkam. Ich erzählte ihm, was der Mann gesagt hatte.

»Was denn für ein Mann?« wollte er wissen und sah sich um, doch der Mann war weg. Einen Augenblick lang war nun Abdul Khada meinetwegen ganz durcheinander.

Der Fahrer des Land Rovers stieg wieder ein, und Ahmed umarmte mich fest. Ich gab meinem Großvater höflich die Hand, und als wir abfuhren und eine Staubwolke hinter uns zurückließen, stand Ahmed winkend und weinend am Straßenrand.

Später sollte ich mehr darüber erfahren, was für ein Leben Ahmed in seiner Kindheit gehabt hatte. Unser Großvater war durchaus nicht der gütige alte Mann, für den ich ihn gehalten hatte. Er hatte seinen Haß auf seinen Sohn, meinen Dad, an Ahmed ausgelassen. Als er noch klein war, hatte er ihn ständig geschlagen. Jetzt, wo Ahmed erwachsen war, wollte Großvater ihm nicht erlauben zu heiraten. Das gehört zu dem Schlimmsten, was einem Mann im Jemen passieren kann, denn er darf unverheiratete Mädchen nicht anrühren, und ein Ehebrecher wird, wenn man ihn erwischt, gesteinigt.

Unsere Großmutter war gestorben, bevor die Kinder im Jemen angekommen waren. Großvater war als Gastarbeiter nach Kuwait gegangen und hatte die Kinder bei seiner neuen Frau, unserer Stiefgroßmutter, gelassen. Ahmed war ein kränkliches Kind, und die alte Frau hatte keine Geduld mit ihm. Ahmed und Leilah mußten sich in dem seltsamen neuen heißen Land, so gut sie konnten, allein zurechtfinden, und sie hatten keine Ahnung, was mit ihrer Mutter und mit ihrem Vater geschehen war. Sie bekamen nur die alten, kalten Reste zu essen und mußten vom Augenblick ihrer Ankunft an barfuß gehen und Wassergefäße auf dem Kopf tragen. Jeden Abend wurden sie ohne Licht zum Holzsammeln hinausgeschickt. Oft mußten sie kilometerweit laufen, um genug zu finden. Beide wurden schwer krank, aber niemand pflegte sie, sie mußten ohne Hilfe leiden. Ihr einziger Trost war, daß sie sich gegenseitig hatten.

Im Alter von dreizehn Jahren wurde Ahmed von der Armee angeworben. Das Land brauchte zu der Zeit dringend junge Männer, denn es führte in verschiedenen Gebieten Krieg, und weil man von der brutalen Härte des militärischen Lebens wußte, meldete sich niemand freiwillig. Rekrutierungstrupps der Polizei durchkämmten die Dörfer und verschleppten alle Jungen im geeigneten Alter, die sie aufstöberten, ohne sich um Eltern zu scheren, die für ihre Söhne flehten. Als ein solcher Trupp auch in Marais einfiel, wollten sie Ahmed nicht nehmen, er sah zu krank und schwach aus, aber die alte Frau lief ihnen nach und sagte, daß sie Ahmed aus dem Haus haben wolle. Weil er viele grausame Geschichten über das Leben in der Armee gehört hatte, fürchtete sich Ahmed sehr, aber er wurde trotzdem weggeschleppt. Er war immer noch in der Armee, als ich ihn kennenlernte. Das Leben dort war wirklich sehr hart, aber er gewöhnte sich schließlich daran und kam ab und zu mit Geld ins Dorf zurück und besuchte seinen Großvater. Es war nur Zufall, daß er am Tag unseres Besuchs dort war.

Mir war bald klar, daß der Land Rover für die Rückfahrt durchs Gebirge den gleichen Weg benutzte wie bei unserer Hinfahrt, und ich fing wieder an zu weinen. Es wurde dunkel, und ich hatte schreckliche Angst, daß wir eine Kurve zu schnell nehmen und in den Tod stürzen könnten. Ich fragte, ob wir nicht eine andere Strecke fahren und den Klippen und den losen Felsbrocken ausweichen konnten, doch sie verneinten und meinten, ich solle aufhören zu jammern.

Im Dunkeln über diese Berge zu fahren war entsetzlich. Ich konnte zwar die Felsabbrüche unter uns nicht sehen, wußte aber, daß sie da waren. Als wir in einer kleinen, wie ausgestorben wirkenden Stadt namens Ibb ankamen, war ich vor Angst wie von Sinnen.

»Wir übernachten hier«, teilte mir Abdul Khada mit und zeigte auf ein altes, dreistöckiges Haus. Ich nahm meinen kleinen Koffer mit. Ein alter Mann öffnete die Tür. Er vermietete Zimmer an Durchreisende und verdiente sich auf diese Weise etwas dazu. Ich bekam ein Zimmer für mich allein und lag bis zum Morgen auf dem Boden und zitterte vor Müdigkeit, Aufregung und Furcht.

Männer wie Abdul Khada und Gowad, die ständig umherreisen und ihre Familien verlassen, müssen Vermittler anheuern, die ihnen bei ihren geschäftlichen Transaktionen helfen, den Familien Briefe überbringen und dafür sorgen, daß das nach Hause geschickte Geld auch wirklich bei den Frauen ankommt.

Abdul Khadas und Gowads Vermittler hieß Nasser Saleh und lebte in Ta'izz. In seinem Haus sollten wir auch Nadja abholen. Wir trafen dort am Vormittag des folgenden Tages ein und gingen davon aus, daß Nadja im Laufe des Tages ankommen würde. Es war ein großes, sauberes Haus, er war offenbar ein erfolgreicher Geschäftsmann. Wir gingen eine Steintreppe hinauf in ein geräumiges Zimmer, in dem sich viele Männer aufhielten. Als erstes sah ich Abdullah, meinen sogenannten Mann, und danach Gowad und seinen Sohn und eine ganze Traube von Männern, die wohl mit ihnen zusammen gereist waren. Plötzlich erblickte ich Nadja, die schweigend inmitten all dieser Männer saß und so verloren und müde aussah wie ich zwei Wochen zuvor auch.

Ihr Flugzeug war eher angekommen als erwartet, und als ich sie sah, wußte ich im gleichen Augenblick auch, daß mein Brief sie nicht erreicht hatte. Ich war glücklich, sie zu sehen, aber gleichzeitg auch so traurig darüber, daß es ihnen gelungen war, sie ebenfalls aus England herauszulocken. Es gab jetzt keine Möglichkeit mehr, sie vor dem ihr drohenden Schicksal zu bewahren, wir mußten eben gemeinsam dafür kämpfen, wegzukommen. Um sie machte ich mir größere Sorgen als um mich selbst, weil ich wußte, daß ich besser auf mich aufpassen konnte als sie auf sich, und weil sie mir so viel jünger vorkam.

»Dort sitzt deine Schwester«, sagte Abdul Khada. »Geh zu ihr und erklär ihr, daß sie verheiratet ist.«

»Ich kann ihr das nicht sagen«, flüsterte ich zurück.

»Sag's ihr«, befahl er. »Es ist besser, wenn sie es von dir erfährt.«

»Gut«, stimmte ich zögernd zu und ging zu ihr.

Nadja stand auf, und wir sahen uns ein paar Sekunden lang nur an. Ich spürte, wie die Tränen in mir aufstiegen, mir war, als würden meine Gefühle mich überschwemmen und als müßte ich zusammenbrechen. Als ich auf sie zurannte, und wir uns umarmten, konnte ich den Tränenfluß nicht mehr aufhalten.

»Was ist denn mit dir los?« fragte sie.

Ich konnte es nicht erklären, alles war mir auf einen Schlag bewußt geworden: Die Wut über das, was Abdul Khada und seine Familie mir angetan hatten und was nun auch Nadja widerfahren würde, vermischte sich mit den Gefühlen, die der Besuch bei meinen Bruder Ahmed aufgewühlt hatte und mit der Erschöpfung nach der entsetzlichen Autofahrt über die Gebirgsstraßen. Das alles wollte ich Nadja in einem Zuge mitteilen, fand aber nicht die richtigen Worte und wußte nicht, wo ich anfangen sollte. Sie half mir, mich zu setzen, und jemand brachte mir etwas zu trinken. Ich begann ihr zu erklären was los war.

»Du siehst doch den Jungen da drüben.« Ich zeigte auf Gowads Sohn Mohammed am anderen Ende des Zimmers. »Er ist dein Ehemann.«

Sie schaute erst den Jungen an und dann wieder mich. »Was?« Sie verstand nicht, was ich ihr sagte. Der Junge war erst dreizehn, sogar jünger als sie, obwohl er kräftiger aussah als Abdullah.

»Dad hat uns verheiratet. Er hat uns beide für jeweils 1300 Pfund an Gowad und an Abdul Khada verkauft.«

Von allen diesen Männern im Zimmer umringt, konnten wir nicht frei sprechen, und sie wollten auch, daß wir verschwanden. Abdul Khada führte uns in ein kleines Zimmer und ließ uns allein, und dann konnte ich ihr endlich die ganze Geschichte vom Anfang bis zum Ende erzählen. »Hast du meinen Brief nicht bekommen?« wollte ich wissen.

»Was für einen Brief denn?« Sie schüttelte den Kopf. Sie konnte wohl nicht glauben, daß man ihr das angetan hatte. Während ich sprach, war mir bewußt, daß es sich wie ein schreckliches Märchen aus Tausendundeiner Nacht anhören mußte, und doch hatte es tatsächlich mit uns zu tun.

»Was können wir tun?« fragte Nadja.

»Wir müssen einfach so lange weiter an Mum schreiben, bis ein Brief durchkommt«, erklärte ich. »Das ist das einzige, was wir tun können. Mach dir keine Sorgen, wir sind ja jetzt zusammen, und wenn Mum erfährt, was geschehen ist, wird sie sich an die Behörden wenden und uns hier rausholen. Ausgeschlossen, daß sie zuläßt, daß die uns hierbehalten, wenn sie davon erfährt.«

»Vielleicht hat Mum auch davon gewußt?« Mit dieser Vermutung sprach Nadja Gedanken aus, die mir manchmal selber durch den Kopf gingen.

»Das glaube ich nicht«, sagte ich leidenschaftlich. »Ich bin sicher, sie hat nicht mehr gewußt als wir. Sie ist bestimmt auch auf Dads Märchen reingefallen.«

»Ja«, nickte Nadja, »das glaube ich auch.«

Aber keine von uns beiden war wirklich sicher. Wir konnten nur den Gedanken nicht ertragen, daß alle miteinander uns betrogen hatten, wir mußten daran glauben, daß da draußen jemand war, der uns retten würde. Ohne diesen Gedanken hätten wir auch das letzte Fünkchen Hoffnung verloren.

Schließlich gingen wir in das große Zimmer zurück, in dem die Männer ihre Gespräche führten.

»Hast du's ihr gesagt?« wollte Abdul Khada wissen. Er sah Nadja an. »Und hast du's verstanden?« Sie antwortete nicht, ihr Gesicht war völlig ausdruckslos geworden. Von da an war sie immer still und lächelte nie mehr, so als habe ihr der Schock die Sprache geraubt. In ein paar Augenblicken war aus dem offenen, fröhlichen, lustigen Mädchen, mit dem ich aufgewachsen war, ein Zombie mit traurigem Blick geworden.

Am Nachmittag setzte man uns wieder in einen Land Rover und karrte uns in die Dörfer zurück. In dem Augenblick hätte ich das nicht für möglich gehalten, doch für viele Jahre sollte das das letzte Mal sein, daß wir beide in einem Auto fuhren.

KAPITEL 6

In Nadjas Nähe

Das Dorf, in dem Gowad und seine Frau lebten, heißt Aschube. Es ist kleiner als Hockail, aber in einer halben Stunde Fußmarsch über die hinter unserem Haus beginnenden steinigen Wege zu erreichen. Während sich die Häuser in Hockail über eine größere Fläche verteilen, stehen sie in Aschube dichter nebeneinander, was dem Dorf ein freundlicheres Aussehen verleiht.

Auf der Rückfahrt von Ta'izz kamen wir zuerst nach Aschube. Der Land Rover hielt, und sie befahlen Nadja, mit Gowad und seinem Sohn Mohammed auszusteigen.

»Wo geht sie hin?«

»Sie geht zu Gowad«, erfuhr ich von Abdul Khada. »Wir besuchen sie morgen vormittag.«

Der Gedanke, so schnell von Nadja getrennt zu werden, nachdem ich sie doch gerade erst wiedergesehen hatte, versetzte mich plötzlich in Panik.

Ich fing an zu weinen und bat sie, uns doch zusammenbleiben zu lassen. Nadja war ausgestiegen und weinte leise am Straßenrand. Ich begriff, daß ich ihr Angst machte, und versuchte mich zu beruhigen. Sie warfen die Autotüren zu, und Nadja ging mit den Männern das wenige hundert Meter lange Stück von der Straße zum Dorf. Da ich wußte, was mit ihr in der folgenden Nacht geschehen würde, konnte ich es nicht ertragen, sie gehen zu sehen. Ich schlug die Hände vors Gesicht und weinte. Das Auto sprang an, und wir fuhren weiter nach Hockail.

Während der Fahrt sagte ich Abdul Khada meine Meinung ins Gesicht, schrie ihn an, daß er wahnsinnig sei, daß er nicht ungestraft davonkäme und daß Nadja und ich nach Hause fahren würden. Ich warf ihm alle Schimpfwörter an der Kopf, die mir einfielen, und das im Beisein der übrigen Leute im

Auto. Ich wußte, es würde mir nicht gut bekommen, aber ich fühlte mich wenigstens besser.

Am folgenden Morgen war ich als erste im Haus aufgestanden. Ich zog mich an und blieb dann wie ein kleines Kind Abdul Khada ständig auf den Fersen und fragte, wann wir endlich Nadja besuchen würden, bis er schließlich einwilligte, mich zu Gowads Haus hinunterzubringen. Dorthin führte der schmale Weg, auf dem ich ein paar Tage zuvor hatte fliehen wollen. Er führte an Feldern vorüber, die durch niedrige Mauern und Hecken abgegrenzt waren, und durch dunkle Wälder. Bis Aschube brauchten wir ungefähr eine halbe Stunde. Im Haus hatten sich schon viele Leute eingefunden, die die Reisenden aus England begrüßen wollten. Wie üblich befanden sich alle Männer in einem Zimmer und alle Frauen in einem anderen. Nadja war nicht bei den Frauen. Ich ließ mir ihr Zimmer zeigen und lief schnurstracks zu ihr.

Sie saß auf dem Bett, als ich reinkam. Wir hielten uns aneinander fest und fingen wieder an zu weinen. Als sie sprechen konnte, erzählte sie mir, was geschehen war. Gowad hatte dem Jungen und ihr mitgeteilt, daß sie in dieser Nacht miteinander schlafen müßten, doch keiner von ihnen beiden hatte gewollt. Mohammed war zwar nicht so schwach und kränklich wie Abdullah, den ich ja angeblich geheiratet hatte, aber er war erst dreizehn und hatte vor Gowad ebensoviel Angst wie Abdullah vor Abdul Khada.

»Gowad hat mich in das Zimmer hier gezerrt und die Tür verriegelt. Ich hab mich gesetzt und abgewartet, was passieren würde. Dann hab ich gehört, wie er draußen Mohammed angeschrien hat. Ich glaube, Mohammed hat sich geweigert, mit mir zu schlafen. Gowad hat den Jungen dann wirklich brutal verprügelt. Mohammed hat geschrien, es war schrecklich.« Sie hörte ein paar Sekunden auf zu sprechen. »Dann hab ich gehört, daß die Tür aufgeriegelt wurde, und Gowad hat ihn zu mir hereingestoßen und die Tür hinter ihm zugeschlagen. Es war so, wie wenn man ein Tier in einen Käfig sperrt. Ich werde den letzten Abend nie vergessen.«

Später fragte ich Abdul Khada, warum Gowad seinen Sohn geschlagen habe, und er erwiderte, daß der Junge sich geweigert hatte, mit Nadja zu schlafen, weil ihre Kleidung und ihr unbedecktes Haar Zeichen ihrer Schamlosigkeit seien. Er hatte seinem Vater vorgeworfen, daß er nicht um eine Braut aus dem Ausland gebeten hatte und daß er eine solche auch nicht haben wollte, und daraufhin hatte Gowad die Beherrschung verloren und ihn geschlagen. Jungen wie Mohammed und Abdullah hatten vor uns nur Frauen kennengelernt, die wie ihre Mütter und Verwandten waren. Aus allem, was sie bisher gehört hatten, mußten sie schließen, daß Frauen, die nicht diesem Bild entsprachen, schlecht sein mußten. Dann aber erfuhren sie plötzlich, daß sie mit zwei solchen schrecklichen Wesen verheiratet waren.

Gowads Frau hieß Salama, und sie hatte anscheinend mehr Verständnis für Nadjas Lage als Ward für meine. Nadja tat ihr wohl leid, und sie nahm sie wie eine Mutter in die Arme und tröstete sie, konnte aber auch nichts ändern. Sie mußte ihrem Mann gehorchen wie alle Frauen dort, und sie schien Gowad zu lieben und zu achten.

Obwohl sich Nadja in ihrer Familie nicht so demonstrativ frech benahm wie ich in meiner, gab sie doch patzige Antworten und fragte Gowad, warum er ihr das antat, wenn auch weniger aggressiv als ich. Wenn sie ihn anflehte, sie zu Mum nach England zurückfahren zu lassen, lachte er nur. Doch einmal, als er aus dem Zimmer gegangen war, war Salama zu ihr gekommen und hatte sie getröstet.

Gowad ist sehr groß. Zu der Zeit war er außerdem ziemlich dick. Seitdem hat er aber viel Gewicht verloren und sieht jetzt regelrecht mager aus. Er hat eine Glatze und harte Gesichtszüge, er ist ein furchteinflößender Mann.

Sein Haus ähnelte dem von Abdul Khada, hatte aber weniger Zimmer, weil seine Familie kleiner war. Zu ihr gehörten neben ihm nur Salama, ihre beiden Söhne und Nadja. Der jüngere Sohn, Shiab, war bei Nadjas Ankunft erst fünf. Kurz darauf bekam Salama noch eine kleine Tochter.

Nadjas Zimmer sah aus wie meins und war ebenso einfach eingerichtet. Es war zwar ein wenig größer, hatte dafür aber kleinere Fenster und wirkte deshalb ständig muffig und dunkel. Das Wohnzimmer war ein großer, heller, luftiger Raum, und sie hatten sogar im Badezimmer ein Fenster, so daß man tagsüber ohne Taschenlampe sehen konnte, wohin man trat, und die Decke war so hoch, daß man aufrecht stehen konnte, ohne sich den Kopf einzuschlagen. Sie kochten ihr Essen an einem geschützten Platz auf dem Dach, eine althergebrachte Methode, um das Haus vom Rauch freizuhalten. Wasser machten sie ebenfalls auf kleinen Petroleumkochern warm, und sie aßen die gleichen Speisen.

Anfangs kümmerte sich Gowad um Nadja genauso, wie Abdul Khada sich um mich gekümmert hatte, kochte ihr englisches Essen und kaufte ihr die Dinge, von denen er annahm, daß sie sie haben wollte. Während ihrer ersten Woche dort durften wir uns ständig sehen. Den einen Tag kam sie mit Gowad und seiner Familie zu uns herauf, den nächsten gingen wir zu ihnen hinunter. Wir rechneten tagtäglich damit, von Mum zu hören, doch es kam keine Zeile an. Meistens saßen wir draußen und betrachteten den Himmel und träumten davon, daß ein Hubschrauber aus den Bergen auftauchen und herabschweben und uns retten würde.

Sie erlaubten uns noch eine Weile, uns wie englische Mädchen zu verhalten, und wir stiegen oft auf die Hausdächer und sonnten uns. Die Bräune, die wir damals bekamen, verblaßte während unserer ganzen Zeit dort nie mehr, obwohl wir bald darauf von Kopf bis Fuß in arabische Kleider gesteckt wurden und unsere Haut der Sonne nicht mehr direkt ausgesetzt war. Die Hitze ist dort so intensiv, daß die Haut wahrscheinlich sogar durch die Kleider hindurch braun wird. Die Stellen, die unbedeckt blieben, unsere Füße und Hände beispielweise, wurden von der Arbeit auf den Feldern am Ende beinahe schwarz.

Die einzigen Neuigkeiten aus England trafen an meinem sechzehnten Geburtstag ein, der ein paar Tage vor Nadjas

Ankunft war. Alle meine Freunde aus England hatten mir Karten geschickt, und Mum schrieb mir in einem Brief, daß es zu Hause allen gutging und daß alle mir herzlich gratulierten. Es hat mir fast das Herz gebrochen, die Karten all der Menschen zu lesen, die ich gern hatte und die immer noch der Meinung waren, daß ich einen wunderschönen Urlaub verlebte.

Mum erzählte mir später, daß sie sich an meinem Geburtstag für mich gefreut und sich vorgestellt hatte, daß ich mit meinen neuen jemenitischen Freunden tanzen und singen und die tollste Party meines Lebens haben würde. Bis zu diesem Zeitpunkt hatte sie nur die Postkarte erhalten, auf der ich geschrieben hatte, daß es mir gut ging. Sie war stolz, daß ihre Töchter die Möglichkeit hatten, ein anderes Land kennenzulernen. Hätte sie doch damals nur gewußt, daß wir hilflose Gefangene waren!

Für lange Zeit war dies die einzige Nachricht von Mum. Danach ließen sie keine Briefe mehr durch. Ich vermute, daß der Vermittler in Ta'izz Gowad und Abdul Khada die Briefe aushändigte und daß sie sie einfach behielten.

Inzwischen verlangte Abdul Khada von mir, daß ich den Seitenweg benutzte, wenn ich einkaufen oder nach Aschube ging. Er war gruselig und führte durch einen dunklen Wald voller Schlangen und Skorpione. Wie ich wußte, gab es außer den Pavianen, die ich, wenn ich aus dem Fenster schaute, oft in den Feldern sah, da draußen auch Wölfe und Hyänen. Man erzählte mir, daß Abdul Khada eifersüchtig über die Frauen seiner Familie wachte und nicht wollte, daß fremde Männer sie zu sehen bekämen. Deshalb durften sie nicht den Hauptweg benutzen. Auf mich war er besonders böse, vielleicht, weil er wußte, daß ich fliehen wollte und daß er mir nicht trauen konnte.

In dem Punkt hatte er recht. Jedesmal wenn ich im Dorf Männer traf, die englisch sprachen, bat ich sie, mir zu helfen. Manchmal kamen auch welche ins Haus zu Abdul Khada, und ich versuchte es dann so einzurichten, daß ich einen

Augenblick mit ihnen allein sprechen und sie um Hilfe anflehen konnte. Sie schenkten mir jedoch nie Beachtung. Ausnahmslos alle Männer standen mit Abdul Khada in einer Beziehung, sei es als Blutsverwandte, durch eine Ehe, durch Geschäfte oder gleich durch mehrere Verbindungen. Ihnen war daran gelegen, daß ich blieb, wo ich war, und daß ich den anderen Frauen des Dorfs keine ketzerischen Gedanken einflüsterte, die die männliche Autorität untergraben hätten.

Es war schwierig, überhaupt ein Wort mit ihnen wechseln zu können. Wenn Abdul Khada männliche Besucher hatte, befahl er mir jedesmal, in mein Zimmer zu gehen und mich nicht mehr blicken zu lassen. Am Anfang ließ er mich noch mit ihnen sprechen, so wie ich es in England auch getan haben würde, aber als ich in seinen Augen allmählich zu einer Araberin wurde, stellte er immer strengere Forderungen. Auch die Männer aus dem Dorf fürchteten sich vor Abdul Khada, obwohl ich einigen offenbar leid tat. Alle sagten mir, ich solle mir keine Sorgen machen. »Laß dir Zeit«, hieß es, »du wirst schon zur Ruhe kommen und glücklich sein. Jetzt, wo du verheiratet bist, wirst du deine Mutter und deinen Vater bald vergessen.« Ich hoffte, es würde sich jemand bereit erklären, einen Brief für uns nach Ta'izz mitzunehmen und dort abzuschicken, aber das wollte niemand riskieren. Außerdem hatte ich selbst viel zu viel Angst davor, jemandem einen Brief auszuhändigen. Ich traute ihnen nicht, ich wußte, sie würden den Brief einfach Abdul Khada geben.

Einmal fand Abdul Khada es selbst an der Zeit, daß Mum wieder etwas von uns zu hören bekam. Er teilte mir mit, daß wir auf eine Tonbandkassette sprechen sollten, die er abschikken würde. Einen Augenblick lang glaubte ich, das gäbe mir die Gelegenheit, Mum wissen zu lassen, was sich wirklich abspielte, aber ich hätte wissen müssen, daß Abdul Khada zu clever dafür war. Ich mußte meinen Teil des Bands in einem Zimmer voller Männer besprechen, die mir genaue Anweisungen gaben, was ich sagen sollte. Ich mußte erzählen, wie wunderschön es im Jemen sei und daß wir für ein Fest gerade ein Lamm schlachteten und wie glücklich ich wäre. Hinterher war ich sehr niedergeschlagen und befürchtete, Mum würde den ganzen Schwindel glauben und nicht versuchen, uns rauszuholen.

Jahre später erzählte mir Mum, daß Dad die Kassette vor ihr versteckt hatte, aus Furcht, sie könnte am Klang unserer Stimmen merken, daß etwas nicht in Ordnung war. Er erzählte aber allen seinen Freunden davon, und mein Bruder Mo hat sie einmal aus seiner Tasche stibitzt, und so konnte Mum sie doch hören. Sie erkannte am Ton unserer Stimmen gleich, daß man uns zum Lügen gezwungen hatte. Wir hatten uns alle Mühe gegeben, trotz der Worte, die wir sprechen mußten, unsere traurige Stimmung im Tonfall durchklingen zu lassen, und wir hatten gehofft, daß Mum das auffallen würde.

Wenn die Männer aus dem Ausland in die Dörfer zurückkamen, blieben sie gewöhnlich sechs Monate oder ein Jahr zu Hause, je nachdem, wieviel Geld sie gespart hatten. Sie arbeiteten nicht, wenn sie im Jemen waren, es gab nichts für sie zu tun. Sie saßen nur rum und redeten und kauten Qat.

Qat ist eine einheimische Droge, die in den fruchtbaren Landesteilen auf riesigen Feldern angebaut wird. Die Pflanze sieht wie der Liguster aus, der als Hecken in englischen Vorgärten steht. Man bekommt Qat in allen Dörfern zu kaufen, entweder an einem Verkaufsstand, oder bei einem Händler, der die Häuser mit einem Esel direkt beliefert. Man kaut die Blätter. Die Pflanze verhilft den Bauern in den fruchtbaren Gebieten zu großem Reichtum. Qat in noch besserer Qualität kommt aus Afrika und wird täglich per Schiff aus Äthiopien in den Jemen gebracht. Der im Land selbst angebaute Qat schmeckte bitter und ist nicht so gut.

Die Männer, und manchmal auch die Frauen, zupfen die Blätter ab und zerkauen sie zu einer breiigen Paste, die sie in der Wange behalten. In bestimmten Abständen spucken sie einen Teil davon aus und versprühen dabei überall grüne

Speichelhäufchen. Es heißt, die Droge macht die Menschen ruhiger und heiterer und eröffnet ihnen eine ganz eigene Welt, und sie unterdrückt Hungergefühle. Im Ramadanmonat kauen sie Qat gern abends, weil er sie wach hält, so daß sie tagsüber, wenn sie fasten, schlafen können. Zu besonderen Gelegenheiten wie Hochzeiten oder Geburten geben sie dafür viel Geld.

Ich habe ihn auch eine Weile ausprobiert, aber ich mochte den bitteren Geschmack nicht und wurde zu schläfrig davon. Eine Zeitlang habe ich ihn wie Schlaftabletten benutzt, aber nur kurz.

Die Männer rauchen in der Mehrzahl Zigaretten, doch Frauen dürfen das in der Regel nicht. Dafür rauchen sie eine Art Wasserpfeife, wobei sie in becherförmigen Gefäßen einen »Tutan« genannten Tabak verbrennen. Er sieht aus wie ein Stück Holz, und sie kaufen ihn in den Geschäften. In den Bechern verbrennen sie kleine Kohlestücke, brechen auch den Tabak in kleine Stücke, streuen ihn auf die Kohle und lassen ihn dann langsam verglühen. Gleichzeitig wird in dem Gefäß Wasser mit verkocht, und der Tutan wird durch ein Pfeifenrohr inhaliert. Man verwendet ihn im Ramadan ebenfalls sehr häufig.

Im Verlauf der Wochen schnappten Nadja und ich immer mehr Arabisch auf. Wenn man von Menschen umgeben ist, die eine bestimmte Sprache sprechen, lernt man sie leichter. Shiffa und Tamanay, die beiden kleinen Mädchen, halfen mir dabei, indem sie auf Gegenstände zeigten und mir die Wörter dafür sagten. Ich brauchte sechs Monate, bis ich mich verständlich machen, und ein Jahr, bis ich flüssig sprechen und verstehen konnte. Ich brachte mir auch Lesen und Schreiben selbst bei. Nadja lernte schneller Arabisch als ich, aber sie durfte sich damals in ihrem Dorf auch freier bewegen und mit anderen Frauen Umgang haben. Sie sprach ständig mit den verschiedensten Leuten, wohingegen ich isolierter war. Einen Großteil der Zeit wich Ward nicht von meiner Seite, und sie sprach nicht viel mit mir. Ihr Schweigen störte mich nicht, denn ich haßte sie so sehr wie die ganze übrige Familie. Und ich sorgte auch dafür, daß sie meinen Haß spürten. Ich konnte mich ihnen gegenüber nicht anders verhalten, und sie wußten, warum.

Auf dem Land verlief das Leben alljährlich nach einem regelmäßig wiederkehrenden Arbeitskalender. Der Christdorn, der in manchen Landesteilen geradezu wucherte, wurde einmal im Jahr zurückgeschnitten, und die abgeschnittenen Zweige auf den Steinmauern zu scharfen, dichten Hekken aufgeschichtet, um die Tiere in den Gevierten zu halten. Wenn die Männer rechtzeitig zu Hause waren, stiegen sie auf die Bäume und schneitelten sie. Waren sie nicht da, und das war die Regel, mußten wir das tun. Sobald sie gut ausgetrocknet waren, wurden die stachligen Zweige gebündelt, und die Frauen trugen sie dann auf dem Kopf nach Hause und lagerten sie unten als Brennmaterial für den Küchenofen. Wenn uns das Holz ausging, mußten wir es in Nachbardörfern kaufen. Schlangen in allen Größen, darunter auch viele giftige Arten, lebten zwischen den Ästen und Zweigen des Christdorns. Mich erfaßte schon beim bloßen Gedanken daran Angst.

Eines Tages schallte aus dem Dorf ein gellender Schrei herauf, und eine Frau kam zum Haus und sagte Ward, daß ihr Bruder von einer giftigen Schlange gebissen worden sei. Er war von Ta'izz nach Hockail gefahren. Als er am Straßenrand aus dem Auto ausstieg, hatte sie ihn in den Zeh gebissen. Er verlor das Bewußtsein, und man brachte ihn ins Dorf. Wir gingen alle den Berg hinunter und besuchten ihn in seinem Haus. Dort hatte sich bereits eine Menschenmenge versammelt, und er lag im Bett und murmelte im Fieber. Zu der Zeit war in dem Gebiet kein Arzt aufzutreiben, daher behandelten ihn die Frauen mit einer selbst angefertigten Salbe. Er hatte Glück, die Salbe half, und ein paar Tage später war er wieder gesund. Von da an war ich noch mehr vor den in der Mittagssonne dösenden Schlagen auf der Hut.

Das Bestellen der Felder, auf denen zum Beispiel Hirse, Kleie und Weizen angebaut wurde, war vom Aussäen der Samen bis zum Backen der Tschapatis ausschließlich Frauenarbeit. Es ist eine schreckliche Plackerei, die die Männer ihren Frauen manchmal etwas erleichtern können, wenn sie sich gegenseitig Maschinen ausleihen. Abdul Khada und Ward liehen niemals Maschinen aus, die uns hätten helfen können, sie waren in der ganzen Umgebung für ihren Geiz bekannt.

Wenn ein Mädchen in eine jemenitische Familie einheiratet, erwartet man von ihr, daß sie sich die Arbeitslast mit den anderen Frauen teilt und den älteren einige der schwersten Pflichten abnimmt. Das ist einer der Gründe, warum die Männer so erpicht darauf sind, als Bräute für ihre Söhne gesunde, kräftige Mädchen zu kaufen.

Jemenitische Mädchen werden, sobald sie laufen gelernt haben, zur Arbeit angehalten. Sie lernen, wie man Wasser auf dem Kopf trägt, kocht, saubermacht, die Felder bestellt und die Tiere versorgt. Andere Möglichkeiten werden ihnen nicht eröffnet. Sie lernen auch, ihre Männer zu achten oder zumindest zu fürchten.

Keine der beiden Familien, in die wir gepreßt wurden, war so unrealistisch zu erwarten, daß Nadja und ich die Arbeit vom ersten Tage an voll übernehmen würden. Sie richteten uns allmählich ab, beschnitten unsere Freiheiten Stück für Stück und bürdeten uns immer größere Lasten auf. Wir waren wie Tiere, deren Willen erst gebrochen werden muß, bevor sie richtig dressiert werden können.

Gowad verlangte von Nadja, daß sie anfing, arabische Kleider zu tragen, so wie es Abdul Khada auch von mir verlangt hatte, aber er setzte seine Forderungen nicht mit Gewalt durch. Geduldiges Vorgehen lag ihm offenbar mehr. Er wußte, daß Nadja nicht weggehen konnte und daß er sie am Ende kleinkriegen und sie alles tun würde, was er forderte. Vielleicht ahnten sie bereits, daß Nadja leichter zu bändigen und zur Zusammenarbeit zu überreden sein würde als ich. Er zwang Nadja jedoch gleich nach ihrer Ankunft im Jemen dazu, Wasser zu holen, wohingegen man mir Zeit zur Eingewöhnung ließ, bevor man mir das abverlangte.

Wenn die Frauen Wasser vom Brunnen holen, gehen sie mit leeren Stahlfässern ins Tal. Manche Fässer sind nur wenig größer als ein normaler Eimer, andere aber auch riesig. Das war eine nichtendenwollende Arbeit, oft ein dutzendmal am Tag. Sobald die Frauen geübter waren, trugen sie die größeren Fässer, die bis zu fünfundvierzig Liter Wasser aufnehmen konnten. Mit Kannen, die an Seilen hinabgelassen und wieder heraufgezogen und in die Fässer geleert werden, schöpfen sie das Wasser aus dem Brunnen. Wenn ein Faß voll war, hob ich es mir zuerst auf die Knie und dann auf den Kopf, auf den ich als Polster ein ringförmig gedrehtes Stück Stoff gelegt hatte. Die meisten anderen Frauen brauchten ein solches Stoffpolster nicht, sie brauchten die Fässer nicht einmal mit den Händen festzuhalten, sie hielten die Balance beim Gehen ganz selbstverständlich, ohne einen Tropfen zu verschütten. Da sie seit frühester Kindheit Wasser holen, haben sie viel Übung. Tamanay war erst fünf und mußte trotzdem mit uns zum Brunnen gehen und ihrer Größe entsprechende Wasserfässer herauftragen.

Als ich diese Arbeit erlernte, stellte ich mich sehr ungeschickt an, stolperte oft und verschüttete dabei Wasser, Ward wurde dann zornig. »Sie muß das lernen«, sagte sie zu Abdul Khada, »damit ich mich ausruhen kann.«

Wir besaßen das Nutzungsrecht für einen Brunnen auf einem Stück Land, das einem Nachbarn gehörte. Meist gingen wir dorthin. Es gab aber noch einen zweiten Brunnen, zwanzig Minuten entfernt, zu dem wir uns aufmachen mußten, wenn es lange nicht geregnet hatte und die erste Wasserquelle versiegt war. Er war ganz mit Stein ausgekleidet, und das Wasser floß durch Gitter hinein. Wir mußten dort die Schuhe ausziehen, um ihn sauberzuhalten. Als ich das erste Mal zu dem Brunnen in der Nähe von Abdul Khadas Haus kam, war ich entsetzt über die vielen Frösche und Insekten, die auf dem Rand umherhüpften und -krochen. Wir mußten sie erst verscheuchen, bevor wir an das Wasser herankamen. Ich fürchtete mich vor den Krankheiten, die wir von dem unsauberen Wasser bekommen konnten. Doch wenn man Durst hat, muß man trinken, was da ist. Als ich das Wasser zum ersten Mal probierte, wurde mir schlecht, aber dann gewöhnte ich mich daran. Es war natürliches Regenwasser, und später schmeckte es mir sogar.

Der erste Gang zum Brunnen fand ungefähr um fünf Uhr morgens statt, wenn die Frauen aufstanden, um das Frühstück zu machen und das Haus für den Tag herzurichten. Wenn man so zeitig aufbrach, war die Sonne noch nicht aufgegangen und das Wasser noch ziemlich kühl. Ging man zu spät, war das Trinkwasser den ganzen Tag heiß. Tagsüber verdunstete das Wasser oft in den Behältern im Haus, und dann mußten wir am Nachmittag zwei- oder dreimal hinuntergehen und neue Vorräte holen. Wenn es abends kühler wurde, waren wir wieder unterwegs. Manchmal ging jede von uns zehn- oder zwölfmal am Tag zum Brunnen.

Um Gesellschaft zu haben, machten wir uns oft zu zweit auf den Weg und manchmal ging ich auch mit einem der Kinder oder mit Haola vom Haus unter uns. Einmal war ich mit Haola zu dem weiter entfernten Brunnen unterwegs. Als wir am Fuß des Berghangs um eine Biegung kamen, standen wir plötzlich einem Tier gegenüber, das wie ein kleiner Dinosaurier aussah. Es war gut einen Meter lang und etwa einen halben hoch. Es schaute uns direkt an, das gezackte Maul stand offen, und es zischte.

»Komm, wir kehren um«, stammelte ich.

»Hab keine Angst«, sagte Haola unsicher, »sie können nicht so schnell laufen wie wir. Aber geh nicht näher ran. Wenn sie beißen, lassen sie nicht wieder los und müssen mit Gewalt abgerissen werden.«

Der kleine Drachen, vor dem wir standen, wechselte vor unseren Augen die Farbe. Ein anderes Mädchen aus dem Dorf kam auf dem gleichen Weg näher. Es stieß einen Schrei aus, hob einen großen Stein auf und begann auf das Tier einzuschlagen, bis es tot war. Seine Haut war so fest, daß sie mit dem Stein immer wieder abrutschte, und das Ungeheuer wand sich und zischte und schnappte nach ihr. Es verging fast eine Viertelstunde, bis es tot war. Als es verendete, rollte sich der Schwanz zusammen, und das Mädchen spießte es auf einen Stock auf. An dem hing es nun und schrumpfte zusammen, als die Luft aus ihm entwich.

»Was machst du denn damit?« fragte ich.

»Das nehm ich mit nach Hause und koch's«, sagte sie und lachte über meinen entsetzten Gesichtsausdruck. Sie schlenkerte es ein paarmal vor mir hin und her und neckte mich und schleuderte es dann über die Steine.

Als ich schon einige Jahre im Jemen gelebt hatte, blieb einmal der Regen aus. Es regnete fast zwei Jahre nicht, und in den letzten sechs Monaten davor war das Wasser völlig versiegt. Kilometerweit kamen die Leute aus den umliegenden Dörfern und suchten Brunnen, die noch Wasser hatten. Brunnen sind überall zwischen den Dörfern verstreut, und wenn das Wasser in dem einen versiegt ist, müssen es die Leute eben bei ihren Nachbarn holen. Eigentlich dürfen sie das nicht, aber wenn sie überleben wollen, bleibt ihnen nichts anderes übrig.

Wenn wir in einer solchen Dürreperiode die Kannen bis auf den Grund des Brunnens hinunterließen, zogen wir Schlamm mit herauf. Wir seihten ihn heraus und tranken, was danach übrig blieb.

Am unteren Ende des Gartens neben dem Friedhof gab es einen sehr alten Brunnen, dessen Wasser aber nicht als Trinkwasser benutzt wurde. Auf dem Friedhof standen keine Grabsteine wie in England. Wenn jemand beerdigt wurde, wurde die Grube mit Zement vollgegossen und der Name des Toten in den Zement geschrieben, bevor er ausgetrocknet war. Der Brunnen sah aus wie eine kleine Steinhütte mit einer Tür. Weil er kein Trinkwasser enthielt, durften wir hier unsere Sachen waschen. Wenn ich nur sehr wenig zu waschen hatte, nahm ich Wasser von den Vorräten, die wir im Haus hatten, aber Ward schimpfte, wenn ich dafür sauberes Trinkwasser vergeudete. Darum ging ich meistens zum Friedhofsbrunnen und wusch die Sachen dort in einer Schüssel. Da hier kaum jemand Wasser holte, war der Brunnen immer voll, und man konnte das Wasser leicht schöpfen.

Bis zum Mittag war auch das Brunnenwasser heiß geworden, und wir konnten dann mit Waschpulver waschen. Anschließend legten wir die Sachen zum Trocknen auf die Steine oder nahmen sie naß mit nach Hause und trockneten sie auf dem Dach. Ich trocknete meine Sachen aber meistens gleich neben dem Brunnen, um nicht bei den anderen im Haus sein zu müssen.

Je besser wir uns kennenlernten, desto weniger konnten Ward und ich uns leiden. Wir kamen nie wirklich miteinander aus, und ich tat alles, um ihr aus dem Weg gehen zu können. Mit Bakela, Mohammeds Frau, war das anders, und ihre Töchter hatte ich wirklich gern. Ich ging oft mit einer von ihnen zum Brunnen, und als ich einmal mit Shiffa, der Achtjährigen, am Waschbrunnen war, bekam ich plötzlich Lust auf ein Bad.

»Halt die Augen offen«, sagte ich zu ihr, »ich will mal ins Wasser steigen.« Obwohl ich zu der Zeit noch nicht arabisch sprechen konnte, machte ich mich ihr verständlich, und sie hatte nichts dagegen. Ich stieg in meinen Sachen die Stufen ins Wasser. Es war kühl und dunkel, und ich tauchte ganz hinein. Als ich nach oben schaute, sah ich, daß Shiffa mit angstverzerrtem Gesicht zu mir herunterstarrte. Ich konnte sie durch das klare Wasser hindurch sehen, sie mich jedoch nicht, und sie dachte, ich sei ertrunken. Solange mein Atem reichte, blieb ich in dem kühlen, dunklen Schweigen, am liebsten wäre ich nie mehr aufgetaucht. Meine Lungen zwangen mich schließlich nach oben zurück. Shiffa zeigte mir mit einer lebhaften Pantomime, daß sie Angst gehabt hatte und daß sie Schritte zu hören glaubte, und ich kletterte auf die Stufen.

Als wir zum Haus zurückkamen, waren meine Sachen immer noch tropfnaß. Ward wollte wissen, was passiert sei, und Shiffa erzählte es ihr. Ich bekam wieder Ärger, weil jemenitischen Frauen das Schwimmen verboten ist und in dem Brunnen giftige Schlangen sein sollten.

Von meinem Fenster aus sah ich manchmal, wie Affen auf dem Feld hinter dem Haus das Getreide fraßen. Wenn die Männer hörten, daß Affen in der Nähe waren, vertrieben sie sie mit Gewehren, um das Getreide zu retten. In der trockenen Jahreszeit wurden die Affen jedoch immer dreister und aggressiver und kamen zum Trinken an die Brunnen. Wenn Leute auftauchten, rannten sie weg.

Einmal, als ich mit Tamanay ins Dorf zum Einkaufen unterwegs war, gingen wir über den Seitenweg durch die Felder, in denen ganze Affenhorden saßen. Ich hatte gehört, daß sie auf Frauen losgehen und hatte ein wenig Angst, aber Tamanay machte sich anscheinend keine Sorgen. Am Fuß des Berghangs angekommen, fing sie an, die Affen mit einem Kinderreim zu necken: »Alle Affen, die da gaffen,...« Mit ihren Posen brachte sie mich zum Lachen, aber die Affen wurden böse, und einer kam mit gebleckten Zähnen auf uns zugerannt und trieb uns schreiend den Berg hinauf. Er sah noch zu, wie wir davonliefen, und trollte sich dann wieder zu den anderen im Feld. Einige Affen wurden fast so groß wie Gorillas, die meisten aber erreichten nur die Größe von Schimpansen. Einmal, als ich auf dem Rückweg von dem Brunnen hinter dem Berg war, stand ich plötzlich einem großen Exemplar gegenüber. Der Affe saß auf einem vorspringenden Stein und fraß eine Pflanze. Kauend behielt er mich im Auge, als ich an ihm vorüberschlich und versuchte, mir meine Angst nicht anmerken zu lassen.

Unsere Nachbarn auf dem Berg, auf deren Land sich der Trinkwasserbrunnen befand, waren verglichen mit der von Abdul Khada, eine kleine Familie. Bei meiner Ankunft waren nur die Frau, die mit Ward befreundet war, und ihre Tochter da. Der Vater war als Gastarbeiter in England, und der vierzehnjährige Sohn hatte gerade seinen ersten Job in Saudi-Arabien bekommen. Ich bekam sie nicht oft zu sehen.

Als ich mich immer besser mit den Frauen verständigen konnte, fand ich heraus, wie bedrückt die meisten über ihr gesamtes Leben waren, vor allem darüber, daß sie fast immer zu Hause bleiben mußten, während ihre Männer in der ganzen Welt umherfuhren. Hend, eine junge Frau aus Hockail, besuchte mich einmal und vertraute mir an, daß sie unglücklich sei und in die Stadt fliehen und dort ein modernes Leben führen wolle. Sie hatte schon sechs Töchter und war erst Anfang zwanzig. Abdul Khada bekam heraus, daß sie in seinem Haus gewesen war, und verbot mir, noch einmal mit ihr zu sprechen, weil sie im Dorf nicht gut angesehen war. Sie war sehr offen und nett, doch ich durfte mich nicht mehr mit ihr treffen, weil sie angeblich den Anstand nicht wahrte. Die Männer aus dem Dorf sahen in Frauen wie Hend und mir wohl eine Bedrohung. Daß wir andere Frauen gegen sie aufbringen und sie zum Nachdenken bewegen könnten, dieser Gedanke behagte ihnen gar nicht. Sie sollten die ihnen von den Männern aufgezwungene Ordnung nicht infragestellen.

In den Dörfern kennt jeder jeden, und die meisten Menschen sind Blutsverwandte oder durch Ehen verwandt. Der Koran befürwortet die Ehen zwischen Verwandten, und viele Frauen aus Hockail wurden mit ihren Cousins verheiratet. Haola, Abdul Khadas Nichte, war eine der nettesten Frauen, die ich dort kennengelernt habe, und auch sie hat ihren Cousin geheiratet. Ich verstand das nicht und fragte Abdul Khada danach.

»Hier draußen machen wir das gern«, erklärte er mir. »Wenn Abdullah eine Cousine im passenden Alter gehabt hätte, hätte er sie auch geheiratet und nicht dich.«

Ich bezweifle, daß ein Mädchen, wenn sie Abdullah gesehen hätte, ihn überhaupt freiwillig genommen hätte. Abdul Khada hätte sicher viel mehr für eine Braut bezahlen müssen, deren Vater wußte, was für einen schlechten Ehemann der Junge abgeben würde.

Mit Ausnahme von Nadja und mir war aber keine Frau aus dem Dorf wirklich zu einer Ehe gezwungen worden. Wenn sie den für sie ausgewählten Jungen nicht heiraten wollten, mußten sie es auch nicht. Deswegen war es ja so ein großes Unrecht, daß man Nadja und mich gezwungen hatte, denn es war gegen unseren Willen und auch gegen ihren Glauben geschehen. Im Koran steht, daß ein Mädchen bei der Hochzeitszeremonie dreimal gefragt werden muß, ob sie mit der Heirat wirklich einverstanden ist. Wir hatten nicht einmal eine Hochzeitsfeier gehabt. Die meisten Mädchen fügten sich zwar der Entscheidung, die ihre Familien für sie getroffen hatten, und machten das Beste daraus, aber es war durchaus nicht ungewöhnlich, daß Frauen später von ihren Männern die Einwilligung zur Scheidung erhielten. Davon wußten Nadja und ich zu der Zeit jedoch nichts. Wir mußten einfach ihrer Behauptung glauben, daß wir rechtmäßig verheiratet waren, obwohl wir nicht begriffen, wie das möglich sein konnte.

Vier Wochen nach Nadjas Ankunft im Jemen erzählte mir Abdul Khada von dem Restaurant, das er im Dorf Campais gekauft hatte und das er nun eröffnen wollte, um Geld zu verdienen. Ward, Abdullah und ich sollten zum Helfen mitkommen.

Es war für mich unfaßbar, daß er von mir verlangte, Nadja schon so bald wieder allein zu lassen. Ich wollte mich nicht von ihr trennen und sagte ihm, daß ich bei meiner Schwester bleiben würde. Er erwiderte, ich hätte keine andere Wahl und müßte tun, was mir befohlen würde. Als ich Nadja erzählte, was er vorhatte, flehte sie Abdul Khada an, mich zu Hause bleiben zu lassen, doch er sagte, das sei unmöglich. Er versprach uns, daß wir uns trotzdem besuchen könnten, wir wußten aber, daß wir nicht erwarten konnten, daß sie uns fahren ließen, wenn der Weg zu Fuß zu weit wäre. Und wir hatten recht: In den folgenden sechs Monaten sahen wir uns nur zweimal.

KAPITEL 7

Wieder allein

Ein Verwandter Abdul Khadas holte uns früh am Morgen des folgenden Tages mit dem Land Rover ab, um uns nach Campais zu bringen. Ich war sehr niedergeschlagen, als wir abfuhren, und die Landschaft heiterte mich nicht auf, denn sie wurde immer öder und kahler.

Das Dorf liegt an der Hauptstraße, die die Hauptstadt Sanaa mit den Häfen verbindet, in denen die Lebensmittelimporte des Landes eintreffen. Der Großteil der Gebäude, und dazu gehörte auch das Restaurant, in dem wir wohnten, war erst vor kurzem errichtet worden. Die Zimmer hinter dem Restaurant waren erheblich sauberer als Abdul Khadas Haus in Hockail. Es war ein recht hübsches, großes Restaurant und stand in der Nachbarschaft ähnlicher Häuser an der Hauptstraße. Aber das war für mich kein Trost, ich wollte nur wieder bei Nadja sein.

In der Stadt mischt sich das Moderne mit dem Traditionellen. Auf der Straße donnerten zwar große Lastwagen vorbei, die Waren ins Landesinnere brachten, in der Stadt aber wurden für den Transport zum Beispiel von Getreidesäcken immer noch Kamele eingesetzt.

Die drei im Erdgeschoß liegenden Zimmer waren größer als die in Hockail, die Wände waren aus richtigem Zement, und wir hatten fließendes Wasser und Strom, was uns im Dorf ja fehlte, wo wir uns, wenn wir nach sechs Uhr abends noch etwas sehen wollten, mit Petroleumlampen behelfen mußten. Wir mußten die Lampen ständig mit uns herumtragen, und ihr übelriechender Rauch erfüllte das ganze Haus. In diesem Haus gab es wenigstens eine Dusche, wenn auch noch immer keine richtige Toilette. Von den Schlafzimmern aus konnte man aufs Dach gehen und dort sitzen. Das Haus lag in einem ziemlich großen Garten, der von einer hohen

Mauer umgeben war, über die man nicht hinweg sehen konnte. Abdul Khada zog selbst Gemüse, Kartoffeln und Tomaten, und ich saß gern dort, fern von den andern. Bei der Hitze benötigten die Pflanzen freilich viel Wasser.

Es war hier viel heißer als in Hockail, und rote Ameisen, Fliegen und Moskitos waren überall. Den Ameisen entging man nur, wenn man mit hochgezogenen Beinen auf dem Stuhl saß. Wegen dieser Hitze und der Insekten begann ich die Vorteile arabischer Kleidung zu erkennen, da die Hose die Beine vor Insektenstichen schützte. Ich fing an, Kopftücher und lange Kleider über Hosen zu tragen. Die äußeren Umstände zwangen mich dazu, eine Jemenitin zu werden.

Ward und ich arbeiteten den ganzen Tag in der im hinteren Teil des Hauses gelegenen Küche, die genaugenommen nur ein Gang war, während vorn Abdul Khada und Abdullah die Gäste bedienten. Am Tage wurde die Hitze in der Küche unerträglich, auch wenn die Tür zum Garten ständig offenstand. Ward und ich wechselten kaum ein Wort, wir haßten uns zu tief. Einmal warf sie mit einem gefrorenen Huhn nach mir und herrschte mich an: »Zerschneiden und kochen!« und ich schrie »Nein!« und warf es zurück.

Die meiste Zeit beachteten wir uns einfach nicht, und ich war nun völlig allein und hatte keinen Menschen, mit dem ich reden konnte. Weil niemand mit mir sprach, konzentrierte ich mich darauf, arabisch lesen und schreiben zu lernen, bevor ich es sprechen konnte. Abdul Khada gab mir ein Blatt Papier mit dem Alphabet, und damit arbeitete ich, las Kinderbücher oder was sonst herumlag. Ich äußerte meine Wünsche immer ziemlich direkt. Wenn ich ihn um solche Dinge bat, war er immer bereit, sie mir zu besorgen, was in dieser Gesellschaft ungewöhnlich ist.

Keine der anderen Frauen aus dem Dorf konnte lesen und schreiben, die Männer erlaubten das nicht. Frauen erhielten nie irgendeine Bildung – dafür sorgten schon die Männer –, denn wenn sie etwas gelernt hätten, wäre es ihnen vielleicht eingefallen, gegen die ihnen aufgezwungene Lebensweise aufzubegehren und mit den Männern zu streiten; das aber war unvorstellbar! Nur Jungen besuchten die Dorfschulen, und zwar schon vom frühen Alter an, wie in England. Wenn Frauen aus den Dörfern in Städte oder in andere Länder entkommen wollten, mußen sie darauf hoffen, daß ihre Männer sie mitnehmen würden, und dazu waren nicht viele bereit.

Jeder Morgen verlief im Restaurant nach der gleichen Routine. Ward machte in einem großen Kessel Teewasser für die Frühstücksgäste heiß, während ich saubermachte. Abdul Khada bereitete Eier und Bohnen zu, die mit Brot aus der Stadt gereicht wurden. Der Junge kam, der vor dem Restaurant in einer Pfanne Tschapatis briet. Die Leute bezahlten bei ihm, und er händigte das Geld Abdul Khada aus, der ihm dann am Ende der Woche seinen Lohn auszahlte.

Zu Mittag bereiteten wir große Fleischgerichte mit Kartoffeln und Reis zu, und am Abend nochmal ein ähnliches Gericht wie zum Frühstück, das dann von sechs bis elf Uhr angeboten wurde. Den ganzen Abend lang kamen Männer und aßen, tranken Tee oder Kaffee, spielten Karten oder plauderten mit Abdul Khada, der hinter dem Tresen saß und auf ihre Bestellungen wartete. Wir anderen mußten hinten alle beim Kochen helfen, auch Abdullah, aber abends ging er nach vorn und redete mit den anderen Männern, und Ward und ich hatten keinen Aufpasser mehr. Fleisch zum Beispiel kochte Abdul Khada vorn, während wir hinten die meiste Zeit damit beschäftigt waren, Wasser heiß zu machen, Reis zu kochen und abzuwaschen.

Wenn spätabends geschlossen wurde, ging ich gewöhnlich schlafen, denn es gab ja keine Alternative. In Ländern wie dem Jemen ist das Leben für Frauen schrecklich langweilig. Arbeitet man nicht, dann kann man nur rumsitzen und nachdenken, jahraus, jahrein. Es gibt nichts Anregendes und keine Möglichkeit, sich zu vergnügen. Meist ist man nur in Gesellschaft anderer Frauen, die ein ebenso eintöniges Leben führen. Das einzige, worüber man reden kann, ist Klatsch und Tratsch. Gerüchte verbreiten sich im Jemen wie die Pest, weil sich alle so langweilen. Sie warten so begierig auf Neuigkeiten über andere Leute, daß sie schnell von Lügen und Falschinformationen zu beeinflussen sind.

In Campais sah ich von meinem Fenster aus auf eine Ziegelmauer. Aus Ziegeln war auch die Mauer, die unseren Garten umgab und die uns daran hinderte, auf die Straße zu schauen und Vorübergehende von uns abschirmte. Ich fühlte mich wie in einem Gefängnis. Die Männer konnten spazierengehen, mit ihren Autos herumfahren oder reisen, die Frauen konnten nichts tun und nirgendwohin gehen. Die ewige tägliche Routine machte einen fast verrückt. Das einzige Vergnügen, das ich hatte, war mein kleines Kassettengerät mit ein paar Kassetten, das ich aus England mitgebracht hatte.

Ich hatte Glück, daß mir Abdul Khada überhaupt erlaubte, die Kassetten zu behalten, denn er war sonst der Meinung, daß ich nichts besitzen dürfe, was mich an England erinnerte. Er glaubte, daß ich mich schneller mit meinem neuen Leben abfinden würde, wenn ich das alte völlig aus meinem Gedächtnis strich. Eines Tages kam er in mein Zimmer und begann meinen Koffer zu durchsuchen.

»Was machst du da?« fragte ich, doch er antwortete nicht. »Was suchst du denn?«

»Das da!« Er zog ein paar Fotos von Mum, meiner Familie und meinen Freunden hervor, die ich mitgenommen hatte. Wenn ich allein war, nahm ich sie manchmal heraus und schaute sie an.

»Die gehören mir«, rief ich und wollte sie an mich reißen. »Gib sie zurück!«

»Nein.« Er hob sie so hoch, daß ich nicht hinauflangen konnte. »Die machen dich nur unglücklich. Es ist besser, wenn du keine Andenken an dein früheres Leben mehr hast. Wir sind jetzt deine Familie.«

Ich versuchte seinen Arm runterzuziehen und an die Fotos zu kommen, aber er hielt sie fest und zerriß sie. Dann gab er mir die Schnipsel. »Wirf das ins Feuer!«

»Bitte nicht«, bettelte ich.

»Wirf das rein!« Er kam mit erhobener Hand auf mich zu, und ich rannte in die Küche und warf die zerrissenen Fotos ins Feuer, wie er es befohlen hatte. Jeden Tag rechnete ich damit, daß er meine Musik auf die gleiche Art zerstören würde, doch er tat es nicht.

In Campais mußten Ward und ich den ganzen Tag saubermachen und, wenn die Gäste gegessen hatten, abwaschen. Wenn das Restaurant geöffnet war und Männer da waren, durften wir nicht hinein. Wenn Abdul Khada nach hinten kam und etwas holen wollte, erzählte er uns manchmal etwas von dem Leben vorn, zum Beispiel, daß da ein paar amerikanische oder deutsche Touristen saßen. Wir dagegen saßen in unserer heißen, dunstigen, von Ameisen und Fliegen bevölkerten Welt in der Falle.

Eines Tages fragte mich Abdul Khada, ob ich einen Tag frei haben und zum Strand fahren wollte. Ich dachte, ich hätte mich verhört und er machte sich über mich lustig, und war darauf gefaßt, daß er mich schlagen würde, wenn ich ja sagte. Doch er meinte es ernst. Er fragte Ward, ob sie auch mitkommen wollte, sie sagte zwar nein, doch er bestand darauf. Wir fuhren schon früh am Morgen los, denn in Campais konnte die Temperatur bis zum Mittag auf über 80°C in der Sonne ansteigen. Wir schlossen das Restaurant, und er brachte Ward, Abdullah und mich mit einem Taxi zum Roten Meer.

Die Fahrt bis zur Küste dauerte nur zwanzig Minuten. Unterwegs durchquerten wir reine Wüste, nichts als Sand. Am Straßenrand bildeten Telefonmasten eine punktierte Linie. Nach der Hälfte der Strecke hörte die mit ausländischer Hilfe gebaute Straße auf und wurde von holprigen Landesstraßen abgelöst.

Der Küstenstreifen wird Tihama genannt, was »heißes Land« bedeutet. Das Land ist über Kilometer hinweg ganz flach wie eine Sandebene in den Tropen und wirkt, wenn man aus den Bergen kommt, überwältigend.

Es gab nur wenige Anzeichen von Leben. Als wir schon ganz nahe am Meer waren, kamen wir an ein paar verfallenen Steinhäusern vorüber. Der menschenleere Strand war so eindrucksvoll, wie mein Dad und seine Freunde es uns beschrieben hatten, bevor wir in den Jemen kamen. Die wunderschönen Badebuchten und die Palmen gab es also – aber während all der Jahre, die ich in den Dörfern verbrachte, bekam ich sie nur dieses eine Mal zu sehen.

Es war so, als wäre vor uns noch niemand an diesem Strand gewesen, nur die alten Fischer, die mit den Booten draußen waren, als wären sie schon vom Anbeginn aller Zeiten dort. Sie achteten nicht auf uns. Wir stiegen aus dem Auto aus und wirkten wie eine typisch arabische Familie an ihrem freien Tag. Der Wind wehte uns den feinen Sand in die Augen.

»Möchtest du schwimmen?« fragte Abdul Khada mit freundlichem Lächeln.

Ich traute mich zuerst nicht, ja zu sagen, falls er mich weiter auf die Probe stellen und für meine Zügellosigkeit dann schlagen würde. Ich hatte inzwischen ein langes arabisches Kleid und darunter eine Hose an und trug ein Kopftuch, das mein Haar verbarg.

»Möchtest du schwimmen?« fragte er noch einmal. »Du kannst in deinen Sachen ins Wasser gehen, wenn du willst. Es macht nichts, es ist ja niemand hier.«

Das mußte er mir nicht noch einmal sagen. Ich zog die Sandalen aus und lief so weit, bis das Wasser tief genug war und ich schwimmen konnte. Meine arabischen Kleider wurden an die Wasseroberfläche gedrückt, und das Tuch rutschte mir vom Kopf und trieb in dem warmen Salzwasser hinter mir her. In England war ich eine gute Schwimmerin gewesen, hatte in der Schule oft Bronze- und Goldmedaillen gewonnen; ich schwamm leidenschaftlich gern. Ich kniff die Augen zusammen, weil die von der Wasseroberfläche reflektierte Sonne mich blendete, und schaute zum fernen Horizont. Ich wollte ins offene Meer hinausschwimmen und erst aufhören, wenn ich in Afrika war. Abdul Khada planschte am Ufer herum und ließ mich nicht aus den Augen.

»Schwimm nicht so weit raus«, rief er, als hätte er meine Gedanken gelesen, »da draußen sind Haie.«

In England hatte ich den Film »Der weiße Hai« gesehen, und die Erinnerung daran sorgte dafür, daß ich mich nicht zu weit vom Ufer entfernte. Ich schwamm zurück und ging durch den Sand. Es war bereits viel heißer geworden, und meine Sachen waren innerhalb weniger Minuten trocken. Als ich mich in den Sand legte, spürte ich, das mich von unten etwas drückte, und ich buddelte ein paar leere Dosen Lagerbier aus. Anscheinend kamen die Männer abends zum Strand und tranken dort den Alkohol, den ihnen das Gesetz verbietet. Der Taxifahrer war allein fortgeschlendert, und wir saßen noch ungefähr eine halbe Stunde im Sand, bevor wir wieder ins Auto einsteigen und ins Restaurant zurückfahren mußten. Das sollte mein einziger Tag am Strand gewesen sein.

Eines Morgens wachte ich vor Fieber glühend und mit schrecklichen Schmerzen in der Brust auf. Ich wollte aufstehen, aber ich war zu benommen und zu schwach und fiel wieder aufs Bett. Ich sagte Abdul Khada, wie es mir ginge, doch er winkte ab. »Das ist nur die Hitze.«

An dem Tag konnte ich nicht aufstehen, und zwei Tage später mußte ich mich übergeben. Abdul Khada sah nun doch besorgt aus. Es ging mir so schlecht, daß ich die ganze Zeit nur im Bett lag. Ich hatte nicht einmal die Kraft, etwas zu essen, und dachte, daß ich womöglich sterben müßte. Der Gedanke ans Sterben machte mich froh, denn dann würde ich aus dem Jemen herauskommen. In diesem Zustand wollte ich nicht weiterleben.

Abdul Khada muß wohl auch befürchtet haben, daß ich sterben könnte, denn er holte einen Arzt. Es gab im Jemen nicht viel Ärzte, aber in Campais praktizierte einer, ein Sudanese, der englisch sprach. Er untersuchte mich und sagte mir, daß ich Malaria hätte. Er gab mir eine Spritze und Medizin.

In den nächsten Tagen kam er zweimal täglich und spritzte mir etwas. Ich wurde allmählich so kräftig, daß ich aufstehen und wieder an die Arbeit gehen, saubermachen und in der Küche kochen konnte. Doch solange ich in Campais in dieser Hitze blieb, fühlte ich mich nie mehr richtig wohl, und ich hatte später noch zweimal Malaria. Da kam mir kein Arzt mehr zu Hilfe, ich mußte die Krankheit ganz allein überwinden. Die Frauen aus dem Dorf konnten nur insoweit helfen, daß sie mir zu trinken gaben, was sie für das Heilmittel gegen Malaria halten: Kamelmilch. Die Milch ist nicht leicht zu bekommen und schmeckt sogar recht gut.

In Abständen von ein paar Wochen kam Abdul Khadas Sohn Mohammed aus Hockail und besuchte seine Eltern. Er unterhielt sich dann immer eine Zeitlang auch mit mir. Es war schön, wenn noch jemand anders da war, auch wenn es nur für kurze Zeit war. Ich bat ihn, mich mit ins Dorf zurückzunehmen, damit ich bei Nadja sein könnte, aber er zuckte nur mit den Schultern und sagte, er wüßte, daß sein Vater nicht dazu zu überreden sei.

Eines Nachmittags saß ich hinten im Garten und langweilte mich wie üblich, als ich Abdul Khada vorn im Restaurant »Nadja!« rufen hörte. Ich wagte nicht, mir vorzustellen, mit welcher Nadja er da sprach. Dann hörte ich das Geräusch rennender Füße, und er kam aus dem Restaurant gelaufen und rief, ich solle kommen, meine Schwester sei da. Nadja kam durch den Gang nach hinten, und ich sah sie zum ersten Mal in traditioneller arabischer Kleidung. Es war ein seltsames Gefühl, und ihr war es wohl ebenso gegangen, als sie mich erblickte. Ich war so glücklich, daß sie da war.

Wir gingen in mein Zimmer, und sie ließen uns auch fast den ganzen Tag in Ruhe, damit wir uns alle Neuigkeiten erzählen konnten. Keine von uns beiden hatte Post von Mum bekommen. Ich erzählte ihr, daß Abdul Khada meine Fotos zerrissen hatte, und sie sagte mir, daß sie im Dorf noch welche hätte. Wir redeten und weinten ohne Pause. Sie erzählte mir, daß sie die ganze Zeit Wasser schleppen mußte und daß Gowad ihre Hand ins Feuer gehalten hatte, als sie lernen sollte, Tschapatis zu machen, und daß sie sich die Hand schlimm verbrannt hatte. Sie zeigte mir die Narben. Sie hatte empfindlichere Haut als ich, und ich sah, daß sie auch noch andere Narben hatte. Sie hatte sich die Haut nach Moskitostichen aufgekratzt. Diese Flecken waren noch Jahre später zu erkennen. Sie erzählte mir, daß Gowad sie einmal, als sie sich geweigert hatte, mit seinem Sohn zu schlafen, geschlagen und in die Rippen getreten hatte. Gowads Frau Salama war ihr damals zu Hilfe gekommen. Ich beschwor sie, die Hoffnung nicht aufzugeben und stark zu bleiben, denn eines Tages mußte etwas zu unserer Rettung geschehen.

Wir hatten beide geglaubt, daß sie ein paar Tage bei uns bleiben würde, doch am Abend brachte Gowad sie ins Dorf zurück. Sie flehte ihn an, noch ein bißchen bei mir bleiben zu dürfen, doch er lehnte ab.

Als sie fort waren, kam Abdul Khada zu mir. „Du siehst ja, wie glücklich deine Schwester ist.«

»Woher weißt du denn, daß sie glücklich ist?« antwortete ich schnippisch. »Woher willst du wissen, wie sie sich fühlt?«

»Ich weiß es eben«, sagte er schulterzuckend. »Ohne dich kommt sie besser im Dorf zurecht, sie hat sich daran gewöhnt.«

»Sie ist aber nicht glücklich!« fauchte ich ihn an. »Sie haßt euch alle genauso wie ich.«

Sie wollten uns voneinander getrennt halten, weil sie meinten, daß ich einen schlechten Einfluß auf Nadja ausübte. Daher durfte sie mich, solange ich in Campais war, nur dieses eine Mal besuchen.

Einige Wochen später kam ein Verwandter von Ward zu uns und teilte ihr mit, daß ihre Freundin aus dem Nachbarhaus in Hockail von einem Blitz getroffen worden und gestorben sei. Abdul Khada sagte, daß wir uns sofort auf den Weg machen müßten, um an der Beerdigung teilzunehmen. Ich verschleierte mich zum ersten Mal und stieg mit den anderen ins Auto ein. Es war mir inzwischen gleichgültig, was und wie ich mich anziehen sollte, solange ich nur ins Dorf zurückkam und Nadja sehen konnte, und sei es nur für wenige Minuten.

Als wir aus der Stadt rasten, wurde mir klar, daß ich äußerlich allmählich zu einer Araberin wurde. Jeder, der an diesem Abend in das Auto geschaut hätte, hätte nur eine verschleierte Frau gesehen, die die Männer ihrer Familie von einem Ort zu einem anderen brachten. Niemand starrte das englische Mädchen mit den kurzen Röcken und dem offenen Haar nun noch an. Für die Welt außerhalb der Familie war ich unsichtbar geworden.

Wir kamen spätabends an. Ward ging sofort ins Haus ihrer Nachbarin, und ich begleitete sie. Schon beim Näherkommen hörte ich von drinnen seltsam wimmernde Klagelaute. Ich ging nach Ward hinein, und das Zimmer war voller Frauen, die ihre Freundin beweinten. Die Frauen klagten so lange weiter, bis die Grube ausgehoben und der Leichnam von den Männern begraben war und die weisen Männer aus dem Dorf am Grab gesprochen und gebetet hatten. Frauen dürfen an der Zeremonie nicht teilnehmen, sondern sie nur vom Haus aus beobachten.

Da niemand auf mich aufpaßte, ging ich in Abdul Khadas Haus und in das Zimmer hinauf, in dem alles angefangen hatte.

Nach den langen Monaten im Restaurant war ich glücklich, dort zu sein. Es lag keine Matratze auf dem Bett, und Bakela brachte mir ein Laken und ein Kissen, damit ich auf dem Podest unter den Fenstern schlafen konnte. Ich freute mich, Bakela und die Kinder, Shiffa und Tamanay, zu sehen, und da meine Arabischkenntnisse gute Fortschritte gemacht hatten, konnte ich mich nun auch besser mit ihnen unterhalten. Wir saßen eine Weile da und sprachen miteinander, bevor ich schlafen ging, und ich fing wieder an zu weinen und vertraute Bakela an, daß ich für immer ins Dorf zurückkehren wollte. Sie wußte nicht, was sie sagen sollte, sie weinte ebenfalls. Nachdem ich in Campais mit Ward wie eingesperrt gewesen war, tat mir der Anblick ihres Gesichts sehr wohl.

Am folgenden Morgen erfuhr Nadja, daß wir zum Begräbnis der Nachbarin ins Dorf gekommen waren, und eilte sogleich zu unserem Haus. Wir verbrachten den ganzen Tag in meinem alten Zimmer und unterhielten uns. Abdul Khada hatte gesagt, daß wir diese Nacht noch dort bleiben würden. Bevor Nadja abends zu Gowads Haus zurückgegangen war, hatte sie mir daher versprochen, am nächsten Morgen wiederzukommen. Ward war auch froh, daß wir noch blieben. Ihr gefiel es in Campais so wenig wie mir, aber sie mußte ihrem Mann gehorchen. Sie wäre gern nach Hockail zurückgekehrt, um bei ihrer Familie zu sein, insbesondere bei ihrer Mutter, die unten im Dorf wohnte und inzwischen alt und gebrechlich war. Frauen wie Ward erweisen ihren Männern jedoch immer Respekt, ganz gleich, ob sie sie gern haben oder nicht, sie lehnen sich niemals gegen deren Anordnungen auf.

In der Nacht änderte Abdul Khada seine Meinung und teilte uns mit, daß wir sofort nach Campais aufbrechen würden. Ich war entsetzt.

»Aber du hast doch gesagt, wir können noch eine Nacht bleiben.«

»Wir müssen aber zurück zum Restaurant«, sagte er streng.

»Aber du hast Nadja erlaubt, daß sie mich morgen früh wieder besuchen kann.« Ich war verzweifelt bei dem Gedanken, schon wieder von meiner Schwester fortgerissen zu werden. »Das macht doch nichts. Bakela kann ihr sagen, daß du fort bist.«

Ich versuchte, mit ihm zu feilschen, aber er wurde nur zornig, und ich hatte Angst, mir Schläge einzuhandeln, wenn ich ihn noch mehr bedrängte. Wir mußten also wieder packen und im Dunkeln abfahren. Als wir in die schwarze, öde Nacht fuhren und ich mir vorstellte, wie Nadja am nächsten Morgen voll Vorfreude den Berg heraufkommen würde, nur um dann zu erfahren, daß man mich schon wieder weggeschleppt hatte, brach mir beinahe das Herz.

Als Mohammed einmal in Campais zu Besuch war, hörte ich zufällig, wie er mit seinen Eltern über eine Heirat mit einem Jungen aus dem Dorf sprach, die er für Shiffa ausgehandelt hatte. Ich verstand inzwischen schon so viel Arabisch, daß ich das Wesentliche des Gesprächs mitbekam. Shiffa war erst neun Jahre alt, und ich mußte weinen bei dem Gedanken, daß sie das gleiche Schicksal erleiden sollte wie Nadja und ich. Als Mohammed fort war, kam Abdul Khada nach hinten, und ich fragte ihn über Shiffa aus. Er erzählte mir, daß die Heirat bereits fest vereinbart sei und daß der Junge aus einer wohlhabenden Familie stamme, in der sie es gut haben werde. Anscheinend besaß der Vater in Saudi-Arabien ein gutgehendes Unternehmen und viele Söhne, die für ihn arbeiteten.

Es war vielleicht nicht so schlimm, weil sie ja immer noch bei Leuten aus ihrem Stamm war und an den meisten Tagen ihre Mum besuchen und weiter das Leben eines Kindes führen durfte. Noch ein paar Jahre lang brauchte sie keinen Schleier zu tragen oder sich wie eine erwachsene Frau zu bewegen. Bakela ließ sich nie anmerken, was sie dabei empfand, ihre ältere Tochter schon in so jungen Jahren zu verlieren, vielleicht war es selbstverständlich für sie. Shiffas neue Familie besaß ein viel schöneres Haus mitten im Dorf, und es war eine große Familie. In mancher Beziehung ging es Shiffa bei ihnen also besser als bei uns.

Bei einer jemenitischen Hochzeit ist immer Geld im Spiel, und die Familie des Jungen bezahlt die des Mädchens für den »Brautkauf«. Die Summe hängt davon ab, wie reich die Familie ist, wie gern der Junge das Mädchen hat und wieviel er zu zahlen bereit ist. Die Väter der Mädchen haben ebenfalls eine Vorstellung, wieviel Geld sie für ihre Töchter verlangen wollen, und beide Seiten feilschen so lange, bis sie eine Übereinkunft erzielen. Einige Mädchen werden sehr billig verkauft, andere sehr teuer. Vom Ehemann wird darüber hinaus erwartet, daß er für das Mädchen teuren Goldschmuck und Kleidung kauft. Abdul Khada kaufte mir manchmal auch Goldschmuck, aber ich zeigte mich ihm nie dankbar dafür. Er konnte das nicht verstehen, und ich konnte nicht begreifen, wieso er das erwartete.

Tauschgeschäfte dieser Art werden in der Hauptsache zwischen den Familien in den Dörfern, die der Tradition noch stärker verpflichtet sind, abgeschlossen. In den Städten gehen viele Jungen zu den Vätern der Mädchen und halten wie in Europa um ihre Hand an. Den Mädchen werden wie im Westen auch Hochzeiten mit goldenen Ringen und weißen Kleidern ausgerichtet, obwohl sie im Haus und nicht in einer Kirche oder Moschee getraut werden. Die Braut und der Bräutigam fahren nach der Hochzeit in einem schicken Wagen durch die Stadt und machen, wenn sie sich das leisten können, sogar eine Hochzeitsreise ins Ausland. Die Verhältnisse ändern sich allmählich, aber nicht in den Dörfern. Und sogar in der Stadt ist vor der Hochzeit eine körperliche Beziehung nicht möglich.

Abdul Khada erzählte mir, daß Mohammed mit dem Vater des Jungen ein gutes Geschäft gemacht hatte und daß der Junge Shiffa, obwohl sie nun in der Familie ihres Mannes lebte, erst anrühren würde, wenn sie vierzehn war. Als ich nach Hockail zurückkam, erzählte mir eine Frau aus der Familie des Jungen, daß er das seinem Vater gegebene Wort nicht gehalten hatte und daß nach der ersten Nacht Blut auf dem Laken war.

Obwohl Ward ja Shiffas Großmutter war, fuhren wir nicht zur Hochzeit, weil Abdul Khada das Restaurant nicht noch einmal für einen Tag schließen wollte. Ich glaube, er tat das aus reiner Bosheit. Ward war sehr verärgert, weil sie Shiffa gern hatte, und ich war traurig bei dem Gedanken, daß ich nun in Hockail, falls ich überhaupt dorthin zurückkehrte, noch einen Menschen weniger hatte, mit dem ich reden konnte. Ich hatte Shiffa wirklich gern.

Weil sie schon so bald nach dem Tod der Nachbarin stattfand, mußte es eine sehr stille Hochzeit sein. Normalerweise wird bei ihren Hochzeiten ein großes Feuerwerk veranstaltet, die kleine Shiffa aber wurde am Abend in einem Auto ins Haus ihres Mannes gebracht.

Ihr Mann war ein hübscher Junge, und nach ein paar Jahren hatte sie ihn liebgewonnen. Mit dreizehn wurde sie zweimal schwanger und verlor beide Babys durch Fehlgeburten. Ein Jahr später wurde sie wieder schwanger. Zu der Zeit wohnte Bakela in der Stadt und nahm Shiffa zur Geburt des Kindes zu sich. Nach sieben Monaten brachte sie im Haus ihrer Mutter zwei Mädchen zur Welt; ein Baby starb sofort, das andere ein paar Tage später.

Bei der Hitze in Campais dauerte es nicht lange, und ich bekam wieder Malaria. Dieses Mal riefen sie den Arzt nicht, sondern gaben mir bloß Kamelmilch. Ich vermute, Ward hatte darum gebeten, wieder ins Dorf zurückgehen zu dürfen, und Abdul Khada hatte wohl auch endgültig genug von uns. Zu der Zeit muß er beschlossen haben, für eine Weile wieder als Gastarbeiter ins Ausland zu gehen, obwohl er uns kein Wort davon sagte. Er verkaufte jedenfalls das Restaurant, und wir zogen sechs Monate, nachdem wir von dort fortgegangen waren, wieder nach Hockail. Es war unglaublich, wie leicht es plötzlich war, aus Campais wegzugehen. Wenige Wochen zuvor wäre das noch ganz unmöglich gewesen. Als nur Ward und ich zurückwollten, geschah gar nichts, in dem Augenblick aber, als Abdul Khada auch fort wollte, konnten wir ohne weiteres gehen.

KAPITEL 8

Vergebliche Hoffnungen

Zwei Wochen nach unserer Rückkehr verkündete Abdul Khada, daß er in Geschäften nach Ta'izz fahren würde, und danach sahen wir ihn viele Monate nicht mehr. Ungefähr vier Tage später bekam ich einen Brief von ihm , in dem er mir mitteilte, daß er nach Saudi-Arabien in sein dortiges Restaurant gefahren war. Er habe mir seine Abreise bewußt verschwiegen, schrieb er, weil er befürchtet hatte, ich würde mich ärgern, wenn ich nun mit keinem Menschen mehr englisch sprechen konnte. Einerseits war ich auch verärgert, denn mit Ward kam ich ja überhaupt nicht aus, aber nun, wo ich wieder im Dorf war, hatte ich ja Nadja, und das war ja mein sehnlichster Wunsch gewesen.

Ich freute mich so bei dem Gedanken, daß er mich nun nicht ständig herumkommandieren würde, obwohl er unser Leben auch von Saudi-Arabien aus kontrollieren konnte. Sein Einfluß auf Ward, Mohammed und die anderen Männer aus dem Dorf hatte zur Folge, daß er uns allen jederzeit seinen Willen aufzwingen konnte. Er brauchte uns nur damit zu drohen, was uns nach seiner Rückkehr blühte. Ich hatte inzwischen gelernt, ihn so zu fürchten wie alle übrigen auch, denn ich wußte, wie brutal er mich schlagen konnte, wenn ich ihn enttäuschte. Trotzdem war ich weiter zuversichtlich, am Ende doch zu siegen. Irgendwie mußten wir entkommen. Eine Möglichkeit mußte es geben.

Während seiner Abwesenheit schickte er Ward über Nasser Saleh, den Vermittler, den ich in Ta'izz kennengelernt hatte, Geld. Nicht jeder traute den Leuten, die diese Geschäfte abwickelten. Die Frauen fürchteten oft, unterwegs um einen Teil ihres Geldes betrogen zu werden. Abdul Khada war aber ein kluger Geschäftsmann, er sorgte dafür, daß er eine Empfangsbestätigung bekam und daß nichts verlorenging. Ich glaube, jeder Vermittler, dem Abdul Khadas Ruf als gewalttätiger Mensch bekannt war, hätte sich einen Betrugsversuch zweimal überlegt.

Ward klagte manchmal darüber, daß sie nicht genug Geld hätte, um die in den Läden ausstehenden Rechnungen zu bezahlen, für das Notwendigste reichte es anscheinend aber immer. Wenn die Schulden zu hoch wurden, bat sie jemanden wie Mohammed, Abdul Khada in ihrem Namen zu schreiben, daß sie mehr Geld brauchte, und dann traf ein paar Tage später auch welches ein. Nach Saudi-Arabien kam die Post immer sehr schnell, weil ständig viele Männer in beiden Richtungen die Grenze überschritten.

Nach einer Weile fand Mohammed in Ta'izz Arbeit in einer Butterfabrik. Trotzdem kam er weiter an den Wochenenden nach Hause. Er erzählte mir, daß er die Arbeit gern mache und daß sie gut bezahlt werde, aber ich hatte nun zu Hause die meiste Zeit noch einen Menschen weniger zum Reden.

Als wir ins Dorf zurückgekommen waren, war Bakela schwanger. Sie freute sich anscheinend sehr darüber, denn sie sagte, daß sie sich dieses Mal einen Jungen wünsche. Ich hatte mir keine Gedanken darüber gemacht, was mit ihr geschehen würde, wenn der Geburtstermin heranrückte, ich war wohl einfach davon ausgegangen, daß man sie, wenn ihre Zeit kam, zur Entbindung nach Ta'izz in ein Krankenhaus bringen würde. Außer dem, was man uns in der Schule erzählt hatte, wußte ich nichts übers Kinderkriegen. Drei Monate später sah ich, wie Ward ihre Schwiegertochter auf dem blanken Boden ihres Zimmers entband und Bakela vor Schmerzen schrie. Ich war entsetzt und hatte Angst. Was, wenn irgendwas schiefging? Würde die Geburt für mich auch mit solchen Schmerzen verbunden sein, wenn ich schwanger würde? Verlief alles so, wie es sollte? Durfte da so viel Blut sein? Ich war erleichtert, als mir einfiel, daß Abdul Khada gesagt hatte, ich dürfte zur Entbindung nach England fahren.

Ich hatte verstanden, daß bei Bakela nun, ein paar Stunden vor der Geburt des Babys, die Wehen eingesetzt hatten. Sie stöhnte und jammerte, und als die Wehen in immer kürzeren Abständen kamen, legte sie sich in ihrem Zimmer auf den Boden. Ich ging auch hinauf, um zu fragen, ob ich irgendwie helfen konnte, und Haola, Abdul Khadas Nichte, kam aus dem Haus am Fuß der Klippe zu uns. Alle Frauen eines Dorfes helfen sich gegenseitig bei Geburten, obwohl zu uns nicht so viele kamen, denn unser Haus war etwas abgelegen und die Neuigkeit sprach sich deshalb nicht so schnell herum. Haola, Ward und die Alte schafften es allein, und sie ließen mich nichts tun.

Ich saß nur da, schaute, hörte zu und war bestürzt. Sie legten Bakela auf den Boden, nicht einmal auf eine Matratze, und Haola hielt ihr den Kopf. Für den Fall, daß irgend etwas nicht normal verlaufen wäre, hätte man keinen Arzt oder irgendeine andere medizinisch ausgebildete Person holen können. Die Frauen blieben ruhig und gelassen, liefen umher und wischten das viele Blut ab. Hinterher mußten wir besonders viel Wasser holen und die Sachen zum Waschen mit aufs Dach nehmen. Als es vorbei war, begriff ich, daß nichts schiefgegangen war und daß Bakela einen gesunden Jungen zur Welt gebracht hatte, aber während der Entbindung war mir nicht klar, ob ihr Schreien normal war oder nicht.

Als das Baby geboren war, schnitten sie die Nabelschnur mit einer Rasierklinge ab, und Bakela legte sich ins Bett. Die Frauen machten aus einem längeren Stück Stoff und Stricken eine Hängematte für das Baby und banden sie an den Bettenden fest, so daß es neben seiner Mutter hing. Mohammed wurde an diesem Abend erwartet, und er hörte schon unterwegs, daß er einen Sohn bekommen hatte. Er war überglücklich. Bakela durfte eine Woche lang im Bett bleiben und bekam Essen gebracht, und Ward badete das Baby. Ich übernahm ihre Aufgaben und half mit Shiffa beim Wasserholen und Zubereiten der Tschapatis. Damit ging ich noch ein paar Schritte weiter auf dem Weg hin zu einer gehorsamen arabischen Frau und Tochter. In meinem Innersten wartete ich jedoch nach wie vor auf die Gelegenheit zur Flucht.

Wenn eine Frau im Jemen ein Kind zur Welt gebracht hat, bekommt sie viel Besuch. Jeden Tag kamen in dieser Woche Frauen mit Geschenken und mit Geld. Wenn es ein Junge ist, geht es noch feierlicher zu, und es kommen noch mehr Besucher mit noch mehr Geld. Wenn es ein Mädchen ist, bleibt es dagegen recht still.

Am siebten Tag wurde der Junge beschnitten. Diese Aufgabe fällt einem bestimmten Mann aus dem Dorf zu, den man dafür bezahlen muß. Für die große Familienfeier wird ein Lamm geschlachtet. Da die Beschneidung also sehr teuer kommt, warten sie wohl eine Woche ab, um zu sehen, ob das Baby überlebt. Der Mann, der die Beschneidung vornimmt, besitzt keinerlei medizinische Ausbildung, dieses Amt geht von seinem Vater auf ihn über.

Um die Beschneidung durchführen zu können, dehnt er die Vorhaut mit Daumen und Zeigefinger und bindet sie mit einem Baumwollfaden ab. Dann schneidet er die Haut an der abgebundenen Stelle mit einer Rasierklinge weg und schabt an der Spitze des Penis rundherum alles ab, bis er wirklich sauber ist. Das ganze Unternehmen ist von viel Blut und Geschrei des Säuglings begleitet. Danach wird der Schnitt mit einer jodähnlichen hellroten Flüssigkeit betupft, und die Mutter gibt dem Baby die Brust, damit es sich beruhigt. Noch ein paar Wochen lang wird ihm ein Polster zwischen die Beine gelegt, damit es die Wunde nicht aufscheuern kann und sie sich nicht entzündet.

In jedem Dorf ist eine bestimmte Frau auch für die Beschneidung der Mädchen zuständig. Salama bekam ein Mädchen, als Nadja schon bei ihr im Haus lebte. Nadja sah bei der Beschneidung zu und beschrieb sie mir später. Das nackte kleine Mädchen wird gehalten, und die Frau dehnt die beiden Hautläppchen neben der Vagina und sticht mit einer Nadel durch beide hindurch. Wenn sie die Hautläppchen so zusammengezogen hat, zieht sie sie nach vorn und schneidet die Haut mit einer Rasierklinge ab. Ich wollte wissen, ob die Beschneidung die Lust schmälern könnte, die eine Frau später beim Sex empfindet, und fragte eine Frau danach. Sie verneinte es, allerdings weiß ich nicht, ob sie sich eine Alternative vorstellen konnte. Ich weiß nicht, warum man die Mädchen beschneidet, vermutlich einfach aus Tradition. Obwohl man es in den Dörfern immer noch häufig macht, erlauben die modernen Frauen in den Städten nicht mehr, daß ihre kleinen Mädchen beschnitten werden. Die Männer behaupten, es sei unhygienisch, wenn Mädchen nicht beschnitten würden, aber Frauen, die zu dem Thema eine eigene Meinung vertreten, stimmen dem nicht zu.

Den kleinen Mädchen im Dorf erzählt man immer, daß die Hautläppchen mit der Zeit immer länger werden würden, wenn man sie nicht abschnitte, und man jagt ihnen damit Angst ein. Sie glauben daran und erfahren niemals die Wahrheit, weil sie normalerweise nie mit unbeschnittenen Frauen zusammenkommen. Als sie herausfanden, daß Nadja nicht beschnitten war, zogen sie sie deswegen auf. Ein Mädchen fragte sie, wie ihre Hautlappen denn aussähen, was Salama in Verlegenheit brachte, die es sehr unanständig fand, über solche Dinge zu sprechen. Salama berichtete Gowad von dem Mädchen, das sich den Scherz erlaubt hatte, und er schimpfte es aus. Das entspannte die Situation ein wenig, aber hinter unserem Rücken haben sie wahrscheinlich trotzdem über dieses Thema getuschelt.

Jedes Dorf hat seine eigenen »weisen Männer«. Diese Rollen werden ebenfalls innerhalb der Familie weitervererbt. Die weisen Männer stammen gewöhnlich aus den finanziell bessergestellten Familien. Sie haben in der Regel große Häuser, in denen andere Leute sie aufsuchen und über ihre Probleme sprechen können. Für ihren Rat bekommen sie Geld. Wenn zum Beispiel eine Frau in ihrer Ehe unglücklich ist, muß sie zu einem bestimmten weisen Mann ihres Dorfes gehen und ihm sagen, warum sie unglücklich sei und welche Veränderungen sie sich wünscht. Wenn dieser Weise zu der Auffassung gelangt, daß sich der Ehemann etwas hat zuschulden kommen lassen – wenn er zum Beispiel untreu gewesen ist –, dann nimmt er Kontakt zu höhergestellten Personen in der Stadt auf, und die Frau kann geschieden werden.

Eine Frau, die sich scheiden läßt, muß die Kinder dem Ehemann geben und zu ihrer Familie zurückkehren, die weiter für sie sorgen muß. Der Mann läßt die Kinder dann in der Regel von seinen weiblichen Verwandten – seiner Mutter oder seiner Schwester – aufziehen. Die Furcht vor dem Verlust der Kinder ist einer der wesentlichen Gründe dafür, daß so viele Frauen im Jemen ihre Ehemänner so lange ertragen.

Als ich einmal zum Einkaufen ging, traf ich im Dorf einen weisen Mann, der ein wenig Englisch sprach. Er war nett und schien zu der Sorte Menschen zu gehören, die man respektieren kann, aber ich war zu schüchtern, um ihm meine Probleme zu schildern, und ich glaube auch nicht, daß er mir hätte helfen können. Inzwischen wußte ich, wie schnell sich in den Dörfern Gerüchte und private Mitteilungen herumsprachen, und wenn ich einem fremden Menschen meinen Kummer anvertraut hätte, wäre das bald überall herumposaunt worden. Zu der Zeit glaubte ich ja noch, so etwas müßte in der Familie bleiben. Der einzige Mensch, dem ich alles sagen konnte, war Haola aus dem Haus unter uns. Trotzdem wußten natürlich alle, wie es mir ging, und wenn mich die Frauen fragten, wie ich mit meinem Mann zurechtkäme, antwortete ich nur, daß ich unglücklich sei und nach Hause fahren wollte, mehr nicht. Ich tat wohl allen leid. Die Frauen aus dem Dorf klatschten gern, und manchmal wollten sie wissen, ob es mir nichts ausmache, daß mein Mann so dünn und schwach sei, und machten Witze über ihn. Ich wußte dann nie, was ich sagen sollte, wahrscheinlich wollten sie, wenn sie so redeten, mir einfach nur ihr Mitgefühl zeigen.

Wenn alle Männer irgendwo auswärts arbeiten, übernimmt die älteste Frau im Haus das Zepter. Bei uns war das Ward. Sie durfte mir Anweisungen geben, und ich mußte ihr gehorchen, wenn ich nicht bei seiner Rückkehr von Abdul Khada geschlagen werden wollte. Ward machte es Spaß, ihre Macht über mich auszunutzen. Mitunter gab sie mir mehrere Tage lang gar nichts oder nur die vom Vortag übriggebliebenen Reste zu essen. Manchmal nahm ich zwei Tage nichts als Tee und Zigaretten zu mir. Ich fragte Bakela, warum ich kaltes Essen bekam, wenn sie doch warm aßen, aber sie konnte nichts unternehmen, weil Ward dafür verantwortlich war. Bakela wurde von Ward nie so gemein behandelt wie ich, aber auch wenn sie unfreundlich zu ihr war, beschwerte sich Bakela nie. Sie behandelte ihre Schwiegermutter immer mit Respekt. Ich hätte mir ja selbst etwas zu essen gemacht, aber Ward schloß die Lebensmittel in ihrem Zimmer ein, und nur sie besaß einen Schlüssel. Da wir eigene Hühner hatten, genossen wir auch den Luxus frischer Eier, doch Ward gab sie stets den Männern oder Bakelas Kindern, niemals mir. Nadja hatte auch Hühner, und sie gab mir manchmal Eier und etwas Fleisch.

Als ich schon ein paar Jahre im Dorf gelebt hatte, vertrauten mir andere Frauen an, daß sie wußten, wie Ward mit mir umsprang und daß sie schon immer böse und gemein gewesen sei. Sogar ihre eigene Mutter beurteilte sie ebenso. Die anderen Frauen kamen mir alle so liebenswürdig vor, und ich konnte nicht begreifen, warum Ward so gräßlich war. Der Mann im Nachbarhaus heiratete wieder, nachdem seine erste Frau umgekommen war. Ich besuchte seine neue Frau, und sie schmuggelte Essen für mich heraus.

Eines Tages bemerkte ich beim Holzhacken, wie eine kleine Schlange aus dem Haufen davonkroch. Ich hatte große Angst, nahm ein Stück Holz, schlug auf die Schlange ein und tötete sie. Gerüchteweise hatte ich gehört, daß einige Leute Schlangen aßen, und dachte, ich könnte es ja mal probieren. Ich hackte den Kopf ab und machte mit einem Bündel Zweige ein Feuer, legte die Schlange darauf und briet sie, bis die Haut schwarz geworden war. Dann schnitt ich sie auf und aß das Fleisch. Es schmeckte gar nicht so schlecht.

Wie seine Frau mich behandelte, kam auch Abdul Khada in Saudi-Arabien zu Ohren. Er schrieb mir, daß er erfahren habe, daß ich hungern und in anderen Häusern um Essen bitten mußte. Ich antwortete ihm, daß das der Wahrheit entspräche und daß ich Ward, die mich so grausam behandelte, völlig ausgeliefert sei, weil er mir ja kein eigenes Geld gab. Danach schrieb er Ward einen Brief, den eine Frau aus dem Dorf ihr vorlesen mußte. In dem Brief befahl er ihr, nichts vor mir wegzuschließen. Sie wurde wütend, hatte aber Angst, irgend etwas gegen diese Vorschriften zu sagen, was ich dann ihrem Mann wieder berichten konnte. Sie wußte, daß ich mit fremden Leuten über sie sprach, und haßte mich nur noch erbitterter. Sie betonte immer wieder, daß ich den Rest meines Lebens in dem Dorf festsitzen und wie alle anderen dort leben müßte, daß ich niemals in mein »geliebtes Luxus-England« zurückkehren würde. Ich hörte gar nicht hin.

Nach Abdul Khadas Abreise nach Saudi-Arabien wurde Abdullah krank. Er wurde zusehends schwächer und blasser. Ich bekam Angst und fürchtete, daß ich mich, als ich mit ihm geschlafen hatte, mit seiner sonderbaren Krankheit angesteckt haben könnte. Mohammed fuhr mit ihm ständig zwischen Hockail und dem Arzt in Ta'izz hin und her und versuchte festzustellen, was ihm fehlte. Niemand schien es zu wissen. Ward erzählte mir, daß er schon als Kind immer sehr mager war und nie viel gegessen hatte, und das wurde nun offenbar noch schlimmer. Er bekam zwar Medizin, aber man riet ihm, sich im Ausland, in England oder in Saudi-Arabien, von einem Spezialisten untersuchen zu lassen.

Mohammed schrieb seinem Vater, daß Abdullah krank sei und daß er etwas unternehmen solle. Abdul Khada reagierte nicht auf seine Bitten, bis es Abdullah schließlich so schlecht ging, daß er nicht einmal mehr aus dem Bett aufstehen konnte. Man brachte ihn nach Ta'izz ins Krankenhaus und behielt ihn mehrere Wochen dort, worüber ich sehr froh war. Offen gesagt wünschte ich mir, daß er sterben würde, denn dann wäre ich frei gewesen und hätte nach England zurückfahren können. Ich war erleichtert, ihn ein paar Wochen nicht im Haus zu haben und allein schlafen zu können. Er war zwar schon seit einiger Zeit zu schwach, um noch Sex zu wollen, aber ich mochte ihn trotzdem nicht um mich haben. Mehr als alles andere auf der Welt wollte ich meine Freiheit.

Schließlich kam Abdul Khada für einen Monat aus Saudi-Arabien zurück, und als er Abdullah sah, wurde ihm klar, wie krank sein Sohn war, und er begann Vorbereitungen für eine Reise nach England zu treffen, damit Abdullah dort behandelt werden konnte. Er fragte mich, ob ich ihn begleiten wolle, aber ich war nicht überzeugt, daß er das wirklich meinte. Ich hielt es nur für einen Trick, um zu testen, was ich sagen würde. Er versicherte mir, daß es ihm ernst sei, er habe ja meinen Reisepaß und würde alles arrangieren, wenn ich wollte.

Ich war nun überzeugt, daß er mir die Wahrheit sagte. Ich mußte ihm einfach ein bißchen vertrauen, weil ich mich sonst an gar nichts hätte klammern können. In all den Jahren hatte ich ihm immer wieder Briefe für Mum gegeben, obwohl mir zunehmend klarer wurde, daß er sie nicht abschickte, denn ich erhielt nie eine Antwort.

Diesmal schien er aufrichtig zu sein. Ich hatte mich während seiner Abwesenheit bemüht, mit der Familie auszukommen, sogar mit Ward. In dieser Zeit hatte er mir immer geschrieben und mir versprochen, daß ich nach England zurückgehen dürfte, wenn ich mich mit Abdullah abgefunden hätte. Er war nun, dachte ich, vielleicht davon überzeugt, daß ich mich mit ihm abgefunden hätte, und vertraute mir so, daß er mich nach Hause fahren ließ.

Es kostete ihn viel Zeit und eine Menge Geld, ein Ausreisevisum für Abdullah zu beschaffen. Nasser Saleh in Ta'izz und eine Bestätigung des Arztes, daß Abdullah dringend medizinisch behandelt werden müßte, waren dabei behilflich. Ich war überzeugt, daß er diesmal nicht log und daß ich das Land wirklich verlassen könnte. In einem langen Brief schilderte ich Mum noch einmal alles, was uns zugestoßen war, und bat sie um Hilfe. Ich teilte ihr mit, daß Abdul Khada mich mit Abdullah nach England kommen ließe und daß wir nach meiner Ankunft sofort alles dafür tun müßten, Nadja zur Flucht zu verhelfen. Ich bat Abdul Khada, den Brief für mich aufzugeben, und er willigte ein. Ungeduldig warteten wir weiter auf das Eintreffen der Papiere für Abdullah.

Eines Tages kam Abdul Khada zu mir nach oben und sagte: »Du hast deiner Mutter einen Brief geschrieben, den dein Vater mir zurückgeschickt hat.« Ich hatte sofort das sichere Gefühl, daß er den Brief nie aufgegeben, sondern ihn geöffnet hatte und ihn nun als Vorwand benutzte, um mir die Reise zu verbieten. »Dein Vater ist zornig«, fuhr er fort, »und er teilt mit mir, daß du nicht mit Abdullah nach England fahren darfst.«

Ich war dieses Mal so sicher gewesen, daß ich freikommen würde, daß dies wie eine Ohrfeige wirkte. Ich fing an, ihn zu schlagen und zu treten und zu weinen: »Du lügst«, schrie ich, »du hast meine Briefe gar nicht abgeschickt, du hast sie immer aufgemacht.« Völlig unkontrolliert ließ ich den ganzen angestauten Zorn heraus. Zu der Zeit konnte ich ja nicht wissen, daß Mum mit ihren Kindern Dad verlassen hatte, so daß meine Briefe an sie mit der Adresse des Cafés immer Dad in die Hände gefallen waren.

Abdullahs Reisepapiere kamen schließlich an. Er und Abdul Khada fuhren gemeinsam nach England, und ich blieb im Dorf zurück.

Wenn Abdul Khada und Mohammed gleichzeitig zu Hause waren, hänselten sie mich oft mit der Rückkehr nach England. Sie wollten mich provozieren und sagten: »Sollen wir sie gehen lassen?« Abdul Khada genoß die Macht, mich glücklich und unglücklich machen zu können. Obwohl sich Mohammed mir gegenüber manchmal wie ein älterer Bruder verhielt und sich meinen Kummer anhörte, war er bei anderen Gelegenheiten offenbar auf mich eifersüchtig. Manchmal registrierte er mich gar nicht oder sprach in meinem Beisein mit anderen Leuten über mich und machte sich über mich lustig. Seine Stimmungen wechselten ständig.

Wenn die Männer da waren, gab es immer gutes Essen, waren die Frauen aber allein, dann aßen sie nur Tschapatis. Abdul Khada wollte zum Abendessen immer gekochtes Huhn oder Lamm, und wir mußten die Tiere selbst schlachten.

Ein großes Lamm reichte für drei oder vier Tage. Das Fleisch wurde einfach an die Tür gehängt, so daß sich Schwärme von Fliegen darauf niederlassen konnten wie auf allem, das offen dastand. Meist kauften die Familien im Dorf lebende Hühner bei den Leuten, die welche hielten, aber Abdul Khadas Familie hatte ja eigene. Jeder mußte das Schlachten lernen.

Ich lernte, wie man Hühner mit einem Messer schlachtet, andere aus der Familie hingegen drehten ihnen mit bloßen Händen die Hälse um. Eine Schüssel mit heißem Wasser mußte bereitstehen, in die man das Tier gleich hineinlegen konnte. Dadurch werden die Nerven sofort abgetötet, und das Tier hört auf zu zappeln. Danach wird das Huhn gerupft und ausgenommen, gewaschen und zubereitet. Wenn ich ein Huhn schlachtete, stellte ich mir immer vor, Abdul Khada die Kehle durchzuschneiden.

Am »Ead«, das ist ein religiöser Feiertag wie in England Weihnachten, weigerte sich Ward einmal, das Lamm zu schlachten. Jemand anders mußte es also tun. Abdul Khadas Schwester, die im Dorf wohnte, war seit ein paar Wochen bei uns und erklärte sich dazu bereit. Ich ging mit ihr vors Haus und wollte helfen. Sie hielt das Lamm zwischen ihren Beinen, und es stand da und streckte den Hals vor, so daß sie ihm mit dem großen Küchenmesser in die Kehle hätte stechen können. »In Gottes Namen«, sagte sie auf arabisch, wie es beim Schlachten immer gemacht wird. Als sie dem Lamm das Messer in den Hals stach, verfehlte sie die richtige Stelle, und das Lamm bäumte sich auf. Ich konnte den Anblick nicht ertragen. Wie gelähmt sah sie zu, als das Lamm zappelte und das Blut umherspritzte, und wußte nicht, was sie tun sollte.

»Du bist grausam!« schrie ich. »Du hast es falsch gemacht!« Ich nahm ihr das Messer aus der Hand und stach dem Lamm noch einmal in die Kehle, wie ich es bei den Männern gesehen hatte, und das Blut rann mir über die Hände, das Lamm starb sofort.

Ich ließ sie das Lamm häuten und warf die Haut fort. Die wilden Tiere, die in dieser Gegend umherstreiften, würden sie irgendwann fressen. Die Einheimischen erzählten mir, daß die Hyänen aus den Bergen auch schon Menschen angefallen und sogar kräftige Männer, die spätabends allein unterwegs waren, getötet hätten. Die Leute aus dem Dorf erzählten Geschichten von abgefetzten Händen und Füßen, die neben den Wegen zum Dorf liegengeblieben waren, nachdem die Hyänen und Wölfe ihren nächtlichen Beutezug beendet hatten. Früher gab es in dem Gebiet auch Tiger, doch sie waren ausgerottet worden, als man die Wälder geschlagen hatte.

Gesehen habe ich zwar solche Raubtiere nie, aber ich hörte, wenn ich nachts im Bett lag, wie sie in der Ferne heulten oder manchmal auch in der Nähe des Hauses herumschlichen und nach Delikatessen wie der Lammhaut suchten. Ich hörte sie unter meinem Fenster, wenn sie an den Häuten zerrten und dabei knurrten, schnaubten und die Beute beschnüffelten oder darum kämpften.

Alle Männer trugen Gewehre, um die in der Gegend lebenden Tiere zu jagen oder sich selbst vor Tieren und Banditen zu schützen. Eines Nachts lag ich im Bett und konnte nicht schlafen, und plötzlich schallten von der Straße unten am Berg Rufe herauf. Ich ging ans Fenster und sah, wie die Lichtkegel von Taschenlampen das Dunkel durchschnitten. Am nächsten Tag hörte ich, daß man eine Hyäne verfolgt hatte, die mitten ins Dorf gekommen war und die man töten wollte. Wenn die Männer eine Hyäne erwischen, erlegen sie sie und reißen ihr die Zähne aus, um sie als Souvenir zu behalten.

Ab und zu bekamen wir aber auch etwas anderes zu essen. Manchmal gab es Thunfisch mit Kartoffeln, und wir aßen zu allen Mahlzeiten immer sehr viel Reis. Das Hauptgetränk war Tee, wir bereiteten ihn aus Teebeuteln zu, wenn die Männer zu Hause waren, oder aus Teeblättern, wenn die Frauen allein waren. Teebeutel galten im allgemeinen als Luxusgut der Reichen, Teeblätter dagegen waren den Armen vorbehalten. Wir tranken auch den aus Kaffeeschalen zubereiteten Kaffee, den wir von anderen Familien aus der Gegend kauften, die ihn anbauten.

Wenn die Männer nicht zu Hause waren, lastete die gesamte Arbeit auf den Frauen. Ein- oder zweimal im Jahr bauten wir Getreide an. Einige Frauen liehen sich zum Pflügen der Felder von Nachbarn aus dem Dorf einen Ochsen, aber Ward war zu geizig, und wir mußten den Pflug selbst führen. Ein paar Wochen lang mußte ich jeden Tag mit einem kleinen Handspaten hinaus und jedes Saatkorn einzeln in die Erde legen. So arbeitete ich vom frühen Morgen bis zum späten Abend ohne Pausen, auch in den heißesten Stunden des Tages, über die Furchen gebeugt, ganz gleich, wie sehr mir der Rücken schmerzte oder wie zerschunden die Haut an meinen Händen und Füßen wurde. Wasser war das einzige, was ich tagsüber zu mir nahm. Manchmal half mir Bakela, aber weil sie sich um die Kinder kümmern mußte, schickte Ward sie nach Hause und übernahm einen Teil der Arbeit selbst. Ward war eine kräftige Frau, und sie erwartete, daß ich den ganzen Tag mit ihr Schritt hielt. Alle Frauen dort sind stark, und auch wenn sie schon alt sind, arbeiten sie immer noch auf den Feldern oder im Haus und tragen Lasten auf dem Kopf.

Das Getreide, meistens Weizen, aus dem die Tschapatis gemacht wurden, und Hirse, die als volles Korn zu dunklem Brot verbacken wurde, mußte dann ein paar Monate wachsen, je nachdem, wieviel Regen fiel. Wenn es reif war und wir es geerntet hatten, mußten wir es auch dreschen. Zunächst brachen wir die Ähren mit der Hand ab und trugen sie eimerweise ins Haus. Vier Jahre lang platzte mir dabei die Haut an den Fingern auf, erst dann war sie abgehärtet. Die Anzahl der Eimer reichte jeweils für ungefähr eine Woche, und wir mußten dann täglich Korn mahlen.

Wir weichten die Menge für den nächsten Tag über Nacht

in Wasser ein. Am Morgen gingen wir dann nach unten und mahlten in den Ställen, in denen sonst die Tiere waren, das Korn, Ähre um Ähre, unter einem großen walzenförmigen Stein. Da man dabei ständig Druck ausüben mußte, taten mir die Handgelenke unaufhörlich weh. Auf diese mühsame Weise wurde das Mehl zum Kochen und Backen vorbereitet. Es war die schwerste Arbeit der Frauen und die einzige, über die sie sich beklagten. Später merkte ich, daß die meisten anderen Frauen Geräte dafür hatten, die wie kleine Mühlräder aussahen und mit einem Griff gedreht wurden. Andere brachten das Korn in einen Laden und ließen es sich gegen Bezahlung vom Besitzer mahlen, so daß sie dann nur noch das Mehl kneten und die Tschapatis backen mußten. Ward bestand jedoch darauf, daß wir es nach der althergebrachten Methode selbst mahlten, auch wenn wir uns deshalb den ganzen Tag schinden mußten.

Ein paar Frauen aus dem Dorf machten Ward deshalb Vorwürfe: »Warum machst du es dem englischen Mädchen denn so schwer?« Aber sie antwortete nur: »Laßt nur, sie muß lernen.« Ich mußte also jeden Morgen weitermachen, und wenn Leute zu uns zum Essen kamen, brauchte ich drei oder vier Stunden, bis ich genug Mehl gemahlen hatte. Wenn ich neues Getreide auf dem Feld aussäen sollte, mußte ich vorher so viel Mehl mahlen, daß wir einen Vorrat für mehrere Tage hatten und ich in der Zwischenzeit hinausgehen konnte. Außerdem mußte ich ja auch Wasser holen, Holz sammeln und das Haus mit einem kleinen Strohbesen ausfegen.

Von draußen wehte immer viel Staub herein, und die Eidechsen kamen und legten in kleinen Häufchen ihre Eier ab. Das Saubermachen hörte nie auf. Wenn man endlich damit fertig war, hatte sich schon wieder neuer Staub abgesetzt, und es tauchten neue Eierhäufchen auf. Manchmal kamen auch die kleinen, dinosaurierähnlichen Tiere ins Haus. Eins fanden wir einmal in Bakelas Zimmer, in dem das Baby schlief. Ich sah es als erste und schrie, und Bakela kam angelaufen und erschlug es. Ein anderes Mal entdeckte ich in einer Hängematte neben einem Baby eine zusammengerollte Schlange.

Wir hatten immer auch viele Taranteln im Haus. Einmal saß ich nachmittags mit aufgerollten Ärmeln draußen in der Sonne und döste und spürte plötzlich, daß sich auf den Haaren meines Unterarms etwas bewegte. Als ich die Augen aufmachte, sah ich, wie eine große, haarige, schwarz-braun gestreifte Tarantel langsam über meinen Arm spazierte. Mit Entsetzen beobachtete ich, wie ich entlang der Spur Gänsehaut bekam. Ich wagte kaum zu atmen. Dann hielt ich es nicht länger aus und schnippte sie weg. Sie flog durch die Luft und fiel zu Boden. Mit einem Satz sprang ich auf das Tier und spürte, wie es unter meinem Gummipantoffel zerquetscht wurde. Hysterisch weinend rannte ich ins Haus und erzählte, was mir passiert war. Die anderen zuckten bloß mit den Schultern. Für sie war das nichts Besonderes.

Skorpione waren eine weitere Gefahrenquelle. Als ich eines Tages im Dunkeln mit einem großen Wasserfaß die Treppe hinunterging, fühlte ich plötzlich einen stechenden Schmerz im großen Zeh. Ich schrie auf und ließ das Faß fallen, das polternd und krachend die Treppe hinunter ins Erdgeschoß rollte. Ich stolperte in das von der Tür einfallende Licht und sah einen riesigen schwarzen Skorpion, der sich mit den Scheren an mir festklammerte und den Körper hin und her bewegte, um mich mit dem Hinterteil stechen zu können. Er hing so schräg, daß es ihm nicht gelang. Auf mein Schreien hin kam Bakela angelaufen, nahm einen Stock und schlug nach ihm, und er segelte durch den Raum.

Nadja hatte nicht solches Glück. Auf den Hausdächern ziehen die Frauen dort die Pflanze »Mushkoor«. Sie riecht süßlich, und wir benutzten sie, um unsere Kleider und Schränke zu parfümieren, und steckten sie uns auch ins Haar. Nadja pflanzte eines Tages neuen Mushkoor-Samen in ihre Töpfe, als ein kleiner Skorpion aus einem Loch kam, das sie in die Erde gedrückt hatte, und sie in die Hand stach. Salama hatte sie schreien hören und brachte sie, als sie sah, was passiert war, ins Haus.

Ihr Körper schwoll an wie ein Ballon und ihre Haut wurde rot, da das Gift schon in ihrem Blut war. Ich hatte große Angst, daß sie sterben würde. Die Frauen behandelten sie mit einer Salbe aus einer einheimischen Pflanze, und nach ein paar Tagen erholte sich Nadja. Einige Leute überlebten Skorpionstiche, andere starben. Es war reiner Zufall.

Wir mußten auch ständig die Tiere versorgen. Wenn sie im Haus waren, mußte bei ihnen ausgemistet werden, und zwar mit bloßen Händen, und wenn sie zum Garten hinausgingen, mußten wir der Wölfe und Hyänen wegen bei ihnen bleiben. Sich bei der Hitze tagsüber draußen aufzuhalten war sehr anstrengend, und ich suchte Stellen, wo ich im Schatten sitzen konnte, aber das war nicht immer möglich. Draußen zu sein hatte aber den Vorteil, daß ich allein war und nachdenken konnte. Von diesen Tagen ist mir die Erinnerung geblieben, daß ich ständig weinte und Schmerzen hatte.

Ein paar freie Minuten hatte ich inzwischen nur noch abends, und ich ging dann meist hinaus und setzte mich zu dem Alten, der den ganzen Tag in der frischen Luft war. Mit ihm sprach ich über alles. Er erzählte mir aus seiner Vergangenheit und wie das Leben damals war, daß sie zum Beispiel die Steine für den Bau der Häuser mit den Händen brechen mußten.

Ich klagte ihm, wie unglücklich ich sei, wie schlecht man mich behandelte und wie sehr ich mir wünschte, nach England zu fahren. Er war sehr gütig, konnte aber nichts tun. Aber er versuchte mich zu trösten.

»Hab Vertrauen, hab nur Geduld, du kehrst nach England zurück. Mach dir nicht so viele Sorgen.«

KAPITEL 9

Ein Leben voller Schmerz

Bei einem seiner Besuche im Dorf beschloß Abdul Khada, das Haus zu vergrößern. Bis dahin hatten wir das Dach wie eine Art Terrasse benutzt, jetzt wollte er aufstocken und dort einen großen Raum gewinnen, in den er seine männlichen Besucher führen konnte. Es vergingen Monate, bis dieser Bau abgeschlossen war.

Abdul Khada stellte zwei Männer ein, die die eigentliche Bauarbeit verrichteten. Wir mußten die Steine beschaffen, allerdings nicht mehr auf althergebrachte Weise, wie es mir der alte Mann beschrieben hatte, aus den Felsbrocken herausschlagen.

Jetzt wurde auf moderne Weise mit großen Schlackesteinblöcken gebaut, die ein Lastwagen aus der Stadt heranschaffte. Trotzdem mußten wir alle diese Blöcke aber noch zum Felsgipfel transportieren, die Gebirgspfade entlang, zwei oder drei auf einmal auf dem Kopf. Auch die Zementsäcke mußten wir hinaufschleppen, die so prall waren, daß sie jeden Augenblick reißen konnten. Dann hätte der Staub uns eingehüllt, wäre in Augen und Mund gedrungen und hätte sich mit unserem Schweiß vermischt.

Die Lastwagen brachten das Baumaterial bis zum Fuß des Berghangs, und die Männer arbeiteten oben im Haus. Ich mußte ihnen die Steine und den Zement bringen. Wenn ich den Berg hinaufstieg, blieb ich häufig stehen und holte erst einmal Luft, denn das Gewicht der Säcke drückte mir den Kopf auf die Brust, daß ich kaum atmen konnte. Eine ganze Woche lang stieg ich jeden Tag vom frühen Morgen bis zum späten Abend den Weg hinab und hinauf.

Manchmal kamen andere Leute und halfen mir, so zum Beispiel die Söhne von Abdul Noor, die inzwischen alt genug waren, um auch kleine Lasten tragen zu können, ich aber mußte ohne Pause ständig hinab und hinauf. Abdul Khada saß mit seinem Vater vor dem Haus, schaute zu und kritisierte, wenn ich kam und ging.

Ich versuchte, schneller fertig zu werden, indem ich mir noch mehr Steinblöcke auflud, aber das ließen die Schmerzen nicht zu. Abdul Khada wurde zornig, weil ich alles verkehrt machte; und während ich immer weiter Steine schleppte, wollten die Türme am Fuße des Berges überhaupt nicht kleiner werden.

Als das gesamte Baumaterial oben auf dem Berg war, mußte ich Abdul Khada helfen, der auf dem Linoleumboden des Dachs den Zement mischte. Dazu benötigten wir zwar, sehr viel Wasser, das zu der Zeit aber gerade knapp war. So mußten wir durch das ganze Dorf von einem Brunnen zum nächsten laufen, bis wir wieder einen Eimer voll hatten, der oben auf dem Dach für den Zement gebraucht wurde. Ein Zimmer zu bauen verschlingt eine unglaubliche Menge Wasser.

Ganz allein konnte ich unmöglich genug heranschaffen, Abdul Khada mußte Mädchen aus dem Dorf holen, die mir halfen. Ich war vom frühen Morgen bis tief in die Nacht auf den Beinen. Im Dunkeln ging ich mit einer Taschenlampe. Weil ich mich fürchtete, begleitete mich Bakela manchmal, meist aber mußte ich allein gehen. Nur so konnte der Wassernachschub gesichert werden.

Nach zwei Wochen ohne Regen gab es plötzlich ein Gewitter. Es regnete den ganzen Tag stark, und ich jubelte bei dem Gedanken, daß sich die Brunnen nun füllen würden und wir nicht mehr so weit laufen mußten. Die Brunnen wurden tatsächlich voll, doch dieser Segen würde nicht lange anhalten, und so mußten wir doppelt so schwer arbeiten, um so viel Wasser wie nur möglich heranzuschaffen, bevor andere Leute es holten oder es in der Erde versickerte. Auf dem Dach standen drei große Wassertanks, die ständig nachgefüllt werden mußten.

Weil ja auch fremde Männer im Haus arbeiteten, mußten

wir das Gesicht ständig verschleiern, wodurch die außergewöhnliche Hitze noch schwerer zu ertragen war. Einen der drei Wassertanks hatte uns Salama, Gowads Frau, geliehen. Als wir erfuhren, daß sie einen besaß, bat Abdul Khada mich, ihn zu holen. Ich sagte sofort zu, weil ich jede Gelegenheit benutzte, um nach Aschube zu gehen und Nadja zu besuchen, und sei es nur für ein paar Minuten. Ich nahm Tamanay mit, Bakelas jüngste Tochter.

»Bleibt ja nicht lange«, schärfte uns Abdul Khada ein, als wir uns gegen halb zwei, zur heißesten Tageszeit, auf den Weg machten. »Ich will, daß ihr um drei Uhr wieder hier seid.«

Vom Staub und von der Hitze waren wir trotz des kurzen Wegs schon erschöpft, noch ehe wir in Aschube ankamen. Als wir das Haus erreicht hatten, fragte ich Salama, ob sie uns den Behälter leihen könnte, und sie war einverstanden. Ich saß ein paar Minuten mit Nadja zusammen und erzählte ihr, was sich in der Zwischenzeit in Hockail ereignet hatte, wie schwer ich arbeiten mußte und daß Abdul Khada mir keine Pause gönnte.

»Ich komme und helfe dir«, schlug sie vor.

»Nein!« Ich schrie sie beinahe an. Ich wollte nie, daß sie leiden mußte, wollte ihr immer die Schmerzen abnehmen, so als sei sie noch ein Kind und als müßte ich sie vor dem Schlechten im Leben beschützen.

Wir blieben länger sitzen, als wir durften, und mir wurde plötzlich klar, daß ich mich sehr beeilen mußte, wenn ich bei meiner Rückkehr nicht geschlagen werden wollte. Wir traten wieder in die gleißende Sonne hinaus.

Der Wasserbehälter war riesig, beinahe so groß wie ich, aber mit Nadjas und Salamas Hilfe schaffte ich es, ihn mir auf den Kopf zu heben. Ich war inzwischen schon recht geschickt in dieser traditionellen Art des Tragens. Ich machte mich auf den Rückweg und ging, so schnell ich konnte, Tamanay trottete neben mir her und trieb mich zur Eile an. An einer Stelle rutschte ich mit dem Pantoffel auf einem Stein ab, stolperte, und der Wasserbehälter stürzte neben einem Strauch zu

Boden. Ich geriet in Panik, denn es war bereits nach drei, und ich wußte, daß Abdul Khada wütend auf uns sein würde.

»Sieh nur, wie spät es schon ist, Tamanay«, sagte ich. »Wir müssen uns beeilen, hilf mir auf.«

Die arme kleine Tamanay mühte sich mit aller Kraft, den Behälter wieder auf meinen Kopf zu befördern, aber sie konnte ihn nicht einmal anheben, sie war nur ein mageres kleines Mädchen. Die Anstrengung und die Furcht vor dem, was uns erwartete, wenn wir zu spät kamen, brachten sie zum Weinen.

Es gab keine andere Möglichkeit, ich mußte es alleine schaffen.

Ich hockte mich hin, hob mir den Tank auf den Kopf und versuchte aufzustehen, ohne daß er herunterfiel. Jeder Muskel meines Körpers schien vor Schmerz aufzuschreien, als ich meine Beine und meinen Rücken zwang, sich zu strecken. Von der Muskelanspannung abgelenkt, hatte ich nicht bemerkt, daß sich ein Dorn in mein Gesicht gebohrt hatte, und als ich unter dem Gewicht des Behälters aufzustehen versuchte, drang er noch tiefer ein und riß mir die Haut auf. Bei dem überraschenden Schmerz in der Wange schrie ich auf und ließ dabei den Behälter wieder fallen, Tamanay machte vor Schreck einen Satz rückwärts.

Ich zog den Dorn heraus, und das Blut floß mir übers Gesicht. Ich achtete nicht darauf, mehr Sorgen machte mir, was Abdul Khada tun würde, wenn ich ihn noch länger warten ließ. Ich ging ein zweites Mal in die Hocke, lud mir den Wasserbehälter auf den Kopf und schaffte es noch einmal, meine Muskeln dazu zu zwingen, mich nach oben zu stemmen. Dann stolperten wir weiter die Gebirgspfade entlang.

Gegen halb vier kamen wir schließlich am Haus an, und Ward half mir, den Wasserbehälter abzusetzen. Sie wollte wissen, warum ich Blutspuren im Gesicht hatte, aber ich war so außer Atem, daß ich es ihr nicht erklären konnte. Ich hatte das Gefühl, jeden Augenblick zusammenzubrechen. Ward schickte mich nach oben, um Abdul Khada zu sagen, daß ich wieder da sei. Ich schleppte mich die Treppe hinauf, jede einzelne Stufe war so hoch wie ein Berg.

»Warum kommst du so spät?« schrie Abdul Khada mich an, als ich hinaustrat, doch ich hatte noch immer nicht die Kraft zu antworten. Wütend über mein Schweigen hob er seinen Lederschuh auf und schlug mir damit mit voller Kraft mitten ins Gesicht. Durch die Wucht des Schlages geriet ich ins Taumeln und fiel rückwärts die Stufen hinunter, ich konnte mich einfach nicht halten. Er kam mir nach. »Warum kommst du so spät?« fragte er noch einmal.

Die Worte kamen nur stoßweise heraus, als ich ihm erzählte, warum ich den Wasserbehälter fallengelassen hatte und wie schwer er war und daß da ein Dornenbusch war, er aber hörte mir gar nicht zu. »Geh in den Laden«, befahl er, »und hol Paraffin.«

Weinend gingen Tamanay und ich noch einmal den ganzen Weg bis ins Dorf. In dem Laden war ein Mann, den ich schon einmal gesehen hatte und der Englisch sprach. Ich bemerkte, daß ihm das getrocknete Blut und die Tränen auf meinem Gesicht auffielen, er sprach mich jedoch nicht an. Der Riß blutete nicht mehr, nur die Schramme, die mir Abdul Khada mit dem Schuh geschlagen hatte, brannte, war aber durch den Schleier verdeckt.

Ich hob mir den Fünfzehn-Liter-Kanister mit dem Paraffin auf den Kopf, wie so oft war der Verschluß nicht ganz dicht, und das Paraffin tropfte mir langsam, aber unaufhörlich ins Gesicht, sickerte in die Rißwunde, floß über die Schramme und tränkte meinen Schleier, so daß ich an den Dämpfen fast erstickte. Es war mir gleichgültig, ich wollte nur noch sterben. Wie in Trance ging ich weiter.

Als ich am Haus anlangte, waren meine Kleider vom Parafffin völlig durchtränkt. Ich war darauf gefaßt, daß Abdul Khada mich wieder schlagen würde. Er stand nur da und betrachtete mich. »Geh dich waschen«, sagte er.

Als ich mich gewaschen hatte und wieder herauskam, trat er vor mich hin und küßte mich auf die Stirn. »Es tut mir leid,

Zana«, sagte er. Ich achtete nicht auf ihn, für Entschuldigungen war es zu der Zeit längst zu spät. Bakela weinte aus Mitleid mit mir und rieb mir Salbe auf die Wunde. Alle waren empört darüber, wie er mit mir umsprang, aber niemand traute sich, Abdul Khada zur Rede zu stellen. Nur seine Mum, Saida, schimpfte mit ihm, weil er mich geschlagen hatte, aber er machte sich nichts daraus. Er widersprach ihr zwar nicht – dafür achtete er seine Eltern zu sehr –, aber er hörte ihr einfach nicht zu.

Der alte Mann konnte ja nicht sehen, was vorging, aber später am Abend erzählte ich ihm, was sein Sohn mir an dem Tag angetan hatte. »Hab nur Vertrauen«, sagte er, »eines Tages wirst du nach Hause zurückkehren. Sei stark.«

Ich entdeckte bald, daß wir im Gebiet von Mukbana nicht die einzigen Mädchen waren, die man aus ihren Heimatländern hierher verschleppt hatte. Abdul Khadas Familie ist über den ganzen Jemen verstreut. Er hat zwei sehr nette Schwestern, die in dem Dorf Rubak wohnen, aus dem auch Bakela stammt. Beide hatten Männer aus diesem Dorf geheiratet und lebten mit ihren Kindern dort. Es war ungefähr eine halbe Stunde Fußweg von Hockail entfernt. Sie kamen recht häufig zu Besuch, und dadurch lernte ich sie ziemlich gut kennen.

In den Dorfhäusern wurden die Wände nicht mit Farbe gestrichen, sondern mit einer Art Kalkstein, der an bestimmten Stellen an Berghängen zu finden ist. Dieser Kalkstein wird über Nacht in Wasser eingeweicht, bis er sich zu einem Brei zersetzt hat, mit dem man die Wände bestreichen kann. In der Gegend von Rubak kam Kalkstein in der Natur vor.

Ward fand das Haus verwohnt und wollte es aufhellen. Sie schickte Bakela und mich nach Rubak zum Kalksteinbrechen, damit wir das Haus neu streichen konnten. Ich war froh, einen Tag rauszukommen. Sie gab uns ein paar Säcke mit, und wir brachen frühmorgens auf.

Bakela war in dem Dorf gut bekannt, ich aber war zum ersten Mal dort. Der Weg dorthin führte einen Berghang hinab, und wir konnten unser Ziel die ganze Zeit im Tal am Fuße des Berges liegen sehen. Als wir ankamen, hatte ich Durst, und wir gingen in das Haus einer der Schwestern Abdul Khadas, um etwas zu trinken. Kaum waren wir da, füllte sich das Haus mit Menschen, die mich sehen wollten und fragten, wer ich sei. Obwohl die Frauen alle sehr höflich waren, mochte ich es zu der Zeit nicht, daß fremde Leute mir Fragen stellten. Ich hielt sie alle für Klatschmäuler und gab nur sarkastische und freche Antworten.

Bakela war offenbar sehr beliebt, denn einige Frauen boten uns an, den Kalkstein für uns aus dem Felsen zu brechen, so daß wir ihn nur noch in die Säcke zu füllen brauchten. Bakela war sehr schüchtern und wollte das freundliche Angebot nicht annehmen. Aber da sie sie gut kannten, konnten sie ihr die Zurückhaltung ausreden und sagten uns, daß wir uns inzwischen ausruhen sollten.

Sie machten uns Kaffee und Tschapatis, und wir setzten uns und genossen den freien Vormittag. Immer mehr Frauen kamen und wollten uns sehen. Ich saß nur da und schaute zu, wie sie miteinander plauderten, als ein junges, etwa vierzehnjähriges Mädchen das Zimmer betrat. Es war pauspäckig wie ein Kind, aber sehr hübsch, und mit seinem blonden Haar sah es sehr englisch aus und stach von den anderen ab. »Wer ist das?« fragte ich Bakela.

»Auch ein englisches Mädchen«, antwortete sie. »Sie kam hierher, als sie noch sehr klein war.«

Ich brannte darauf, mehr zu erfahren. Bakela sagte ich, daß ich frische Luft schnappen wollte, ging aus dem Zimmer und bat das Mädchen, mich zu begleiten. Wir gingen, gefolgt von ein paar anderen, nach unten. Ich war aufgeregt bei dem Gedanken, mit jemandem zu sprechen, der in der gleichen Lage war wie wir. Sie hatte ihr Englisch vergessen, aber wir konnten uns ja auf arabisch unterhalten.

Sie erzählte mir, daß sie, bis sie sieben war, mit ihren Eltern und ihrer damals neunjährigen Schwester in England gelebt hatte. Ihre Mutter war Engländerin, ihr Vater Jemenite. Die

Mutter starb, und ihr Vater heiratete wieder eine Engländerin und fuhr mit ihnen allen zu Besuch in sein Heimatdorf, nach Rubak. Die Stiefmutter war grob zu den Mädchen und wollte sie los sein, und der Vater mußte wohl begriffen haben, daß sich ihm hier eine gute Gelegenheit dazu bot. Die Eltern verschwanden und ließen sie und ihre Schwester bei einem Onkel zurück.

Sie erzählte mir, daß dieser sie im Alter von zehn Jahren mit seinem Sohn verheiratet hatte, und sie berichtete mir auch, wie ihre Schwiegermutter sie behandelte, genauso boshaft nämlich, wie Ward mit mir umsprang. Ihre Schwester wurde mit einem zweiten Cousin verheiratet. An England hatte sie keine Erinnerung mehr. Sie wußte nicht, ob sie dort Verwandte hatte, und das einzige Englisch, das sie noch beherrschte, waren die Zahlen von eins bis zehn. Sie zählte sie mir ganz langsam vor, und ich spürte, wie mir die Tränen kamen, als ich daran dachte, was für ein Leben sie als kleines Kind gehabt haben mußte und daß sie jetzt nichts mehr davon wußte. Als wir das Dorf verließen, wünschte ich ihr Glück, aber mir war klar, daß es für sie keine Hoffnung gab, denn sie hatte niemanden mehr, der ihr helfen würde.

Die Geschichte des Mädchens brachte mich zum Weinen. Während meiner Zeit im Jemen fand ich heraus, daß es nicht ungewöhnlich war, daß Mädchen aus Ländern wie Amerika und eben England hierher gebracht wurden und in Bergdörfern ein bäuerliches Leben führen mußten. Von den meisten hörte man damals in ihren Heimatländer nie wieder etwas, und ich schwor mir noch einmal, daß es Nadja und mir nicht so ergehen sollte. Wie lange es auch dauern würde, ich mußte zu meiner Familie zurückkehren.

Obwohl er oft so grausam zu mir war, schien Abdul Khada manchmal großes Verständnis für meine Probleme aufzubringen. So brachte er mir zum Beispiel aus der Stadt Monatsbinden mit, die die anderen Frauen nicht hatten. Sie mußten sich damit begnügen, sich Stoffkissen in die Pluderhosen zu nähen, die sie dann während der Monatsblutung nicht auswechselten. Von mir verlangten sie dasselbe, aber ich fand es zu ekelhaft, um darauf auch nur einen Gedanken zu verschwenden. Ich weiß nicht, wie die anderen Frauen das aushalten, denn in anderer Hinsicht sind sie stets peinlich auf Sauberkeit bedacht. Sie waschen sich jedes Mal, bevor sie ihre Gebete sprechen, das heißt fünf- oder sechsmal am Tag, und sie nehmen zweimal täglich ein Vollbad.

Mit Ausnahme der Kinder beteten alle Familienmitglieder in ihren Zimmern, knieten auf ihren Gebetsmatten und führten alle vorgeschriebenen Bewegungen aus. Die Frauen sprachen leise, doch die Männer beteten lauter, ihr Sprechen war beinahe ein Gesang. Das Gebet dauerte ungefähr zehn Minuten. Anfangs betete ich nicht, sondern saß nur dabei und schaute zu. Als ich die Sprache besser verstand, hörte ich mir die Prediger im Radio an und begann, an die muslimische Religion zu glauben. Ich überlegte mir, daß Gott mir vielleicht beistehen würde, wenn ich betete. Ich betete immer auf Englisch und sagte bei jedem Gebet: »Bitte hilf mir, Gott.« Es war nur schwer vorstellbar, daß irgend ein Gott über die in den Dörfern der Mukbana lebenden Mädchen wachte.

Gowads Neffe wohnte in einem Haus oberhalb von Nadjas Berghaus. Er starb in Saudi-Arabien, und Nadja entwickelte eine enge Beziehung zu der Witwe, die er hinterlassen hatte. Sie hätte wieder heiraten können, entschied sich aber dafür, im Haus ihres toten Mannes zu bleiben und ihre Kinder, ein achtjähriges Mädchen und einen ganz kleinen Jungen, allein großzuziehen.

Sie mußte Geld verdienen, um den Lebensunterhalt für sich und ihre Kinder zu sichern, deshalb reiste sie zwischen den Dörfern umher und nähte für die Frauen Kleidung. Sie brachte Nadja das Nähen bei, und Nadja besorgte sich eine alte Nähmaschine und begann ebenfalls, Kleider zu nähen. Wenn sie in andere Dörfer ging, brachte sie den kleinen Jungen zu Nadja und Salama, das Mädchen blieb im Haus und versorgte den Haushalt, solange die Mutter fort war.

Ich war zu Hause in Hockail, als im Dorf unter uns ein gellender Schrei ertönte. Amina hatte etwas gehört von jemand, der auf der Straße vorbeigekommen war, und gab die Neuigkeit nun an uns weiter. Sie teilte uns mit, daß das kleine Mädchen tot sei und daß Nadja irgendwie darin verwickelt sei.

Den ganzen Weg nach Aschube legte ich rennend zurück, ich hatte keine Vorstellung, was mich dort erwarten würde. Nadja war sehr ruhig und gefaßt, als ich sie sah, und das kleine Mädchen war bereits beerdigt worden. Nadja erzählte mir, was geschen war.

»Wir haben gerade den Jungen gesucht, als eine Frau ins Haus kam und sagte, daß sie am Brunnen Kinderpantoffeln gefunden hat und daß auf dem Wasser ein kleines Faß geschwommen ist. Als Salama und ich an Ort und Stelle waren, standen schon viele Leute um den Brunnen herum. Sie haben mit Stöcken im Wasser herumgestochert, schwimmen konnte aber niemand von ihnen. Wir haben uns durch die Leute nach vorn durchgedrängt, und Salama hat ihnen gesagt, daß ich schwimmen kann. ›Soll ich hineingehen‹, hab ich gefragt, und Salama hat genickt. Ich hatte große Angst davor, was ich dort finden würde, aber auch Hoffnung, daß sie vielleicht noch lebt.

Ich bin kopfüber runtergetaucht und herumgeschwommen. Von den Stöcken war der Schlamm aufgerührt, ich konnte gar nichts sehen und mußte mich vorwärtstasten. Ich bin bis auf den Grund getaucht und hab ihn abgesucht, aber nur noch mehr Schlamm aufgewühlt. Schließlich mußte ich auftauchen und wieder Luft holen.

Dann bin ich noch einmal runtergetaucht, und da hab ich plötzlich etwas Weiches gespürt. Es war das Mädchen. Ich hab es nach oben gezogen, und die Männer haben es herausgehoben. Sie hatte die Augen offen, und aus ihrem Mund kam Schaum.«

Nadja, die sich an das erinnerte, was sie in der Schule gelernt hatte, drehte das Mädchen auf den Rücken und versuchte, das Wasser aus ihr herauszupressen, aber es war bereits zu spät. Sie drückte so lange verzweifelt weiter auf den Brustkorb, bis der weise Mann des Dorfs ihr sagte, sie solle aufhören. Sie brachten den Leichnam ins Haus, und einige Leute aus dem Dorf gingen die Mutter suchen.

Sie war auf dem Heimweg von ihrer Arbeit, und als sie die Leute kommen sah, wußte sie sofort, daß etwas Schreckliches mit ihren Kindern passiert war. Sie erzählten es ihr, und sie rannte weinend zu ihrem Haus, ganz außer sich vor Kummer und Schmerz. Sie mußte gestützt werden, als sie das Zimmer betrat, in das man das Mädchen gelegt hatte. Weil sie eine Frau war, durfte sie bei der Beerdigung nicht am Grab ihrer Tochter stehen, das war Aufgabe der Männer.

Wenn ein Grab angelegt wird, wird eine Grube ausgehoben und seitlich dazu noch eine zweite. Man legt den Toten in die seitliche Grube und mauert sie zu. Dann füllt man die erste Grube mit Sand und spricht darüber die Gebete.

Die leidende Mutter mußte aus der Ferne zusehen, mit dem kleinen Jungen im Arm.

KAPITEL 10

Neue Perspektiven

Nach unserer Ankunft im Jemen blieb Gowad genau zwei Jahre in Aschube, bevor er wieder ins Ausland fuhr. Zu der Zeit war Mohammed, Nadjas sogenannter Ehemann, alt genug, um ebenfalls arbeiten zu können, und er ging wie die meisten Männer und Jungen im Dorf nach Saudi-Arabien.

Körperlich hatte sich Mohammed von einem Jungen zu einem Mann entwickelt, Abdullah, der Junge, der angeblich mein Mann war, jedoch nicht. Mohammed fand einen guten Job, er arbeitete in einer Boutique und verkaufte Parfum und Aftershaves. Er fing an, Nadja und seiner Mutter Salama Geld nach Hause zu schicken. Er blieb jeweils für sechs Monate in Saudi-Arabien und kehrte dann für ein paar Monate Urlaub nach Hause zurück.

Als er das erste Mal zurückkam, wurde Nadja schwanger. Gowad arbeitete damals in England, und er schrieb Nadja, daß sie auch dorthin kommen dürfte, sobald Mohammed das Geld für die Flugtickets zusammengespart hätte. Das war die gleiche Geschichte, die Abdul Khada schon mir aufgetischt hatte. Wenn wir schwanger würden, so rechneten sie sich aus, würden wir nicht mehr fliehen wollen oder gegen sie kämpfen, sondern uns damit abfinden, »gute« arabische Ehefrauen zu sein.

Nadjas Schwangerschaft verlief unkompliziert. Ihr war morgens nicht übel, sie hatte auch keines der anderen Symptome, nur ihre Brüste wurden größer. Die Aussicht, im Dorf ein Kind zur Welt zu bringen, schien sie nicht zu beunruhigen. In mancher Hinsicht war sie sehr tapfer. Andererseits war sie sehr leicht zu beeinflussen. Ich glaube, wenn ich nicht gewesen wäre, hätte sie ihr Englisch vergessen und wäre genau die Sorte Frau geworden, die man aus ihr machen wollte. Ich redete ständig auf sie ein daß sie nicht aufhören

Nadja (links) und Zana vor ihrer Abreise in den Jemen. Nadja ist vierzehn, Zana fünfzehn Jahre alt.

Muthana Muhsen, der Vater der Mädchen. Vier seiner insgesamt sieben Kinder hat er in den Jemen abgeschoben.

Im Jemen: Nadja (links), ihre Tochter Tina und Zana.

Nadja, Tina und Zana in der kahlen, steinigen Gebirgsregion der Mukbana, südwestlich von Ta'izz.

Nadja und ihre Tochter Tina, deren Geburt Nadja fast das Leben gekostet hätte.

Nadja, Tina und Zana mit der Journalistin Eileen MacDonald, deren Recherchen vor Ort das erste authentische Material über die Gefangenschaft der Geschwister an die Öffentlichkeit brachten.

Zana und ihre Mutter Miriam am Flughafen London-Gatwick.

Zana (links) mit ihrer Freundin Lynette nach der Flucht aus dem Jemen. Lynettes Mutter war für Zanas Mutter eine wichtige Verbündete im Kampf um die Freilassung ihrer Töchter.

Ashia (links), Tina (Mitte) und Zana, kurz nach der Flucht aus dem Jemen. Ashia und Tina sind die einzigen Töchter von Miriam, denen ein jemenitisches Schicksal erspart blieb.

solle, sich zu wehren und die Hoffnung nicht verlieren dürfe. Ich glaube ohne mich hätte sie es zugelassen, daß man sie völlig beherrschte.

Salama war während Nadjas Schwangerschaft gut zu ihr. Sie erlaubte ihr, sich auszuruhen, wenn sie zu müde wurde. Bis zum Schluß durfte sie nach Hockail kommen und mich besuchen. Ich ging so oft ich konnte selber zu ihr, um ihr den Weg zu ersparen, doch Abdul Khada, der zu der Zeit in Saudi-Arabien war, schrieb mir, daß ich nicht so oft nach Aschube gehen dürfe. Der Gedanke, daß Nadja und ich so viel Zeit miteinander verbrachten, gefiel ihm gar nicht. Ich nehme an, er hatte den Verdacht, daß wir unsere Flucht planten. Er sah es gar nicht gern, wenn ich nicht im Haus war, es sei denn, ich hatte Besorgungen zu machen. Er befürchtete wohl auch, daß er mich nicht unter Kontrolle hatte, wenn nicht jeder seiner Spione jederzeit wußte, wo ich war.

So durfte ich sie nur noch einmal pro Woche, und zwar tagsüber, besuchen. Je mehr ich mich an das arabische Leben gewöhnte, desto strenger schrieb mir Abdul Khada vor, wie ich mich zu verhalten hatte. Gehorchte ich ihm nicht, dann teilte ihm das postwendend jemand aus der Familie oder aus dem Dorf mit, und er ließ mich dann wissen, daß er mich bei seiner Rückkehr bestrafen würde, wenn ich seine Anordnungen nicht befolgte. Obwohl er seine Drohungen meist auch wahr machte, gab ich mich in meinem tiefsten Innern nie geschlagen, ich hörte nie auf zu hassen.

Salama hinderte Nadja nie daran, zu mir heraufzukommen, doch im neunten Monat ihrer Schwangerschaft bat ich sie, damit aufzuhören, denn ich fürchtete, der Weg wäre für sie bei der Hitze zu lang und anstrengend. So war ich gerade in der Zeit, in der das Baby kommen sollte, von ihr abgeschnitten.

Eines Morgens ganz früh kam Nadjas Nachbarin zu unserem Haus und teilte Ward mit, daß Nadja in der Nacht zuvor einen Jungen zur Welt gebracht hätte und daß die Geburt gut verlaufen sei.

Ich war wütend, als ich hörte, daß die Entbindung schon vorbei war, ich wollte wissen, warum mich niemand geholt hatte. Sie erklärten mir, es sei schon so spät gewesen, daß keine der Frauen noch nach draußen gehen wollte. Und wenn mich ein Mann in der Nacht abgeholt und Abdul Khada davon erfahren hätte, dann hätte er mich getötet. Es wäre völlig unmöglich, wenn eine Frau in einer solchen Situation mit einem Mann gesehen würde.

Ich rannte aus dem Haus, und Ward rief mir nach: »Ich hoffe, du bist zum Mittagessen wieder da.«

»Ich komme heute nicht wieder«, rief ich zurück. »Ich bleibe bei meiner Schwester.«

Ich lief den ganzen Weg bis nach Aschube und in Nadjas Zimmer. Es war voller Frauen, und das Baby schlief in einer Hängematte neben dem Bett. Ich brach in Tränen aus, und ich glaube, ich habe an dem Tag nicht mehr aufgehört zu weinen. Nadja sah wirklich gut aus und wirkte ruhig. Sie sagte, ich solle aufhören zu weinen, weil sie sonst auch anfangen würde. An diesem Tag wurde ich wieder krank, ich fing an, die Stimme zu verlieren.

Nadja erzählte mir, daß ihre Wehen erst ziemlich spät am Abend eingesetzt und nicht lange gedauert hatten. Salama war ins nächste Dorf gelaufen und hatte die nette alte Frau, die sie dort kannte, zu Hilfe geholt. Sie hatte keine großen Schmerzen gehabt und die Anwesenheit der freundlichen Frau war sehr beruhigend gewesen.

Der Junge war ungefähr eine Stunde später zur Welt gekommen. Es war unfaßbar für mich, daß meine kleine Schwester Mutter geworden war.

Eine der Frauen im Zimmer schlug Namen für das Baby vor. Nadja gab ihm den Name Haney. Später bekamen wir einen Brief von Dad, der von der Geburt erfahren hatte, und Nadja mitteilte, wie sie das Baby nennen sollte. Ich weiß heute nicht mehr, was für einen Namen er wollte, und Nadja nahm den Brief gar nicht zur Kenntnis. Haney wurde am 29. Februar 1984 geboren, also in einem Schaltjahr, so daß er nur alle vier Jahre Geburtstag hat. Er wuchs zu einem sehr hübschen Kind heran und sah genauso aus wie seine Mutter.

Ich blieb drei Tage bei Nadja und schlief mit ihr in ihrem Zimmer. Mir ging es immer schlechter, schon in der ersten Nacht hatte ich mich richtig krank gefühlt und keinen Ton mehr herausgebracht. Wenn ich Nadja etwas sagen wollte, mußte ich ihr ins Ohr flüstern. Ich hatte nicht die Kraft, vom Fußboden aufzustehen, und Nadja mußte mich mit einem Löffel füttern, während sie gleichzeitig ihr Baby versorgte.

Sie fand sich sofort in ihre neue Rolle als Mutter ein, übernahm sie mit der gleichen Ruhe und Gelassenheit, mit der sie alles in Angriff nahm. Sie stillte Haney zwei Jahre lang. Ganz offensichtlich vergötterte sie ihn, und nun verunsicherte und verängstigte ich sie noch mehr, wenn ich davon sprach, nach England zurückzugehen.

»Wenn wir jetzt nach Hause fahren«, sagte sie oft,»nehmen sie mir Haney weg.« Die Vorstellung entsetzte sie. Ich war besorgt, wenn ich daran dachte, daß man nun vielleicht gerade ein Druckmittel gefunden hatte, um sie dortzubehalten, wenn ich einen Ausweg gefunden hätte.

Wenn Nadja und ich zusammen waren, sonderten wir uns von den anderen Frauen ab und blieben die ganze Zeit über allein. Wir sprachen oft über die alten Zeiten in England, und das waren die einzigen Dinge, die Nadja zum Lächeln oder sogar zum Lachen brachten. Im Jemen hatten wir nichts zu lachen. Wir entwarfen und planten und erträumten Varianten für eine Flucht, eine Idee war noch verrückter als die andere. Wir wußten, daß unsere einzige reelle Chance darin bestand, einen Brief zu Mum durchzuschleusen, sie wissen zu lassen, daß wir in Schwierigkeiten waren und sie dazu zu bewegen, Hilfe zu organisieren. Wir hatten keine Ahnung, was man ihr über uns erzählt hatte oder wie sie selber unsere Situation einschätzte. Wenn sie die Postkarten erhalten hatte, die man uns am Anfang diktiert hatte, mußte sie annehmen, daß wir wirklich glücklich waren und daß es uns im Jemen gefiel. Das zu glauben konnten wir nicht ertragen, wir mußten einfach davon ausgehen, daß sie von unserer Gefangenschaft wußte und daß sie versuchte, uns zu finden.

Dann war da noch die Kassette, die ich zu Beginn unseres Aufenthalts auf Befehl von Abdul Khada besprechen mußte. er hatte mich geschlagen und mich gezwungen zu sagen, daß Dad ein guter Mensch sei und wir im Jemen viel glücklicher wären als früher in England und wie schön es hier draußen wäre. Dieses Band zu besprechen hat mir beinahe das Herz gebrochen, denn ich wußte, daß es Mum von der richtigen Spur abbringen konnte.

Kurz nachdem Haney geboren war, traf ein ausgebildeter Arzt in Hockail ein. Es war ein Einheimischer, der im Ausland studiert und seine Prüfungen abgelegt und sich dann dazu entschlossen hatte, in sein Heimatdorf zurückzugehen, um dort zu praktizieren und seinen Leuten zu helfen. Er war jung, und ich suchte ihn auf, wenn es mir nicht gut ging, was immer häufiger der Fall war. Er konnte kein Englisch, doch ich sprach inzwischen so gut arabisch, daß ich ihm meine Probleme schildern konnte. Wenn ich nicht schlafen konnte, gab er mir Schlaftabletten. Ich bekam sehr starke Schmerzen in der Brust, und er gab mir Tabletten, durch die sie wieder verschwanden. Er schien ein sehr guter Arzt und ein freundlicher Mann zu sein.

Sein Haus unterschied sich sehr von den Häusern, in denen zu leben wir gewohnt waren. Es wirkte wie ein ins Dorf verpflanztes Stadthaus, war mit Teppichen, einem Kühlschrank und einem Fernsehapparat ausgestattet. Er hatte vermutlich einen Generator, denn sonst hätte er diese elektrischen Geräte nicht betreiben können. In dem Gebiet gab es damals keine Elektrizität. Es war das beste Haus im Ort und Dorfgespräch. Gebaut hatte es sein Vater, einer der einflußreichsten weisen Männer des Dorfes.

Mit jedem Besuch wurde er freundlicher, und ich hatte den Eindruck, daß ich offen mit ihm sprechen konnte. Ich erzählte ihm, daß ich nie Briefe von meiner Mum erhielt und fragte ihn, ob er, wenn er zwischen dem Dorf und der Stadt hin und her fuhr, was er häufig tat, in einem öffentlichen Postamt einen Brief für mich aufgeben könnte. Anfangs war er nicht begeistert, wohl weil er sich nicht in die Familienangelegenheiten eines fremden Mannes einmischen wollte. Ich mußte ihn mehrmals bitten, und am Ende verstand er, wie wichtig es für mich war und sagte zu. Er erlaubte auch, daß Mum umgekehrt Briefe an sein Postfach in Ta'izz adressierte und versprach mir, sie mir heimlich auszuhändigen. So konnten wir Nasser Saleh und seine Zensurmaßnahmen umgehen.

Als ich Nadja erzählte, endlich einen Menschen gefunden zu haben, dem wir wohl vertrauen konnten, träumten wir wieder von Flucht. Trotzdem war ich immer noch nicht überzeugt davon, daß es funktionieren würde. Ich hatte große Angst, daß irgend jemand im Dorf oder in Ta'izz den Brief öffnen und lesen könnte und Abdul Khada den Inhalt berichten würde. Er würde mich dann wieder schlagen, weil ich ihn zu betrügen versuchte. Deshalb konnte ich nicht alles in dem Brief so sagen, wie ich es gern gewollt hätte, sondern mußte Mum verschlüsselt schreiben und darauf bauen, daß sie zwischen den Zeilen lesen konnte und verstand, daß ich um Hilfe rief. Der Brief steckte voller Andeutungen, von denen ich wußte, daß Mum sie verstehen, ein Fremder aber keinen Verdacht schöpfen würde.

Ich schrieb den Brief schließlich auf ein Blatt Papier, das ich aus einem alten Schulheft gerissen hatte. Ich teilte Mum das Postfach des Arztes mit. Zwei Wochen später kam seine Frau zu Besuch in unser Haus. Als Ward einmal das Zimmer verließ, flüsterte sie mir zu, daß ihr Mann einen Brief für mich hätte und ich ihn abholen sollte.

Bei der ersten Gelegenheit, die sich mir bot, rannte ich ins Dorf hinunter und kam keuchend beim Haus des Arztes an. Ich traute meinen Augen nicht, als ich den Umschlag mit Mums Handschrift sah. Wie konnte es nach all den Jahren plötzlich so leicht sein, mit ihr Kontakt aufzunehmen, wo es so lange unmöglich gewesen war?

Der Arzt lächelte mich freundlich an und fragte, ob ich den Brief gleich lesen wollte. Ich dankte ihm und sagte, daß ich lieber irgendwo allein und ungesehen bliebe. Ich wollte nicht vor ihm weinen. Ich versteckte den Brief unter meinem Kleid und ging zurück nach Hause. Die Schläge meines Herzens hämmerten mir in den Ohren, als ich mit meinem Geheimbrief zum Haus hinaufstolperte. Ich konnte noch nicht glauben, daß ich ihn tatsächlich würde lesen können, daß nicht jemand auf mich zuspringen, mir den Umschlag wegnehmen und ihn zerreißen würde, so wie es Abdul Khada mit meinen Fotos gemacht hatte.

Ich schloß mich in mein Zimmer ein und riß den Umschlag auf. Ich war ganz sicher, daß wir nun, da Mum wußte, wo wir waren, in kürzester Zeit nach Hause fahren würden. Da ich so rasch eine Antwort auf meinen Brief erhalten hatte, zweifelte ich nicht mehr daran, daß die anderen Briefe nicht zu Mum durchgekommen waren. Ich weinte so sehr, daß ich mich nur mit Mühe auf die Worte konzentrieren konnte.

Obwohl Mum geahnt hatte, daß irgend etwas nicht stimmen konnte, war sie offenbar sehr verwirrt, denn ihr Brief war lang und enthielt so viele Fragen. Sie schrieb, daß sie nicht einen meiner Briefe bekommen, aber das Band gehört hatte, das ich besprechen mußte.

Abdul Khada hatte dieses Band meinem Dad geschickt, doch Mum hatte davon erfahren. Als mein Bruder Mo eines Tages Dad besuchte, stibitzte er es und brachte es ihr. Sie schrieb, daß sie an meiner Stimme gemerkt hatte, daß ich zum Sprechen gezwungen worden war, daß sie aber nicht wußte, was sie hätte unternehmen können. Dad war sehr wütend auf Mo und stellte ihn vor die Alternative, zwischen ihm und seiner Mum zu wählen. Mo entschied sich für Mum und besuchte Dad nicht mehr.

Ich war enttäuscht, daß Mum die Situation offenbar noch immer nicht richtig erfaßte und daß es wahrscheinlich viel länger dauern würde, aus dem Jemen herauszukommen, als ich es mir, während ich auf den Brief wartete, vorgestellt hatte. Zumindest wußten wir aber nun, daß sie nichts mit den

Brautkäufen zu tun gehabt hatte, und daß sie jetzt, wo sie von unserem traurigen Los wußte, alles in ihrer Macht Stehende tun würde, um uns herauszuholen.

Nun, da ich einen Weg gefunden hatte, Briefe außer Landes zu bringen, schickte ich eine wahre Flut und erhielt auch eine Flut zurück. Nadja und ich wurden mutiger, wir schrieben weniger verschlüsselt und ließen die Leute auch merken, daß wir Verbindung zu Mum aufgenommen hatten. Wir gaben uns keine Mühe, vor irgendwem zu verbergen, was vorging. Die Frau des Arztes brachte die Briefe manchmal ganz offen ins Haus, und obwohl das der Familie nicht gefiel, machte niemand Anstalten, sie uns wegzunehmen. Der Arzt war ein gebildeter Mann aus einer guten Familie, er brauchte keine Angst zu haben, daß Abdul Khada ihm schaden könnte. Wir hatten endlich einen mächtigen Verbündeten gefunden, der uns helfen konnte.

Abdul Khada erfuhr bald, welche Wendung die Dinge genommen hatten, und er war zu schlau, um seine wirklichen Gefühle bei dieser Herausforderung seiner Autorität zu zeigen. Er schrieb mir, es hätte ihn gefreut zu hören, daß ich einen Brief von Mum erhalten hatte, und so als sei gar nichts passiert, spielte er den alten Freund der Familie und erkundigte sich nach ihrer Gesundheit. Er konnte ja auch nichts unternehmen, denn er hatte so lange vorgetäuscht, unsere Briefe nach England abgeschickt zu haben. Ich wußte, daß es uns zum ersten Mal gelungen war, ihm ein Schnippchen zu schlagen, aber dennoch hatte sich unsere Situation noch immer nicht verändert. Auch wenn Mum nun von unserem Elend wußte, konnte sie wohl zu dem Zeitpunkt nicht sofort etwas dagegen unternehmen. Sie schilderte uns in ihren Briefen, daß sie zum ersten Mal von unserer Lage gehört hatte, als ein paar meiner Freunde ins Café gekommen waren und ihr erzählt hatten, daß Nadja und ich verheiratet waren. Sie hatten es von einer Frau erfahren, deren Mann aus der Mukbana gekommen war. Mum schrieb, daß Dad unsere Geburtsurkunden aus dem Schrank genommen hatte, als sie im Laden bediente. Als sie ihn darauf ansprach, sagte er, daß er legale Heiratsurkunden erhalten hätte und daß zwei jemenitische Männer als Trauzeugen dabeigewesen wären.

Mum hatte bei diesen Worten die Beherrschung verloren und ihn angeschrien: »Wie konntest du nur, es sind meine Mädchen! Sie gehören mir! Sie sind deine Töchter, und du hast sie verkauft!«

Er lächelte sie an und sagte: »Kannst du das beweisen?«

»Ich werde sie zurückholen«, erwiderte sie, doch er lachte ihr nur ins Gesicht.

»Versuch's doch«, sagte er, »du kannst gar nichts machen. Sie sind weg, so wie die andern zwei.«

Mum schrieb danach ans Außenministerium, wie sie es so viele Jahre zuvor wegen Ahmed und Leilah auch getan hatte; von dort erfuhr sie, daß wir jetzt eine doppelte Staatsbürgerschaft hätten und die Regierung des Jemen uns als jemenitische Bürger betrachtete. Die einzige Möglichkeit für uns, nach Hause zu kommen, schrieb man ihr, bestehe darin, daß unsere »Ehemänner« uns erlaubten, das Land zu verlassen und daß wir dann Ausreisevisa bekämen.

Nadjas Sozialarbeiterin, Mary Birchell, hatte auch angefangen, an Institutionen wie die britische Botschaft und verschiedene caritative Organisationen zu schreiben, alle antworteten jedoch das gleiche: Es täte ihnen leid, aber sie könnten nichts unternehmen.

Dann begann sie, uns Briefe an die Postfachnummer in Ta'izz zu schicken, die Gowad und Abdul Khada ihr mitgeteilt hatten, erhielt aber natürlich keine Antworten, weil die Briefe alle abgefangen wurden. Auch wenn die britische Botschaft in Sanaa uns hätte helfen wollen, hätte sie uns über die Nummer dieses Postfachs nicht erreichen können.

Lynettes Mum, Mrs. Wellington, die eng mit Mum befreundet war, setzte sich ebenfalls ein. Sie schrieb der englischen Königin einen Brief und bat sie um Hilfe. Eine Hofdame antwortete ihr in sehr mitfühlenden Zeilen, daß ihr Brief ans Außenministerium weitergeleitet worden sei. Mum und Mary Birchell schrieben an Nigel Cantwell, den Vorsitzenden des Internationalen Kinderhilfswerks in Genf. Mr. Cantwell antwortete dasselbe wie alle anderen, nämlich daß Nadja und ich durch die Heirat doppelte Staatsbürgerschaften hätten und es da nur wenig Hilfsmöglichkeiten gäbe. Aber er hatte zu der Frage der Ehen Auskünfte über die Rechtslage eingeholt. Da Mum und Dad niemals geheiratet hatten, besaß Mum dem Gesetz nach ganz offensichtlich das alleinige Sorgerecht. Und da vor der Verheiratung ihrer Töchter ihre Genehmigung nicht eingeholt worden war, bestand die Möglichkeit, daß die jemenitische Regierung juristisch die Illegalität unserer Ehen feststellen lassen konnte.

An diesen Strohhalm klammerte ich mich und glaubte, daß wir auf diese Weise herauskommen würden, denn ich war überzeugt davon, daß unsere Ehen nicht legal sein konnten. Etwas anderes war ja nicht möglich. Wir waren nie gefragt worden, hätten uns auch ganz gewiß niemals einverstanden erklärt, und wenn auch unsere Mum nichts davon wußte, dann konnten sie nicht rechtsgültig sein. Mum war jedoch sehr vorsichtig bei dem, was sie uns mitteilte, sie wollte keine unberechtigten Hoffnungen in uns wecken. Sie schien der Meinung zu sein, daß die Regierung des Jemen nicht viel Zeit auf die Überprüfung von ein paar illegalen Ehen in einem abgelegenen Dorf verwenden würde. Sie hatte auch Angst davor, daß Dad versuchen konnte, ihr Ashia und Tina wegzunehmen und mit ihnen genauso zu verfahren wie mit uns. Fremde Leute berichteten mir, daß Mum in der Zeit, in der wir keine Verbindung hatten, einen Nervenzusammenbruch gehabt hatte, daß der Druck, die Ängste und die Enttäuschungen ihre Seele offenbar gebrochen hatten. Als sie endlich unsere Briefe bekam, kehrte ihr Kampfgeist aber zurück.

Eines aber tat Mum *nicht*, nämlich zur Presse gehen und unseren Fall an die Öffentlichkeit bringen. In meinen Briefen beschwor ich sie immer wieder, genau das zu tun, die Öffentlichkeit wissen zu lassen, was uns widerfahren war. Einer oder zwei der alten Männer aus dem Dorf, die den blinden Alten in unserem Haus besuchten, sagten mir, ich sollte mir keine Sorgen machen. Die Mehrzahl von ihnen kannten die Briten, und wenn sie erführen, was geschehen war, würden sie dafür sorgen, daß die Regierung etwas unternahm. Ich deutete in meinen Briefen immer wieder an, daß sie es in die Zeitungen bringen sollte, aber sie schien nicht zu verstehen und versuchte weiterhin, alles allein zu machen. Ich war immer noch nicht so mutig, in den Briefen alles ganz offen auszusprechen, fürchtete, sie könnten doch in falsche Hände geraten.

Unser Briefwechsel funktionierte nun regelmäßig, obwohl es manchmal zwischen einzelnen Briefen eine Unterbrechung von einem oder zwei Monaten gab. Doch das war nichts verglichen mit den Jahren des Schweigens, die wir bereits durchlitten hatten. Mum schickte neue Familienfotos als Ersatz für die, die bei uns vernichtet worden waren. Ashia hatte inzwischen eine Tochter, von der ich noch nichts gewußt hatte. Abdul Khada besaß einen Fotoapparat und machte Aufnahmen von Nadja und mir, die ich Mum schickte. Ich glaube, er spekulierte darauf, daß unsere Behauptungen, wie Gefangene gehalten zu werden, angesichts solcher Gesten lächerlich wirken mußten. Seit Monaten gingen nun Briefe hin und her, die uns hoffen ließen, daß etwas geschehen würde und die unsere Ungeduld, den Jemen zu verlassen und zu unserer Familie zurückzukehren, nur noch vergrößerten.

KAPITEL 11

Besuch von zu Hause

Abdul Khada fuhr mit Abdullah nach England, damit der Junge medizinisch behandelt werden konnte, und während ihres Aufenthalts stellte er ihn Dad vor. Dad muß ganz bestürzt gewesen sein, als er sah, wie klein und mickrig Abdullah war. Alle Männer aus seinem Freundeskreis lachten über Abdullah und fragten Dad, wie er seine Tochter nur mit einem solchen Menschen verheiraten konnte. Dad wurde von seinen eigenen Freunden beschämt, von Leuten, die seine Handlungsweise niemals kritisiert hätten, wenn Abdullah wie andere Männer ausgesehen hätte. Dies alles erzählte mir Abdul Khada, als er auf dem Rückweg nach Saudi-Arabien noch einmal in Hockail Zwischenstation machte. Abdullah war in England geblieben, um seine Behandlung fortzusetzen.

Ich habe nie genau herausgefunden, worin diese Behandlung eigentlich bestand, doch Abdullah blieb neun Monate in England und mußte das Land dann verlassen, bevor er geheilt worden war, denn sein Visum war abgelaufen. Die Behörden wußten, daß er die mit dem Visum verbundene Aufenthaltserlaubnis überschritten hatte, und dies wurde auch in seiner Akte vermerkt. Dieser Umstand sorgte später für eine weitere Komplikation in unserem Leben.

Abdul Khada erzählte mir, daß er in England meine Mum angerufen und sich mit ihr bei Gowad, der zu der Zeit in Birmingham war, verabredet hatte. Bei dem Treffen stellte Mum ihm Fragen über mich und Nadja, und er antwortete ihr, daß ich verheiratet und glücklich sei. Er erzählte mir auch, daß er meine Schwestern kennengelernt hatte. Abdullah blieb nach seiner Rückkehr nur ein paar Wochen im Dorf, dann schickte ihn Abdul Khada per Schiff nach Saudi-Arabien, wo er ihm helfen sollte. Während seines Aufenthalts in England war er zwar ein paar Zentimeter gewachsen, sah aber noch genauso dünn und krank aus wie vor seiner Abreise. Die Behandlung schien ihm überhaupt nicht geholfen zu haben. Abdullahs Bruder Mohammed nahm Kontakt mit Abdul Khada auf und berichtete ihm, daß Abdullah in sehr schlechter Verfassung sei und in Saudi-Arabien behandelt werden müsse. Abdul Khada willigte ein, und Abdullah verließ den Jemen. Ich war immer erleichtert, wenn er fortging, obwohl ich ihm auch keine Beachtung schenkte, wenn er da war.

Kurze Zeit später hörte ich, daß er sich einer riskanten Operation unterziehen mußte. Mit seiner Herzschlagader stimmte irgend etwas nicht. Der Blutfluß war an einer Stelle behindert, und sie mußte durch eine künstliche ersetzt werden. Es hieß, er würde 24 Stunden unter Narkose sein. Abdul Khada sagte, daß die Überlebenschance des Jungen nur fünfzig zu fünfzig wäre. Ich betete, daß er auf dem Operationstisch sterben sollte, damit ich frei würde und das Land verlassen konnte. Als ich ein paar Tage später erfuhr, daß er überlebt hatte, war ich enttäuscht. Abdul Khada schickte Ward, die sich große Sorgen machte, ein Telegramm, um sie wissen zu lassen, daß alles gut verlaufen war, und ein paar Tage später kam er selbst, um es ihr noch einmal persönlich zu bestätigen.

Abdullah blieb noch mehrere Monate in Saudi Arabien, um sich zu erholen und seinem Vater im Restaurant zu helfen. Sobald er wieder zu Kräften gekommen war, schickte ihn Abdul Khada ins Dorf zurück in der Hoffnung, daß er nun imstande sei, mich zu schwängern. Sie alle hatten sich schon lange gefragt, warum ich nicht vorher schon schwanger geworden war, ich aber hatte auf ihr Gerede gar nicht geachtet. Sie glaubten, daß Abdullahs Krankheit daran schuld war, und das war sie wohl wirklich. Als er nach der Operation zurückkam, sah er viel besser aus und nahm auch endlich ein bißchen zu.

Ich wurde sofort schwanger; im Jahre 1985 blieb bei mir zum ersten Mal in meinem Leben eine Monatsblutung aus. Ich wußte sofort, was das bedeutet. Ich erzählte es Ward, und sie war überglücklich – alle freuten sich darüber. Ich fühlte mich nicht schlecht oder krank, ich wußte nur einfach, daß ich schwanger war.

Ich freute mich aber auch, denn Abdul Khada hatte mir immer versprochen, daß ich dann nach England gehen und das Kind dort bekommen dürfte. In den vergangenen Monaten hatte ich mein Möglichstes getan, um ihm den Eindruck zu vermitteln, daß ich mich schließlich doch mit allem abgefunden hatte und die Familie akzeptierte. Ich nahm inzwischen oft Zuflucht zur Lüge, um ihm so viel Vertrauen in mich einzuflößen, daß er mich mit Abdullah zur Entbindung nach Birmingham schicken würde.

Mohammed kehrte zur gleichen Zeit aus Saudi-Arabien zurück wie Abdullah, und Nadja wurde fast genau zur gleichen Zeit wie ich ein zweites Mal schwanger. Ihr Sohn Haney war inzwischen zwei Jahre alt.

Ward war zu mir nicht so gut wie Salama zu Nadja während ihrer Schwangerschaften. Die ganze Zeit über mußte ich genau die gleichen Arbeiten verrichten wie vorher. Es gab Tage, an denen ich glaubte, ich würde das nicht durchstehen, doch ich hatte keine andere Wahl, denn Bakela war zu der Zeit bei Mohammed in Ta'izz, und Ward weigerte sich, mir irgendeine Arbeit abzunehmen. Es war also niemand anders, der hätte Wasser holen, Essen machen, das Haus sauberhalten oder die Tiere versorgen können. Bakela hatte auch ein Kind bekommen, bevor sie aus Hockail weggegangen war, und ich beneidete sie darum, daß sie nicht im Dorf zu sein brauchte. Sie war am Ende doch in die moderne Welt entwischt, wenn auch nur nach Ta'izz. Sie hatte dieses Mal wieder einen Jungen bekommen, und er war krank, als er geboren war, zu klein und zu schwach, um beschnitten werden zu können. Er mußte nach Ta'izz gebracht und dort behandelt werden. Danach beschloß Mohammed, daß seine Frau in die Stadt kommen und dort mit ihm leben sollte. Ich hatte also nur noch Ward und die Alten um mich.

An manchen Tagen war ich sicher, daß ich den Alptraum bald überstanden haben würde, daß sie, wenn ich sie nur davon überzeugen konnte, eine gehorsame Schwiegertochter zu sein, mich zu Besuch nach England fahren lassen würden und ich ihnen dann entkommen konnte. An anderen Tagen wieder hatte ich keine Hoffnung mehr, daß sich je etwas ändern würde. Ich tat weiter die viele Arbeit, und Nadja, die von Salama nicht so eingeschränkt wurde, versuchte mir zu helfen. Fremde Frauen, die mich am Brunnen trafen, sahen empört, daß ich am Ende des achten Monats immer noch Wasser tragen mußte. Ich wurde sehr dick, eine enorme Belastung in der ungeheuren Hitze.

Im letzten Monat versuchte ich mich so oft es nur ging auszuruhen. Eines Nachmittags lag ich ein paar Minuten auf dem Bett, als ich Amina hörte, die uns vom Dach ihres Hauses am Fuß des Berges etwas heraufrief: Ein Paket von Mohammed aus Ta'izz sei angekommen, und wir beide sollten herunterkommen und es abholen. Ward war als erste unten, denn ich brauchte eine Weile, um vom Bett aufzustehen und über den Felshang nach unten zu klettern.

Als ich unten ankam, sah ich ein paar Leute aus dem Dorf, die sich flüsternd unterhielten. Irgend etwas ging hier vor, denn sie sahen mich, während sie miteinander sprachen, so merkwürdig an. Ich schaute zur Straße hinüber, dort war aber kein Land Rover, den man noch hätte sehen müssen, wenn er bloß ein Paket abgeliefert hätte.

Haola kam zu mir und sagte freundlich: »Zana, da hinten auf der Straße wartet deine Mum auf dich.«

Als ich bis zum nächsten Felsvorsprung gekommen war, fuhr ein Auto davon. Hinten am Straßenrand standen zwei Leute, eine Frau mit einer roten Bluse und ein junger Mann, den ich nicht erkannte. Seit langer Zeit sah ich zum ersten Mal wieder eine Frau, die ihr Haar nicht bedeckt hatte. Mit großen Augen und wild klopfendem Herzen stand ich da. Tränen strömten mir über die Wangen, und ich spürte in der Brust und in der Kehle, wie ich von Gefühlen überwältigt wurde, als ich zu ihnen hinstolperte und -taumelte. Mum erwartete mich mit ausgestreckten Armen am Straßenrand und sah mich nur an. Als ich bei ihr war, brachen wir beide in Schluchzen aus, und ich fiel ihr in die Arme. Mir kam es so vor, als klammerten wir uns stundenlang so aneinander. Die Frauen aus dem Dorf standen schweigend oben auf dem Felsen und starrten uns an.

Als ich mich schließlich aus ihren Armen löste, wies sie auf den Jungen neben ihr. »Sag guten Tag zu deinem Bruder«, sagte sie, und ich begriff, daß es Mo war. Von allein hätte ich ihn nicht erkannt, in den fünf Jahren hatte er sich sehr verändert. Nun fing auch er an zu weinen. Ich sah wieder Mum an und merkte, daß die Hitze ihr Schwierigkeiten machte.

»Komm«, sagte ich, »ich bring dich in den Schatten.«

Obwohl ich im neunten Monat schwanger war, ging ich den Weg so schnell hinauf, daß Mum nicht mit mir mithalten konnte und mich bitten mußte, langsamer zu gehen. Wir kamen vor Abdul Noors Haus an und setzten uns auf dem Steinpodest in den Schatten. Das gesamte Dorf schien sich hier versammelt zu haben, alle schauten auf uns. Ich wußte nicht, was ich sagen sollte.

Amina brach das Schweigen. »Da hast du nun deine Mum, Zana, wie ist das für dich?« Mir fiel keine Antwort ein. Ich fing an, sie mit Fragen zu bestürmen.

»Was ist passiert? Wie bist du überhaupt hierher gekommen? Kommst du uns abholen?«

»Laß mich ein wenig ausruhen, ich erkläre es dir dann«, sagte sie nur. »Wo ist das Haus?« Ich zeigte zur Spitze des Bergs, und sie wollte ihren Augen nicht trauen. »Da müssen wir hinauf?« brachte sie nur heraus.

Amina brachte ihr etwas Kaltes zu trinken, und sie ruhte sich aus. Ich war ungeduldig und wollte sie ins Haus hinaufbringen und endlich erfahren, was geschehen war. Ich war verzweifelt, wollte alles auf einmal hören.

Es dauerte ungefähr eine halbe Stunde, bis Mum auch den nächsten Berg geschafft hatte, und als sie oben ankam, brach sie genau vor dem Haus zusammen und hatte nicht einmal mehr die Kraft hineinzugehen.

Wenn ich gewußt hätte, daß sie kommt, hätte ich für sie wenigstens etwas Besonderes zu essen besorgt und einiges vorbereitet, damit sie es im Haus bequemer hatte. Für jemand aus England hatten wir nichts zu essen im Haus, nur das Mehl, an das ich mich inzwischen gewöhnt hatte. Mum konnte ich das nicht anbieten. Am meisten schienen sie die Fliegen aus der Fassung zu bringen, die sie umschwärmten und sich überall auf der Haut niederließen. Es war seltsam, wie ich das Haus nun wieder mit neuen Augen sah und mich daran erinnerte, wie fremd mir das alles bei meiner Ankunft hier vorgekommen war. Mir wurde klar, in welchem Maße ich mich an das alles schon gewöhnt hatte.

Haola brachte Mums Koffer und bot sich an, nach Aschube zu gehen und Nadja zu holen. Ich bat sie, Nadja in ihrem Zustand nicht zu erschrecken und nicht zu erwähnen, daß Mum hier sei, sondern ihr nur auszurichten, sie solle zu mir kommen.

Wir gingen in mein Zimmer, und Mum erzählte mir, was sich in der Zwischenzeit ereignet hatte. Sie hatte offenbar gleich nachdem wir aus unseren »Ferien« im Jemen nicht zurückgekehrt waren gespürt, daß irgend etwas nicht in Ordnung war, obwohl sie nichts Genaueres wußte. Fremde, die aus dem Jemen herüberkamen, versorgten sie mit Neuigkeiten über uns, und der eine oder andere Brief kam zu ihr durch. Als ihr klargeworden war, was Dad getan hatte, verließ sie ihn und zog mit Mo, Tina und Ashia aus dem Café aus. Ungefähr ein Jahr nach unserem Verschwinden hatte sie sich an Mr. Cantwell von der Genfer Hilfsorganisation gewandt, und er hatte versucht zu helfen.

Sie sagte, sie habe Angst davor, an die Öffentlichkeit zu gehen, es könnte die Jemeniten verärgern, und dann würden sie uns noch tiefer in den Bergen verstecken. Mr. Cantwell schrieb zahllose Briefe an die Regierung des Jemen und bat sie um Hilfe, nur einmal erhielt er eine Antwort, in der es hieß, daß man den Fall überprüfen wollte, ansonsten bewegte sich gar nichts. Mr. Cantwell berichtete Mum von seinen Nachforschungen, die ergeben hatten, daß das Gebiet, in das wir gebracht worden war, kartographisch nicht vollständig erfaßt war und daß die Regierung und die Polizeikräfte von Ta'izz vermutlich bestochen worden waren, um zu garantieren, daß niemand uns suchte. Jede ihrer Bemühungen, an Informationen über unseren Aufenthaltsort zu gelangen, führte in eine Sackgasse.

Dann wurde Mum bei einem Autounfall verletzt. Sie telefonierte gerade in einer öffentlichen Telefonzelle in der Nähe ihres Hauses in Birmingham, als ein Auto in die Telefonzelle hineinraste. Sie wurde schwer verletzt und mußte sofort operiert werden. Danach wurden ihr 6500 Pfund Schmerzensgeld angeboten. Sie hätte viel mehr bekommen können, wenn sie vor Gericht gegangen wäre, doch sie wollte das Geld sofort. Da offenbar niemand imstande gewesen war, uns ausfindig zu machen, hatte sie beschlossen, in den Jemen zu fliegen, Mo mitzunehmen und uns auf eigene Faust zu suchen. Sie berichtete Mr. Cantwell von ihrem Vorhaben und er riet ihr, sich, falls sie damit scheitern sollte, anschließend unbedingt an die Presse zu wenden, weil sie dann nichts mehr zu verlieren hätte. Den Autounfall hatte sie als glückliche Fügung betrachtet, die ihr das Geld für einen Besuch bei uns verschafft hatte. Sie hatte uns auch geschrieben, daß sie kommen würde, sobald das Geld da wäre, doch bis dahin vergingen drei Jahre.

Bei ihrer Ankunft im Jemen suchte sie mit Mo den britischen Vizekonsul, Mr. Colin Page, auf. Er war sehr grob und aggressiv und meinte, daß sie nur ihre Zeit verschwende, daß keine Hoffnung bestünde, uns aus dem Jemen herauszuholen. Sie könne ebensogut gleich nach England zurückfliegen. Er betonte auch noch einmal, daß wir das Land nur mit Erlaubnis unserer Ehemänner verlassen dürften. Als er wissen wollte, wie sie auf die Idee käme, uns finden zu können, nannte Mum ihm die Namen der Dörfer. Er hätte sie noch nie gehört und meinte, daß ihr die Namen nichts nützten, weil es von diesem Gebiet keine Karten gäbe.

Als sie sein Büro verließ, gab Mr. Page ihr den Rat, gut auf Mo aufzupassen, denn vielleicht wollten sie ihn auch in ihre Gewalt bringen.

Als ihr klar war, daß die Botschaft ihr nicht helfen würde, fuhr Mum mit einem Bus nach Ta'izz. Ich hatte ihr von Nasser Saleh, Abdul Khadas Vermittler, geschrieben und ihr geraten, sich an ihn zu wenden, falls sie herüberkäme. Mum besaß ein unscharfes Foto von Mohammed aus dem Jahr 1980, und sie wußte, daß er und Bakela mit den Kindern nun in Ta'izz lebten, wo er einen Job in der Butterfabrik hatte. Drei Tage lang irrte sie in der Stadt umher und fragte jeden, der Englisch sprach, ob er mit einem der Namen oder mit dem Foto etwas anfangen konnte oder von diesen Dörfern gehört hatte. Niemand konnte ihr helfen, doch schließlich erkannte jemand Nasser Salehs Namen und brachte sie zu ihm. Dieser ließ Mohammed zu sich holen.

Mohammed war zwar schockiert, dort Mum vorzufinden, aber er war auch so hilfsbereit wie möglich und versprach, für sie eine Fahrgelegenheit in die Mukbana zu organisieren. Er muß auch Abdul Khada in Saudi-Arabien angerufen haben, denn er bat Mum, ans Telefon zu kommen und mit ihm zu sprechen. Abdul Khada klang zornig und erschrocken. Er wollte wissen, was sie vorhatte und warnte sie davor, Ärger zu machen. Sie tat so, als wüßte sie nicht wovon er sprach, und sagte, daß sie nur gekommen wäre, um ihre Töchter zu besuchen. Er teilte ihr mit, daß er einen Brief von Dad erhalten hätte, in dem er ihn dazu ermächtigte, uns nach Marais in Aden zu schaffen, wenn sie Ärger machen würde.

Sie beruhigte ihn und hängte ein. Mohammed schämte sich wohl für das, was geschehen war, denn er beichtete Mum, daß Dad uns für 1300 Pfund an Abdul Khada und an Gowad verkauft hatte. Zum ersten Mal hörte sie das nun aus sicherer Quelle.

Sie erzählte mir auch, daß sie schon sehr früh entdeckt

hatte, daß unsere und ihre Briefe von Nasser Saleh abgefangen worden waren. Sie hatte die jemenitische Regierung darüber informiert, und Nasser Saleh war deswegen ins Gefängnis gekommen. Abdul Khada und Gowad mußten ihn freikaufen. Davon hatten wir nichts gewußt. Als sie ihn in Ta'izz aufgespürt hatte, erzählte er überall: »Das ist die Frau, die mir diese Schwierigkeiten gemacht hat.«

Sie blieb mit Mo über Nacht bei Mohammed, Bakela und den Kindern, und am nächsten Tag heuerte Mohammed ein Taxi an, das sie ins Dorf brachte. Als sie aus der Stadt hinausfuhren, waren Mum und Mo erschüttert über die kahle Einöde und die armseligen kleinen Hütten aus Stein und Dung. Auf sie wirkte es, als wäre eine Bombe gefallen, wie ein Alptraum.

Nachdem sie ihre Geschichte erzählt hatte, begann ich mit meiner und sah, wie entsetzt sie war. Damals war nicht die Zeit, jede Einzelheit zu schildern, ich umriß unser Leben nur in groben Zügen. Sie hatte nicht geahnt, wie schlimm es tatsächlich um uns stand, und sie hatte meine Andeutungen über eine Einschaltung der Presse nicht verstanden. Für sie war das alles überaus verwirrend.

Als ich hörte, daß Nadja aus Aschube angekommen war, ging ich hinaus, um erst einmal allein mit ihr zu sprechen und sie auf den Schock vorzubereiten, daß sie nach all den Jahren Mum wiedersehen würde. Sie reagierte wie ich und warf sich selig in Mums Arme. Haney war damals zwei Jahre alt und war vom Anblick seiner seltsam gekleideten Großmutter ziemlich verschreckt.

Ward schien Mums Eintreffen in ihrem Haus ohne eine Gefühlsregung zu akzeptieren. Sie hatte anscheinend gar nicht bemerkt, daß hier etwas Außergewöhnliches vorging und machte den Gästen etwas zu trinken.

Als ich Mum dort am Straßenrand erblickt hatte, glaubte ich, wir würden nun endlich nach Hause fahren. Doch bei unserem Gespräch merkte ich schnell, daß wir nicht sofort eine Chance haben würden, das Land zu verlassen. Ich spürte, daß sie noch nicht genug getan oder nicht mit den richtigen Leuten gesprochen hatte. Ich riet ihr, zurück nach England zu fahren, zur Presse zu gehen und Lärm zu schlagen, um Hilfe zu erlangen.

Wir waren uns darüber im klaren, daß sie für das, was uns widerfahren war, Beweise vorlegen mußte, und ich schlug vor, ein Band zu besprechen, das sie Mr. Cantwell in Genf schicken und Journalisten vorspielen konnte. Dieses Mal würde ich meine eigenen Worte aufnehmen und die ganze Wahrheit schildern.

Mein Kassettengerät besaß ich immer noch, und deshalb ging ich allein aufs Dach und sprach auf das Band eine Bitte um Hilfe an Mr. Cantwell. Es war nicht einfach, frei ins Mikrofon zu sprechen, ich wußte nicht, wo ich anfangen sollte und hatte Schwierigkeiten, die richtigen englischen Worte zu finden. Während ich sprach, kamen mir immer wieder die Tränen und ich mußte abschalten und über die Berge schauen, bis ich mich soweit beruhigt hatte, daß ich weitermachen konnte. Ich brauchte Stunden, aber schließlich gelang es mir, das Band fertigzustellen, und ich brachte es Mum. Ich bat sie, es sich nicht anzuhören, weil ich wußte, daß meine Schilderungen der Schläge, die ich von Abdul Khada bekommen hatte, sie zu sehr quälen würden. Sie sollte das Band nur einpacken und mitnehmen.

Sie blieb zwei Wochen bei uns, teils bei mir, teils bei Nadja. Da ich wußte, wie sie sich aufregen würde, wenn sie sah, wie schwer ich arbeiten mußte, wollte ich es vor ihr verbergen, aber das gelang mir nicht ganz. Ich mußte immer noch Wasser vom Brunnen holen, und wir brauchten sogar noch mehr, seitdem sie da war, weil sie ständig schwitzte und sich immerzu waschen wollte.

Sie wollte nirgendwohin gehen und sich nichts anschauen, sie wollte nur bei mir und Nadja im Haus bleiben. Alle Frauen aus dem Dorf wollten sie sehen, und das Haus war immer voll, solange sie da war. Sie konnte sich nicht daran gewöhnen, daß alle Leute Qat kauten und dann im Beisein anderer einfach ausspuckten. Einige Frauen waren von sehr weit gekommen, nur um sie zu sehen, und sie zu bemitleiden, daß sie ihre Töchter auf diese Weise verloren hatte.

Was man uns angetan hatte, machte Mo so zornig, daß er alle umbringen wollte, vor allem Dad und Abdul Khada.

Ich mußte noch häufiger als sonst ins Dorf gehen, um frische Lebensmittel für sie zu holen. Als Mum bei mir war, erlaubte Salama Nadja, bei uns zu wohnen, aber als Mum in der zweiten Woche zu Nadja ging, durfte ich sie nicht begleiten.

Mum wurde ständig von den Fliegen und Moskitos gepeinigt; alles, woran Nadja und ich uns in den letzten fünf oder sechs Jahren allmählich gewöhnt hatten, war ein Alptraum für sie. Wir konnten ihr den neuen Raum auf dem Dach als Zimmer anbieten, und ich hatte gehofft, daß sie es dort bequemer haben würde, aber es war genauso schlimm. Ihr war ständig übel, und Mo bekam von den Moskitostichen am ganzen Körper Hautausschlag. Nach zwei Wochen hielten Nadja und ich der Anspannung nicht mehr stand. »Je eher du fährst, Mum«, sagte ich, »desto schneller kommen wir hier raus. Mach dir um uns keine Sorgen, wir haben so lange gewartet und können auch noch ein bißchen länger warten, bis du etwas arrangiert hast.« Jetzt nach England zurückzufahren sei für sie zwar ein Eingeständnis ihrer Ratlosigkeit, sagte sie, mußte aber zugeben, daß es das beste war, dort noch mehr Leute um Hilfe zu bitten.

Über Aminas Schwiegersohn besorgten wir ihr ein Taxi, und ich begleitete sie auf dem Gebirgspfad bis zur Straße. Nadja sagte, daß sie den Trennungsschmerz nicht aushalten könne und hatte sich deshalb bereits am Abend zuvor von ihnen verabschiedet.

Als wir zur Straße kamen, sprach mir Mum noch einmal Mut zu. Sie wollte für die Veröffentlichung des Tonbands sorgen. Ich brachte die beiden zum Auto, verabschiedete mich schnell und ging den ganzen Weg bis in mein Zimmer zurück, ohne mich noch einmal umzudrehen. Ich hatte Angst, daß mir das Herz brechen würde, wenn ich mich umwandte und das Auto mit meiner Mum in die Ödnis fahren sähe.

Völlig erschöpft ließ ich mich in meinem Zimmer aufs Bett fallen, und meine Gefühle entluden sich in Schluchzen und wahren Tränenströmen.

Abdul Khada mochte uns nicht trauen, wenn wir mit Mum im Dorf zusammen waren, und so kam er aus Saudi-Arabien angereist, um sich zu vergewissern, daß nichts Gefährliches vorging. Er hatte damit gerechnet, daß Mum mehrere Monate bleiben würde und war überrascht zu erfahren, daß sie bereits in Ta'izz ihren Rückflug vorbereitete. Er suchte sie in der Stadt auf, und ein Gespräch mit ihr und ihre Absicht, schon bald nach England zurückzufliegen, überzeugten ihn davon, daß sie etwas zu unserer Rettung unternehmen wollte. Er sagte ihr, daß sie sich das aus dem Kopf schlagen sollte, daß sie nichts für uns tun könnte, sondern uns in Ruhe lassen sollte. Mum ließ ihn reden.

An diesem Abend kam er gemeinsam mit Mohammed nach Hockail zurück, er kochte bereits vor Zorn und war sicher, daß man ihn betrog. Er wollte ganz genau wissen, was wir Mum erzählt hatten und was vorging.

»Nichts«, erwiderte ich. »Es geht dich nichts mehr an.« Mehr hätte ich gar nicht sagen sollen, aber ich konnte mich nicht beherrschen, ich war so sicher, daß wir schließlich doch aus dem Jemen herauskommen würden. »Ich bleibe nicht länger hier, ich fahre jetzt nach Hause.«

Er schug mir mit der Hand ins Gesicht. »Dein Glück, daß du das Kind in dir trägst«, schrie er, »ich würde sonst viel fester zuschlagen.«

»Wenn deine Mum dich wiederhaben will«, erklärte mir Mohammed »muß sie für dich bezahlen, so wie wir es mußten. So ist das Gesetz in diesem Land.« Ich achtete nicht auf ihn, und sie redeten weiter auf mich ein.

Als der Zeitpunkt der Entbindung näherrückte, wurde mir klar, daß mich Abdul Khada auf keinen Fall nach England fahren lassen würde. Mums Besuch hatte zur Folge, daß er mir nun natürlich nicht mehr vertraute. Ich mußte mich der beängstigenden Tatsache stellen, daß ich mein Kind im Dorf zur Welt bringen mußte, so wie Nadja und Bakela auch.

Als ich zwei Tage später allein im Haus war, platzte meine Fruchtblase. Ich war bestürzt darüber, wieviel Wasser das war. Da ich schon angezogen war, mußte ich die Hose wechseln und brachte die durchnäßte zum Waschen aufs Dach. Plötzlich spürte ich quälende Schmerzen im Rücken, und dann stellte ich fest, daß ich, ohne es zu merken, auch die zweite Hose durchnäßt hatte. Ich hatte keine Ahnung, was als nächstes passieren würde, mir war aber klar, daß wir für den Tag Wasservorräte brauchten, und ich machte mich auf den Weg zum Brunnen. Als ich mit dem Wasser auf dem Kopf zurückkam, wurden die Schmerzen unerträglich und ich ging wieder aufs Dach und legte mich hin.

Ward kam heraus, fand mich dort allein und fragte, was los sei. Ich sagte ihr, daß ich starke Schmerzen hätte und die Fruchtblase geplatzt sei. Sie rief Abdul Khada, und dann brachten sie mich nach unten in mein Zimmer. Ich hatte große Angst vor dem, was nun geschehen würde, obwohl die Schmerzen, verglichen mit dem, was ich seit meiner Ankunft im Jemen durchgemacht hatte, nicht so schlimm waren.

Die Schmerzen nahmen allmählich zu, und ich fing an zu weinen. Saida kam ins Zimmer und tröstete mich, und Ward war auch da. Ich konnte nicht stillsitzen und lief ständig im Zimmer herum. Da es inzwischen ungefähr zehn Uhr abends war, brannte die qualmende Petroleumlampe. Nach Mitternacht legte ich mich auf den Boden, ich konnte nicht mehr herumgehen. Die Wehen setzen gegen zwei Uhr nachts ein. Ward war eingeschlafen. Ich weckte sie und sagte ihr, daß das Baby nun kommen würde. Sie erwiderte, ich sollte nicht so dumm sein, das Baby würde frühestens am nächsten Tag kommen, ich sollte mit dem Getue aufhören. Ich fühlte, daß sie sich irrte. Ich stritt mich aber nicht mit ihr, sondern zog mir nur die Hose aus und preßte weiter. Sie sah bald ein, daß ich es ernst meinte, stand auf, ging im Zimmer herum und blieb dann zu meinen Füßen stehen, um zu beobachten, was passieren würde.

Saida, die alte Frau, band ein Seil am Fenster an und gab mir das andere Ende zum Festhalten. Ich wollte immer wieder die Beine schließen, und Ward wurde zornig und schrie mich an, sie zu öffnen. Als der Kopf des Babys heraustrat, schrie ich vor Schmerz auf. Ward ging in die Hocke und sah zu. Das Baby kam heraus, und ich wartete darauf, daß Ward es hochnehmen, die Nabelschnur durchschneiden und es mir zeigen würde, so wie sie es bei Bakela gemacht hatte. Aber sie blieb hocken und machte irgend etwas zwischen meinen Beinen, und ich hatte keine Ahnung, was. Sie rief Abdul Khada zu, er solle eine Taschenlampe holen und sie ihr halten, weil sie bei dem Licht nicht genug sehen konnte.

»Was machst du denn?« schrie ich.

»Die Nabelschnur hat sich um den Hals gewickelt«, erwiderte sie, ohne aufzuschauen. »Ich wickel sie ab.« Ein paar Sekunden später befreite sie das Baby, trennte die Nabelschnur durch, und gab dem Baby einen Klaps, damit es schrie. Es war ein Junge.

Abdul Khada war hocherfreut. »Na also«, sagte er, »wir haben unser Souvenir. Jetzt brauchen wir dich nicht mehr. Du kannst nach England zurück.« Er lachte, und ich wußte, daß er mich verhöhnte. Er hatte weiterhin nicht die Absicht, mich gehen zu lassen. Wenn ich überzeugt davon gewesen wäre, daß er es ernst meinte, wäre ich auf der Stelle gegangen.

Ward richtete mir den Platz auf dem Fußboden neu. Ich konnte mich nicht bewegen. Die Nachgeburt war nicht herausgekommen, aber davon verstand ich nichts. Als es hell wurde, befahl mir Ward aufzustehen. Sie band einen Strick ans Ende der Nabelschnur, die immer noch aus mir heraushing, und band sie mir am Bein fest. Ich erfuhr, daß das die Frauen immer tun, weil sie befürchten, daß die Nabelschnur sonst wieder hineinwandern und die Nachgeburt nie herauskommen würde. Ich mußte so stehenbleiben, und wir warteten darauf, daß sie herauskäme. Vor Müdigkeit war ich ganz benommen und schwach, und die Beine knickten mir weg, doch die Frauen zwangen mich immer wieder nach oben. Schließlich konnte ich wirklich nicht mehr stehen und mußte mich hinlegen. Ward ging ins Dorf, eine Frau zu holen, die bei der Nachgeburt helfen sollte. Inzwischen waren auch Amina und Haola zum Helfen gekommen.

Die Frau aus dem Dorf traf ein und ließ mich wieder aufstehen. Dann begann sie auf meinem Bauch herumzudrükken. Dieser Schmerz war noch schlimmer als die Geburt selbst, sie wollte die Nachgeburt unbedingt herausholen und preßte deshalb ihre Hände fest in meinen Bauch. Sie schien beunruhigt, weil sie nicht kommen wollte, und ich geriet in Panik. Nach einer halben Stunde schrecklicher Qualen rutschte sie schließlich doch heraus. Es war eine größere Erleichterung als die eigentliche Geburt. Ich fühlte mich plötzlich sauber.

Die Frau badete und wusch mich und auch das Baby. Abdul Khada brachte mir etwas zu essen, aber ich war zu schwach, ich schlief ein. Das nächste, an das ich mich erinnere, ist Ward, die mich weckte und mir sagte, ich müßte das Baby stillen. Ich hatte nicht viel Milch, aber ich stillte es, so gut ich konnte.

Ward half mir in keiner Weise, sie kehrte nicht einmal mein Zimmer aus, und am dritten Tag hatte sich so viel Staub angesammelt, daß ich es nicht mehr aushielt und aufstand und selbst fegte, und dann nahm ich auch meine anderen Arbeiten wieder auf. Ein Baby zu versorgen ist viel schwieriger, wenn man kein einziges der modernen Hilfsmittel zur Verfügung hat, keines der Dinge, die in England selbstverständlich sind. Wir hatten zum Beispiel keine Windeln, so mußten wir die Babys den ganzen Tag lang saubermachen und waschen, wenn sie sich naß gemacht oder beschmutzt hatten. Sobald sie feste Nahrung zu sich nehmen konnten, mußten wir ihnen in Milch eingeweichte Tschapatisstücke füttern. Wenn Abdul Khada aus Saudi-Arabien nach Hause kam, brachte er mir manchmal aber auch Babynahrung in Gläsern mit. Kinder großzuziehen ist überall auf der Welt schwer, aber es ist zehnmal schwerer, wenn man es ganz allein und ohne die modernen Hilfsmittel schaffen muß und zur gleichen Zeit noch die übrige traditionelle Frauenarbeit auf einem lastet.

Sie wollten das Baby Mohammed nennen, aber ich wollte einen englischer klingenden Namen und nannte ihn deshalb Marcus. Als sie mir meinen Sohn zum ersten Mal gaben, war mir klar, daß ich ihn zurücklassen mußte, wenn ich nach England ging. Ich wußte, daß sie mir nicht erlauben würden, ihn mitzunehmen. Das hielt mich zwar nicht davon ab, ihn zu lieben, aber ich wußte, daß er mir niemals wirklich gehören würde.

KAPITEL 12

Irgend jemand denkt an uns

Marcus wurde am 8. Mai 1986 geboren. Es war beinahe so, als ob er gewußt hätte, daß ich ihn eines Tages würde verlassen müssen. Er klammerte sich ständig an mir fest, aber er hatte ja auch keinen anderen Menschen. Im Haus waren außer mir und Ward nur die beiden alten Leute, und deshalb wich er nicht von meiner Seite, auch dann nicht, wenn ich ins Dorf zum Einkaufen ging. Ich tat mein Bestes, um ihm eine gute Mutter zu sein. Er war auch ein liebes Kind und weinte, solange ich in seiner Nähe war und ihn in die Arme nehmen konnte, nur selten.

Schon nach wenigen Wochen hatte ich keine Milch mehr, und Abdul Khada brachte mir aus Ta'izz Trockenmilch mit. Die ersten Tage vertrug Marcus sie überhaupt nicht und erbrach sich nach jedem Füttern, dann aber gewöhnte er sich doch daran.

Abdul Khada hatte seinen Enkel sofort ins Herz geschlossen und schickte mir für Marcus aus Saudi-Arabien Kleidung. Er glaubte wohl, daß er mich schließlich doch besiegt hätte und daß ich nun, wo Marcus da war, niemals nach England zurückkehren würde. Ich äußerte mich dazu nicht, hielt aber an meinem Entschluß fest: Ich mußte einfach wieder nach Hause kommen. Ich war erleichtert, daß das Kind ein Junge war, denn ich wußte, daß es ihm, auch wenn ich fort war, noch gut gehen würde. Wäre es ein Mädchen gewesen, hätte ich Angst gehabt um seine Zukunft, in der ich es nicht mehr würde beschützen können.

Ungefähr einen Monat nach Marcus' Geburt erhielt ich einen großen Brief aus England, auf dessen Umschlag »Herzlichen Glückwunsch zum Geburtstag« stand. Er mußte von Mum sein, und deshalb ließ ich Nadja holen, um ihn gemeinsam mit ihr zu öffnen. Wir fanden zwei Formulare zur Beantragung britischer Pässe darin. Wir wußten in diesem Stadium nichts von Mums Plänen, füllten die Papiere aber aus und schickten sie über den Arzt an sie zurück. Mum hatte für unsere Rückantwort bereits einen großen Umschlag beigelegt, den wir mit der Aufschrift »Herzlichen Glückwunsch zum 16. Geburtstag« an unsere Schwester in England adressierten. Wir waren in bester Stimmung und lachten übermütig, als wir die Formulare ausfüllten; endlich schien sich etwas zu bewegen.

Der Brief kam durch, Mum bestätigte, daß sie die Formulare erhalten hatte und alles gut klappte. Es sah so aus, als würden wir doch etwas erreichen. Wir mußten nun nur noch warten und hoffen. Dann aber fiel Mum ein, daß wir für die Pässe neue Paßbilder benötigten, und sie fragte uns, ob wir nach Ta'izz fahren könnten, um die Aufnahmen machen zu lassen. Mir war unerklärlich, wie sie, nachdem sie mit eigenen Augen gesehen hatte, wie man uns im Dorf festhielt, annehmen konnte, daß wir einfach nach Ta'izz fahren dürften, wenn wir Lust dazu hatten. Plötzlich schien alles, was wir bisher unternommen hatten, wieder völlig umsonst gewesen zu sein.

Nadja bekam ihr zweites Baby Tina ein paar Wochen nach Marcus' Geburt, doch dieses Mal ging es nicht so glatt wie bei ihrer ersten Entbindung. Wie damals erfuhr ich erst davon, als alles schon vorbei war. Am Morgen nach der Geburt ging ich nach Aschube. Als ich ins Haus kam, schaute ich mich nach dem neuen Baby um und sah eins, das wie ein sechs Monate alter Säugling aussah. Das Mädchen hatte lange schwarze Haare und schien mich unverwandt anzustarren.

»Wo ist dein Baby?« fragte ich.

»Das ist es doch«, erwiderte Nadja.

Ich war bestürzt. »Wie hast du es geschafft, ein solches Riesenbaby zur Welt zu bringen?«

Sie berichtete mir, daß die Wehen drei Tage gedauert hätten – und niemand war gekommen und hatte mich informiert! Ich glaube, das hatte Nadja selbst veranlaßt, weil sie wußte, welche Sorgen ich mir machen würde. Am dritten Tag hatte sie angefangen zu pressen, und das ging sechs Stunden so, aber das Baby wollte nicht kommen. Sie hatte die ganze Zeit geschrien, und die anderen Frauen sagten, sie hätten damit gerechnet, daß Nadja sterben würde. Keine hatte geglaubt, daß sie eine so schreckliche Geburt überstehen würde. Alle hatten Angst.

Nach sechs Stunden kam eine alte Frau aus dem Dorf. Sie war eine der Frauen, die die Mädchen beschnitten. Als sie sah, wie verzweifelt Nadja sich abmühte, nahm sie eine Rasierklinge und schnitt, ohne sie vorher auch nur zu waschen, Nadja damit auf. Im gleichen Augenblick kam das Baby frei und wurde geboren.

Die Frau erklärte, daß sie schnell handeln mußte, denn sonst wären entweder die Mutter oder das Baby gestorben. Ich fragte Nadja, wie es ihr ginge, und sie klagte über große Schmerzen. Sie bekam weder einen Arzt zu sehen noch wurde sie medizinisch behandelt. Als es so aussah, als ob Nadja sterben würde, waren die Frauen einen Arzt holen gegangen, der am anderen Ende von Aschube wohnte. Doch als er eintraf, hatte die alte Frau dem Baby bereits durch den Schnitt ins Leben verholfen und so ging der Arzt wieder, ohne Nadja zu untersuchen. Der Arzt, der unsere Briefe besorgte, hätte ihr sicher leicht helfen können, aber die Frauen hätten es nicht erlaubt, daß ein Mann aus dem Dorf zu einer Frau in einer so heiklen Situation kam.

Eine Frau aus dem Dorf, die sogar eine Cousine des Arztes war, hatte einmal eine Steißgeburt gehabt, bei der das Baby nur mit den Beinen herausgekommen und dann gestorben war. Man hatte den Arzt schließlich doch benachrichtigt, und er rannte zu dem Haus, doch es war bereits zu spät. Er fragte seine Cousine und die Frauen, warum sie ihn nicht schon viel früher geholt hätten, denn dann hätte er das Leben des Kindes noch retten können. Sie antworteten, daß sie sich zu sehr geschämt hätten, einen Mann in einer solchen Angelegenheit um Hilfe zu bitten.

Wenn ich den Arzt aufsuchte, stellte ich ihm immer Fragen, und er bemühte sich jedes Mal um eine aufrichtige Antwort. Er war wohl sehr schüchtern und war es nicht gewöhnt, mit Frauen aus dem Dorf über persönliche Dinge zu sprechen. Als ich ihn fragte, was mit mir nicht in Ordnung sei und warum ich solche Schmerzen in der Brust bekäme, sagte er mir, das sei Stress, und deswegen bekäme ich auch die Tabletten.

Sie beschnitten Tina, Nadjas neues Baby, am vierten Tag, wie es bei Mädchen traditionell üblich ist, obwohl sie es bei Jungen, wenn sie kräftig und gesund sind, erst am siebten Tag machen.

Kurze Zeit später wurde Marcus krank. Er fing an zu weinen und hörte einfach nicht wieder auf. Er erbrach sich und nahm keine Nahrung an. Ich wußte nicht, was ich tun sollte, denn der Arzt war wieder auf Reisen. 48 Stunden lang weinte Marcus ununterbrochen. Ich hatte ihn die ganze Zeit bei mir, und kein Mensch nahm tagsüber von uns Notiz. Nachts aber kam Ward herein und beschuldigte mich, den Jungen zu quälen und ihn dadurch wachzuhalten und unglücklich zu machen. Ich befahl ihr, aus meinem Zimmer zu verschwinden und uns in Ruhe zu lassen. Ich konnte nichts anderes tun als ihn halten und zu trösten versuchen. Ich bekam große Angst um ihn, und je müder ich wurde, desto mehr wuchs auch meine Verzweiflung.

Am dritten schlaflosen Tag hielt ich es nicht mehr aus. Abdul Noor war zu der Zeit zu Hause. Ich ging zu ihm und sagte ihm, daß ich Marcus ins Krankenhaus bringen müßte. Wenn er mir nicht helfen würde, würde ich ein Auto mieten und allein fahren. Ich bezweifle, daß mich irgendjemand mitgenommen hätte, aber ich sagte es trotzdem, damit ihm klar wurde, daß ich mich nicht davon abbringen lassen würde. Er willigte ein, mich zu begleiten.

Am folgenden Morgen fuhren wir ganz früh mit Marcus,

der immer noch weinte, nach Ta'izz. Abdul Noor wußte von einem Kinderkrankenhaus, und wir gingen direkt dort hin. Als wir hineinkamen, schlug uns eine Welle von Lärm entgegen, weinend, schreiend, stöhnend warteten die Kinder auf ihre Untersuchung. Auf zahllosen Bankreihen saßen Mütter und Väter, die ihre Kinder im Arm hielten und hilflos und verzweifelt aussahen. Wir setzten uns zu ihnen auf eine Holzbank. Ein paar der Kinder waren nach Autounfällen schwer verletzt und bluteten oder hatten schlimme Verbrennungen, doch auch sie mußten warten, bis sie an der Reihe waren. Marcus und ich saßen stundenlang dort, und Abdul Noor irrte durch das Krankenhaus um jemanden aufzutreiben, der uns drannahm, aber es war umsonst. Marcus hörte die ganze Zeit nicht auf zu weinen. Ich dachte, wir würden nie in ein Behandlungszimmer kommen.

Schließlich sprachen wir mit einem Arzt, der sich zwar anhörte, was ich sagte, mir jedoch nichts erklärte. Er händigte mir Medizin aus, die ich Marcus geben sollte. Mehr sagte er nicht, und da er offenbar schon den nächsten Patienten untersuchen wollte, blieb uns nichts anderes übrig, als zu gehen. Wir stiegen sofort wieder ins Taxi ein und fuhren ins Dorf zurück.

Ich gab Marcus die Medizin, und es ging ihm dann ein wenig besser, zumindest hörte er auf zu weinen, aber er blieb weiter ein kränkliches Kind, wollte nichts essen und blieb dünn und schwach. Ward erzählte mir immer wieder, daß sein Vater in diesem Alter genauso gewesen sei, und ich haßte die Vorstellung, daß Marcus wie Abdullah werden könnte.

Einige Monate vor Tinas Geburt waren Gerüchte aufgetaucht, daß Salama, Nadjas Schwiegermutter, zu Gowad nach England fahren würde. Gowad hatte sich zwei Jahre lang darum bemüht, ihr ein Reisevisum zu beschaffen, und nun hatte sie ein gesundheitliches Problem und mußte sich in England behandeln lassen. Salama drängte darauf, nach England zu fahren und klagte immer, wie sehr Gowad ihr fehle, zu der Zeit hatte sie ihn seit vier Jahren nicht gesehen. Sie versicherte Nadja, daß sie sie nicht alleinlassen wolle, sowie es ihr besser gehe, werde sie zurückkommen.

Aus dem Gerücht wurde plötzlich Realität, und Salama fuhr ab. Gowad schrieb Nadja, daß sie sich keine Sorgen machen sollte und daß Salama in Kürze zurückkommen würde. Aber Nadja blieb ganz allein im Haus, war mit Tina schwanger und mußte sich um Haney und dazu noch um Salamas zwei Kinder kümmern, die zu der Zeit neun und vier Jahre alt waren. Nadja konnte wunderbar mit Kindern umgehen, trotzdem war es eine große Belastung für sie. Die Frauen aus dem Dorf halfen ihr, wo sie nur konnten, sie holten Wasser und kümmerten sich um das Baby. Meist mußte sie jedoch ganz allein zurechtkommen. Das kleine Mädchen, Madschida, war lieb, aber der neun Jahre alte Junge, Schiab, war schrecklich. Er war ständig ungezogen und hörte nicht auf sie, er half ihr nie bei der Arbeit mit den anderen Kindern oder beim Saubermachen des Hauses, und er biß sie sogar, wenn sie ihn ausschimpfte.

Ich wollte ihr gerne helfen, aber Ward erlaubte mir immer seltener, Nadja zu besuchen. Sie war der Meinung, ich vernachlässigte meine häusliche Arbeit und berichtete Abdul Khada alles haarklein in Briefen, die sie sich von Fremden schreiben ließ. Einmal verbot er mir monatelang, nach Aschube zu gehen. Er drohte mir in den Briefen, daß ich ihm ja gehorchen sollte, und ich hatte Angst davor, wieder geschlagen zu werden, wenn er nach Hause kam, und schämte mich bei dem Gedanken, daß andere Leute von den Schlägen wußten. Deshalb sah ich Nadja nur, wenn sie mich besuchen konnte. Ihre Besuche wurden immer seltener, weil sie mit den vielen Kindern überfordert war. Nach einiger Zeit gab Abdul Khada ein wenig nach und erlaubte mir, einmal im Monat zu ihr zu gehen, aber eine große Hilfe konnte ich ihr dadurch nicht sein. Wir mußten nun noch schwerer schuften als je zuvor und waren noch mehr zu Sklavinnen geworden. Es war so, als sei Mum nie bei uns gewesen: wir saßen weiter hilflos in der Falle.

Gowad hielt Nadja brieflich über Salamas Zustand auf dem laufenden, sagte ihr aber nicht die Wahrheit. Er schrieb ihr, daß Salama bald in den Jemen zurückkehren würde und daß Nadja und Mohammed mit den Kindern nach England kommen könnten. Zu der Zeit pendelte Mohammed immer noch zwischen dem Dorf und Saudi-Arabien hin und her, blieb ein Jahr dort und kam dann für ein paar Monate nach Hause. Zumindest wenn er zu Hause war, konnte er Schiab, seinen kleinen Bruder, ein wenig im Zaum halten, und das brauchte Nadja mehr als alles andere.

Anfangs glaubte Nadja wohl an Gowads England-Versprechungen, doch als die Monate verstrichen, wurde offensichtlich, daß Salama nicht in den Jemen zurückkehren und daß Nadja nirgendwohin fahren würde. Ich durchschaute bald, daß es Gowad nur darum ging, Salama ebenfalls einen britischen Paß zu verschaffen, und daß er nicht die Absicht hatte, seine Versprechungen Nadja gegenüber zu halten.

Als Salama noch da war, hatte Nadja ihr ziemlich nahegestanden, und als sie nun endlich begriff, was gespielt wurde, fühlte sie sich betrogen und haßte Salama und Gowad für das, was sie ihr angetan hatten. Mit Geld hielten sie sie immer knapp. An manchen Tagen weinte sie, weil sie ihr kein Geld für Lebensmittel geschickt hatten und sie nicht wußte, was sie tun sollte. Sie mußte sich im Dorf Geld und Nahrungsmittel leihen, um die Kinder zu versorgen. Ich gab ihr den Rat, im Laden anschreiben zu lassen und es ihnen zu überlassen, die Schulden zu begleichen. Der Vorschlag gefiel ihr nicht, doch am Ende mußte sie ihn annehmen. Die Ladenbesitzer hatten nichts dagegen, sie kannten die Situation. Wie ihre Nachbarin begann auch sie mit der Nähmaschine für andere Leute Kleider zu nähen und ließ sich für diese Arbeit bezahlen. Es gab nicht eine Sekunde, in der sie nicht gearbeitet hätte.

Freunde, die auch nach Saudi-Arabien fuhren, redeten Mohammed ins Gewissen, weil seine Frau sich so mühsam durchschlagen mußte, und von da ab schickte er ihr mehr

Geld. Viel mehr konnte er nicht tun, denn er konnte ja weder seine Mutter zur Rückkehr zwingen noch seinen Vater dazu überreden, Nadja das Leben zu erleichtern.

Mohammed war ein besserer Ehemann und Vater als Abdullah. Als Abdullah aus Saudi-Arabien zurückkam und unseren Sohn zum ersten Mal sah, zeigte er keinerlei Interesse. Vielleicht dachte er, daß Marcus ihm ja aufgezwungen worden war, so wie ich auch. Er hatte jedenfalls nie Lust, bei uns im Haus zu bleiben, er wollte immer nur draußen sein. Er war ja selber noch eher wie ein Kind. Nicht daß ich ihn in meiner Nähe hätte haben wollen. Je mehr Zeit er fern von mir verbrachte, desto besser, was mich betraf. Ich haßte ihn so sehr, daß ich ihn gar nicht beachtete, wenn er nach Hause kam. Ich schlief mit ihm, wenn er es verlangte, nahm ihn ansonsten aber nicht zur Kenntnis.

Marcus war ein knappes Jahr, als mein Bruder Ahmed aus Marais überraschend bei uns aufkreuzte. Seit dem Besuch in Aden am Tag vor Nadjas vereinbarter Ankunft im Jemen sah ich ihn nun zum ersten Mal wieder. Weder Abdul Khada noch Abdullah waren im Land, als er ankam. Ich saß in meinem Zimmer, und Ward rief mich nach unten. Sie stand vor dem Haus. Ich ging hinaus und sah einen Mann neben ihr, den ich nicht kannte.

»Hallo«, sagte er. »Ich bin dein Bruder Ahmed.«

Ich mußte inzwischen seelisch völlig ausgebrannt sein, denn ich fühlte überhaupt nichts bei dieser Begegnung. Trotzdem umarmte ich ihn, um ihm zu zeigen, daß ich mich freute, ihn zu sehen, und bat ihn ins Haus. Er hatte kein Gepäck dabei, nur die Sachen, die er auf dem Leibe trug, und eine kleine Tasche mit einem Hemd zum Wechseln.

Er folgte mir nach oben. Wir setzten uns und fingen an einander Fragen zu stellen. Ich erzählte ihm unsere Geschichte, und er war empört. Er sagte mir, daß er damals in Marais nicht geahnt habe, was vorging, denn sonst hätte er versucht, etwas dagegen zu unternehmen. Ich schilderte ihm noch einige Einzelheiten aus meinem unglücklichen Schicksal, und er weinte aus Mitleid mit mir. Dann erzählte er mir mehr von unserer Schwester Leilah.

Nachdem Dad sie im Jemen zurückgelassen hatte, wuchsen die beiden miteinander auf, bis Leilah im Alter von zehn Jahren zum ersten Mal verheiratet wurde. Sie gewann ihren Ehemann schließlich lieb und lebte ein paar Jahre mit ihm zusammen. Doch dann ging er zur Armee und wurde bei einem Kampfeinsatz getötet. Die Familie zwang sie, ein zweites Mal zu heiraten, einen Mann, den sie nicht mochte. Ihr neuer Mann war grob zu ihr und schlug sie. Er brachte sie nach Aden, sie hatte inzwischen drei Kinder und war mit dem vierten schwanger. Ahmed hatte sie seit Jahren nicht gesehen, aber durch andere Leute etwas von ihr gehört. Leilah muß wie ich eine Kämpfernatur sein – vielleicht liegt das an Mums Blut in uns –, denn sie war nicht bereit, sich alles gefallen zu lassen, was dieser Mann ihr antat.

In Aden, erzählte mir Ahmed, haben die Frauen das Recht, ihren Ehemann vor Gericht zu bringen, wenn sie sich ungerecht behandelt fühlen. Leilah tat das, und das Gericht drohte ihrem Mann, daß man ihr das Scheidungsrecht einräumen würde, wenn er sie nicht besser behandelte. Danach war er freundlicher zu ihr, und nun kamen sie gut miteinander aus.

Nachdem wir uns eine Weile unterhalten hatten, schlief Amed erschöpft ein. Später am Abend wachte er wieder auf, und ich machte ihm etwas zu essen, und wir sprachen über Mum. Er konnte sich gar nicht mehr an sie erinnern, und er besaß auch keine Familienfotos. Ich zeigte ihm welche, die Mum mir gegeben hatte. Er sprach über unseren Dad, wie sehr er ihn haßte und wie schrecklich das sei, was er uns allen angetan hatte. Ahmed hatte früher Briefe von ihm erhalten, sie aber nicht beantwortet. Er wollte wissen, ob ich mir vorstellen könnte, warum Dad seinen Kindern das angetan hatte, doch ich konnte ihm darauf nichts antworten. Er erzählte mir auch, wie sehr er inzwischen die Armee haßte und daß er sie verlassen wollte.

Die Tatsache, daß er so überraschend auftauchte, kurz nachdem Mum abgefahren war, machte mich mißtrauisch, und ich fragte mich, ob er von Abdul Khada oder Dad geschickt worden war, um auszuspionieren, was bei uns vorging. Ich wollte ihm nicht alles sagen. Ich hatte bereits gelernt, niemandem zu trauen. Die einzigen Menschen, bei denen ich sicher sein konnte, sie auf meiner Seite zu haben, waren Nadja und Mum, und sogar bei ihnen hatte ich das Gefühl, daß ich sie zum Weiterkämpfen drängen mußte.

Ahmed blieb ungefähr drei Tage bei mir, und es war schön, einen freundlichen Menschen um mich zu haben. Am Tag nach seiner Ankunft kam Nadja herauf und lernte ihren Bruder zum ersten Male kennen. Er war empört darüber, wie schwer Nadja und ich arbeiten mußten. Er sagte, daß heute kaum noch jemand den Frauen solche Last von Pflichten aufbürdete.

Er erzählte mir von meinem Großvater und davon, was er und Leilah empfunden hatten, als Dad sie in Marais alleingelassen hatte. Er konnte sich noch daran erinnern, wie Dad an dem Tag fortgegangen war und er und Leilah ihm voller Angst nachgeschrien hatten. Von dem, was in den folgenden paar Jahren geschah, wußte er nicht mehr viel. Als Großvater wieder heiratete, bekam er mit seiner zweiten Frau weitere Kinder, und Ahmed und Leilah wurden sehr schlecht behandelt. Den Haß, den Großvater für Dad empfand, ließ er, wie Ahmed glaubte, an dem Jungen aus, den Dad bei ihm gelassen hatte. Ich sah den grauhaarigen Mann mit dem krummen Rücken, den ich in Marais kennengelernt hatte, allmählich in einem anderen Licht.

Ahmed ging mit Nadja nach Aschube und verbrachte ein paar Tage in ihrem Haus, und die Leute im Dorf begannen zu argwöhnen, daß er gekommen war, um uns rauszuholen. Doch mir war klar, daß er nichts tun konnte. Er besaß nicht die Macht, uns zu helfen, er war im Gegenteil wie wir ein Gefangener seines Lebens im Jemen. Abdul Khada erfuhr, daß unser Bruder bei uns war und wurde nervös. In Briefen warnte er mich und Ahmed davor, irgend etwas zu unternehmen, gleichzeitig schickte er mir wie ein perfekter Gastgeber aber auch Geld für das Essen unseres Gastes. Ahmed hatte ein schlechtes Gewissen, weil er keine Lebensmittel aus der Stadt mitgebracht hatte und es bei uns zu der Zeit nur wenig Obst gab. Es war lange her, daß ich zum letzten Mal eine Orange oder einen Apfel gegessen hatte. Er versprach, in ein paar Wochen wiederzukommen und Obst mitzubringen.

Während Ahmed bei uns war, kam eine Frau aus Nadjas Dorf zu uns herauf. Sie sagte mir, daß Mum mit ein paar Engländer wiedergekommen sei. Ich versuchte, meine Überraschung zu verbergen, nahm Marcus in den Arm und ging in Richtung Tür.

»Wohin willst du?« rief Ward.

»Ich geh zu meiner Schwester«, sagte ich.

»Da kannst du nicht hin, du wirst Ärger bekommen«, drohte sie mir.

»Das ist mir egal, ich gehe«, sagte ich und lief mit der Frau den Berg hinunter zu Nadjas Haus. Dort fand ich einen Mann und eine Frau aus England vor. Sie sahen wie Touristen aus, hatten Kameras umgehängt. Das Haus war voll mit Leuten aus dem Dorf, die wissen wollten, was da vorging. Von Mum keine Spur. Es war ein Mißverständnis gewesen. Ich war enttäuscht, daß sie nicht da war. Nadja kam zu mir und flüsterte mir zu: »Das sind Reporter, sie sind aus England gekommen und wollen uns abholen.«

Ich war plötzlich ganz aufgeregt, aber auch verwirrt, weil ich nach Mums Worten davon ausgegangen war, daß es den Leuten von Mr. Cantwells Hilfsorganisation in Genf am ehesten gelingen würde, uns herauszuholen. Zu wissen, daß die britische Presse hier war, versetzte mich in Jubelstimmung. Wenn sie sich ein Bild über unsere Lage machten, war es ausgeschlossen, daß sie danach in England nicht Alarm schlagen würden. Es sah so aus, als hätte Mum doch eine Möglichkeit gefunden, uns zu befreien.

KAPITEL 13

Auf des Messers Schneide

Die Frau war Eileen Macdonald, eine Journalistin von der Londoner Zeitung Observer. Der Mann war Ben Gibson, ein Fotograf, der sie bei der Recherche für unsere Geschichte begleitete. Mit ihnen reisten auch eine Dolmetscherin – sie hatte die Frau aus dem Dorf für Mum gehalten – und ein Fahrer. Der Fahrer hatte eine Pistole im Gürtel stekken, an der er nervös mit den Fingern spielte. Einige der Männer im Zimmer hatten ebenfalls Gewehre.

Ich ging gleich zu Eileen und sprach sie an: »Wir haben auf Sie gewartet. Werden Sie uns hier rausholen? Ich bitte Sie, uns mitzunehmen.« Ich glaubte, sie seien gekommen, um uns endlich zu befreien. Sie wirkte sehr ruhig und sanft. Ich bat sie, sich genau zu überlegen, was sie sagen würde, denn viele Männer im Zimmer verstanden Englisch.

Eileen sprach mit dem Fahrer. »Ist es irgendwie möglich, daß wir diese Mädchen und ihre Kinder mit dem Jeep nach Ta'izz bringen?«

Der Fahrer machte ein besorgtes Gesicht. Anscheinend hatten sie ihm nicht gesagt, daß sie Journalisten waren. Er fuhr einen Jeep der UNICEF und hielt sie für Ärzte, die uns während ihres Urlaubs besuchen wollten, weil sie mit Mum befreundet waren. Den glänzenden weißen Jeep kannte man in den Bergdörfern gut, er brachte medizinische Hilfsgüter zu einem kleinen Krankenhaus im Zentrum der Mukbana. Er wurde nie behindert. Ahmed erzählte dem Fahrer unsere Geschichte, während Nadja und ich mit Eileen sprachen. Der Fahrer wollte uns zwar behilflich sein, hatte aber Angst vor den Konsequenzen. Er schüttelte den Kopf und redete schnell und leise auf die Dolmetscherin ein.

»Ich kann die Mädchen nicht mitnehmen, ich bin in diesen Gebieten bekannt. Wenn ich es täte, würden mich die Männer aus der Umgebung zu Tode hetzen. Sie wissen, daß ich in Ta'izz im Krankenhaus arbeite, sie würden mich schnell finden. Es wäre Selbstmord für uns alle, wenn wir sie so einfach wegbrächten. Außerdem würde man uns sowieso nicht aus den Bergen herauslassen.«

Inzwischen waren noch mehr Männer ins Zimmer gekommen, und einer rief, daß sie Nadja und mich ruhig mitnehmen könnten, die Kinder aber nicht. Beide hielten wir unsere Babys im Arm. Ich war außer mir und schrie zurück: »Na gut, ich laß den Jungen hier! Man hat mich sowieso vergewaltigt, als ich ihn bekam! Ich laß ihn hier!«

Nadja versuchte mich zu beruhigen. Sie sah so unglücklich aus. Sie wußte, wie sehr ich mir wünschte fortzukommen, und sie sehnte sich auch danach, doch sie konnte die Vorstellung nicht ertragen, ihre Kinder zurücklassen zu müssen. Bestürzt stand Haney zwischen diesen Erwachsenen.

Die Männer schrien nun alle auf einmal, ein paar standen auf und schüttelten die Fäuste. Die Hand des Fahrers fuhr an die Pistole. Die Dolmetscherin warnte Eileen vor einer Eskalierung der Situation und schlug vor, den mitgebrachten Qat herumzureichen. Eileen war offensichtlich erleichtert, jemand bei sich zu haben, der die gespannte Lage entschärfen konnte. Der Qat machte die Runde, und die Männer beruhigten sich, als sie zu kauen begannen.

»Können wir irgendwo ungestört reden?« fragte Eileen mich.

»Ja, kommen Sie«, sagte ich, und sie, Ben, Nadja und ich gingen ins Freie. Ich führte sie den Berg hinunter, und wir hockten uns an der Rückseite eines der Häuser hin, die unter einem steilen Felsabbruch standen. Hier konnten wir nicht belauscht werden.

»Wir haben schon gedacht, alle hätten uns vergessen«, sagte ich. »Wir warten seit sieben Jahren darauf, daß uns jemand rettet, und wir hofften, jetzt wäre es soweit.«

»Es tut mir leid.« Unsere Situation hatte Eileen sichtlich aus der Fassung gebracht; sie mußte eine mutige Frau sein, wenn sie es überhaupt geschafft hatte, bis zu uns vorzudringen. »Ich glaube nicht, daß wir das einfach so tun können. Das Ziel dieser Reise war, erst einmal mit Ihnen zu sprechen, nicht aber Sie zu befreien. Ich glaube, wir müssen wieder wegfahren und mehr offizielle Hilfe organisieren.«

Sie erzählte uns dann, wie man überall versucht hatte, sie von der Fahrt ins Gebirge der Mukbana abzuhalten. In Ta'izz hatten die Leute ihr erzählt, daß die Männer aus den Bergen samt und sonders Banditen sind, die einen Fremden, der dort herumschnüffelt, ohne Skrupel töten. Offenbar hatte man ein paar Jahre zuvor im gesamten Jemen eine Volkszählung durchführen wollen, doch die Helfer, die mit Fragebögen in die Mukbana gekommen waren, waren alle auf Nimmerwiedersehen verschwunden. Eileen und Ben hatte man gesagt, daß sich niemand ohne ein Gewehr in die Bergregionen wagt, auch wenn er nur zu einem Picknick fährt.

Jemanden aufzutreiben, der überhaupt wußte, wo die Dörfer lagen, war schon schwierig. Sie war auch über den schlechten Zustand der Straßen erschüttert, selbst mit dem Land Rover konnten sie den größten Teil der Strecke nur mit Schrittgeschwindigkeit fahren.

»Ich konnte es nicht fassen, wie sich die Landschaft veränderte«, erzählte sie mir später. »Eben waren wir noch an einem Fluß mit Bäumen und Eisvögeln an den Ufern und dann plötzlich in einer kahlen Gebirgslandschaft.«

Erst als sie in die Berge kamen, trafen sie Leute, die von uns gehört hatten. Sie sagten ihnen, daß wir als »die armen, traurigen Schwestern aus der Mukbana« bekannt seien, weil wir immerzu weinten, und daß wir nach Hause wollten und die Männer uns niemals fortlassen würden. Jeder da oben kannte unsere Geschichte.

Als sie schon nicht mehr weit von unseren Dörfern entfernt waren, trafen sie Leute, die uns sogar persönlich kannten, und jemand sagte ihnen, Nadjas Haus könnten sie an den gelben Fenstern erkennen. Bis zu diesem Augenblick hatten sie gezweifelt, ob sie uns tatsächlich finden würden.

Obwohl man sie darauf hingewiesen hatte, daß es fast unmöglich sei, uns herauszuholen, hatte sie doch weiterhin geglaubt, daß es ihr schließlich gelingen würde, wenn auch nicht während dieses Besuchs. Nun wurde ihr klar, wie schwierig es wirklich werden würde. Wenn wir jetzt mit ihr führen, würde man uns an den Straßensperren anhalten und unsere Papiere sehen wollen. Weder Nadja noch ich hatten irgendwelche Identitätsbescheinigungen. Und wenn es sich herumspräche, daß sie gekommen waren, um uns zu holen, würden sie die Hauptstraße nicht lebend erreichen. Das begriff sie jetzt. Es kursierten auch Gerüchte über ein Armeelager in den Bergen unweit der Dörfer und man hatte Eileen davor gewarnt, daß sich die Nachricht von ihrem Eintreffen bald bis zu den Soldaten herumsprechen würde und daß diese nicht zögern würden zu schießen und erst danach Fragen zu stellen.

Was wir damals nicht wußten war, daß fast genau zu der gleichen Zeit, als wir miteinander sprachen, Gowad mit dem Polizeikommandeur der Dörfer telefonierte und ihn davon unterrichtete, daß sich zwei gefährliche Journalisten in der Mukbana aufhielten, die Spione und Unruhestifter seien. Der Kommandeur versprach Gowad, sofort Maßnahmen zu ergreifen. Er wollte noch am gleichen Nachmittag eine Polizeieinheit in die Berge schicken und die Journalisten verhaften lassen, überlegte dann aber, daß sie lieber abends aufbrechen sollte, wenn es kühler sein würde. Hätte Gowad einen Tag früher angerufen, dann wären Eileen und Ben geradewegs in einen Hinterhalt gelaufen.

In England lief die Berichterstattung an, doch die *Birmingham Post* brachte einen Artikel mit der Schlagzeile: »Jemenitische Schwestern ohne Hoffnung auf Hilfe«. Er berichtete über eine Unterredung zwischen Roy Hattersley, dem für Mums Wahlkreis zuständigen Mitglied im britischen Unterhaus, und dem jemenitischen Botschafter in London.

In der Zwischenzeit bestürmte Eileen, die von diesen Entwicklungen nichts ahnte, uns in den Bergen mit Fragen und wollte so viel wie möglich von unserer Story hören, bevor uns jemand stören konnte. Wir berichteten ihr alle Einzelheiten, die uns einfielen. Sie hatte uns einen Biref von Mum mitgebracht und schilderte uns, was Mum inzwischen unternommen hatte. Mein Tonband hatte die Reporter zu Tränen gerührt, und einen Teil davon hatte man im Radio gesendet. Sie sagte mir nicht, doch ich fand das später heraus, daß viele Zeitungen nur Bruchstücke der Geschichte gebracht hatten und sich auf das Thema »Schwestern als Sex-Sklavinnen« stürzten. Sie schrieben nur darüber, daß man uns mit Gewalt zwang, mit Abdullah und Mohammed zu schlafen, und ließen alles andere weg.

Mums erster Kontakt zur Presse war ein Mann namens Alf Dickens, der sie mit Tom Quirke, einem Journalisten der *Birmingham Post,* bekannt machte. Tom hatte sich mein Band angehört, unsere Briefe gelesen und dann verkündet, das sei die größte Story, die seine Zeitung je hatte. Er suchte Dad auf, um sich auch seine Version der Geschichte anzuhören, und Dad erzählte ihm, daß ihm unser Benehmen in England nicht gefallen hatte und daß er uns die Gelegenheit geben wollte, von der traditionellen muslimischen Kultur des Jemen zu lernen. Die Anwälte der Zeitung rieten anfangs davon ab, Dad zu beschuldigen, uns verkauft zu haben, und deshalb erschien auf der Titelseite eine Story darüber, wie wir unter »mysteriösen Umständen« verschwunden waren.

Am Erscheinungstag dieser Geschichte hielten Alf Dikkens und Mum eine Pressekonferenz ab. Die anwesenden Journalisten glaubten Mum danach anscheinend nicht, Tom Quirke aber nahm Kontakt zum Observer auf, und Eileen sollte nun die Geschichte weiter recherchieren.

Die Vorstellung, daß Eileen und Ben einfach wegfahren und uns alleinlassen würden, war für mich unerträglich. Verzweifelt versuchte ich mir einen Plan auszudenken, wie wir mit ihnen mitfahren könnten. Ich redete und dachte zur gleichen Zeit nach. »Wie wäre es, wenn wir ihnen erzählen würden, daß Mum in Ta'izz ist, so schwer krank, daß sie nicht in die Berge kommen kann, und daß sie uns abholen sollen, damit sie ihre Enkel noch einmal sehen kann, bevor sie stirbt?«

In dieser Atmosphäre der Hoffnungslosigkeit hatte ich das Gefühl, daß eine so verrückte Geschichte vielleicht funktionieren würde und wir beschlossen, den Versuch zu wagen. Die Männer waren inzwischen aus dem Haus gekommen und hörten unserem Gespräch zu, deshalb gingen wir mit den anderen wieder hinein, und Nadja und ich erklärten ihnen die Geschichte mit unserer Mum und ihrer Krankheit.

Einer der ältesten Männer nickte schlau: »Wir werden erst mal einen Mann nach Ta'izz schicken, der überprüft, wie krank deine Mutter ist. Wenn alles stimmt, wird er zurückkommen und euch bei dem Besuch begleiten.«

Uns mußte nun schnell etwas einfallen. Ich fragte Eileen, ob ihre Zeitung nicht Mum einfliegen und sie in Ta'izz in ein Krankenhaus bringen könnte, merkte aber schon, daß die Idee zu phantastisch war und nicht funktionieren konnte. Ahmed steuerte nun eigene verrückte Ideen bei, wollte am folgenden Tag mit Freunden aus der Armee anrücken, das Problem mit den Männern ausschießen und dann einfach mit uns wegfahren. Mir war klar, daß das unrealistisch war, gleichzeitig wollte ich aber, daß irgend etwas passiert. Mir dämmerte allmählich, daß man uns ein weiteres Mal in den Bergen zurücklassen würde, während die Menschen, die zu unserer Rettung gekommen waren, allein wieder abfuhren. Eileen versprach mir, daß sie nach ihrer Ankunft in Sanaa sofort zur britischen Botschaft gehen würde. Sie versprach mir baldige Hilfe, wir müßten nur Geduld haben.

»Was, glauben Sie, haben wir denn in den letzten sieben Jahren gehabt?« fragte ich sarkastisch. »Im Geduldhaben sind wir Meister.«

»Machen Sie sich keine Sorgen«, sagte Eileen, »es kann nur noch ein paar Wochen dauern, bis Sie rauskommen.«

»Sie provozieren die Leute aus dem Dorf, wenn Sie ständig sagen, daß sie fortgehen wollen«, warnte mich die Dolmetscherin. »Wenn Sie das immer wieder sagen, bringt man

Sie vielleicht in ein noch abgelegeneres Dorf, in dem Sie dann niemand mehr finden kann.«

»Wir können nicht immer verschweigen, daß wir fort wollen!« brach es aus mir heraus, »das ist das einzige, wovon wir leben und träumen. Nur wenn wir es immer wieder sagen, verlieren wir nicht den Verstand.«

Als Eileen und Ben gingen, war das ganze Dorf auf den Beinen, die Kinder rannten vor ihnen her, als sie über den gewundenen Gebirgspfad zum Land Rover abstiegen. Nadja und ich weinten schon wieder. Wir waren so durcheinander, weil das alles so schnell gegangen war.

Später erfuhr ich, daß man sie zweimal an Straßensperren aufgehalten hatte. Bewaffnete Männer wollten wissen, was sie in den Bergen gemacht hatten und durchsuchten das Auto, um zu verhindern, daß sie uns herausschmuggelten. Es bestand kein Zweifel daran, daß sie ihr Leben aufs Spiel gesetzt hatten, als sie sich in dieses Gebiet wagten. Für uns war Eileen wie ein Engel, den uns der Himmel geschickt hatte.

Nachdem wir unsere anfängliche Enttäuschung darüber, nicht mit ihnen mitfahren zu können, überwunden hatten, blickten wir optimistischer in die Zukunft. Wir spürten, daß nun wirklich eine gewisse Hoffnung bestand und setzten all unser Vertrauen in Eileen.

Ahmed folgte ihnen nach Ta'izz, und sie gingen zuerst zum Direktor des Krankenhauses, der ihnen den Jeep geliehen hatte. Er hatte auch angeboten, über ihr Anliegen noch vor ihrer Abreise in die Berge mit Muhsen Al Usifi, dem Gouverneur von Ta'izz, zu sprechen. Doch der Gouverneur war zu der Zeit noch nicht aus Sanaa zurückgekehrt.

»Ich versichere Ihnen«, sagte der Direktor, »daß der Gouverneur sofort nach seiner Rückkehr informiert wird und man die Mädchen in die Stadt holen und befragen wird.«

An Eileen gewandt sagte er dann: »Wenn es der Gouverneur wünscht, können sie sofort zu ihrer Mutter nach Hause zurückkehren. Wenn er auch die Meinung der Ehemänner hören will, wird man sie aus Saudi-Arabien nach Ta'izz zurückrufen, und es wird zu einer Gerichtsverhandlung kommen. Die Mädchen müssen dann die Scheidung beantragen. Das wird eine Menge Geld kosten und kann vielleicht fünf Jahre dauern. Man muß alle bestechen – angefangen von den Soldaten, die in die Mukbana fahren und sie holen – bis zu den Rechtsanwälten und den Richtern.«

Mit der jemenitischen Geheimpolizei dicht auf den Fersen flogen Eileen und Ben danach nach Sanaa und nahmen Kontakt zu Jim Halley auf, einem neuen Botschaftsrat, der ihnen weiterhalf. Er holte sie am Flughafen ab und brachte sie in einem kugelsicheren Jeep zum britischen Botschafter.

Sie kamen vor einem hohen Metallzaun an. Jim hupte, und ein bewaffneter Wachposten öffnete eine kleine Tür im Zaun, tastete sie ab und das Tor wurde geöffnet.

Eileen entwickelte diesen Leuten gegenüber die gleiche Aggressivität wie ich. Sie machte dem Botschafter die Dringlichkeit unseres Problems klar, und er versuchte die richtigen Gesprächspartner bei den einheimischen Behörden zu finden. Da Eileen und Ben vor den Verfolgungen durch die Geheimpolizei Angst hatten, baten sie darum, die Nacht in der bewachten Botschaft verbringen zu dürfen.

Ben mußte die Fotos nach England bringen, die in der nächsten Sonntagsausgabe des Observer erscheinen sollten, und er schmuggelte auch Eileens Story mit hinaus, an der sie fast die ganze Nacht geschrieben hatte.

Der Botschafter und Jim waren sich darin einig, daß Eileen aus dem Jemen herausgebracht werden mußte, bevor die Geschichte in England in der Zeitung erschien. Würde sie sich dann noch im Land aufhalten, würde man sie vermutlich bei dem Versuch, es zu verlassen, verhaften und ins Gefängnis werfen. Schließlich konnten sie ihr für Samstagabend einen Flug besorgen. Als Eileen in London-Heathrow ankam, holte sie ihr Verlobter Paul ab und hatte bereits ein Exemplar der Sonntagsausgabe des Observer dabei. Ihre Geschichte stand auf der Titelseite, daneben war ein Foto von Nadja, die Tina im Arm hielt. Wir waren berühmt.

KAPITEL 14

Wichtige Gespräche

Kurz nach Eileens Abreise aus der Mukbana kamen Gerüchte in Umlauf. Alle Leute wußten nun, daß Journalisten unter Vorspiegelung falscher Tatsachen bei uns waren, doch als sie das begriffen hatten, waren Eileen und Ben schon wieder in England und in Sicherheit. Ich wage nicht, mir vorzustellen, was mit ihnen passiert wäre, wenn man sie gefaßt hätte. Wären sie noch in den Bergen gewesen, dann hätte man sie sicher erschossen. Wenn man sie in Ta'izz oder in Sanaa verhaftet hätte, wären sie vermutlich ins Gefängnis gebracht und wegen versuchter Entführung angeklagt worden. Das hätte dann sehr wohl mit einer Hinrichtung enden können.

Als uns klar wurde, daß alle Leute nun über sie Bescheid wußten, hatten wir große Angst, daß sie es nicht rechtzeitig geschafft haben könnten, aus dem Jemen herauszukommen. Wir hatten ja keine Möglichkeit zu erfahren, was in Ta'izz vor sich ging, von Sanaa oder London ganz zu schweigen. Wir hatten nur gesehen, daß sie abgefahren waren, konnten aber nicht in Erfahrung bringen, was danach passiert war, ob die Welle aus Gerüchten und Zorn sie erreicht hatte oder ob sie ihren Vorsprung bis zum Flugzeug halten konnten.

Wir tappten völlig im Dunkeln, bis ein Brief von Mum eintraf, in dem sie uns berichtete, was Eileen seit ihrer Rückkehr nach England unternommen hatte. Sie hatte einen langen Artikel über ihre Begegnung mit uns im Dorf geschrieben, und alle waren nun interessiert. Plötzlich sei die Sache in der ganzen Welt wie eine Bombe eingeschlagen. Die Regierungen waren eingeschaltet worden und sahen sich nun gezwungen, unser Anliegen ernstzunehmen. Nachdem wir sieben Jahre im Dunkeln geweint hatten, standen wir im Brennpunkt des Weltinteresses, obwohl sich in der Mukbana selbst nichts veränderte und wir von den Ereignissen nur aus zweiter Hand erfuhren.

Bei ihren früheren Versuchen, uns zu retten, hatte sich Mum mit der Bitte um Hilfe an Roy Hattersley gewandt, den Abgeordneten ihres Wahlkreises im Unterhaus und Innenminister des Schattenkabinetts. Nach dem ersten Gespräch war nichts passiert, nach dem zweiten jedoch wurde er bei der Regierung vorstellig und sprach mit dem damaligen Außenminister Sir Geoffrey Howe und mit dem Innenminister Douglas Hurd über unseren Fall. Die britische Regierung wollte ihn vertuschen, ihr war mit Sicherheit wenig daran gelegen, daß Journalisten die Beziehungen zur Regierung des Jemen belasteten. Nun aber war es für Geheimhaltungsversuche zu spät, und die ganze Welt konnte sich mit eigenen Augen von der Wahrheit unserer Geschichte überzeugen, die durch Fotos belegt war.

Wie immer hatte Abdul Khada, obwohl er in Saudi-Arabien war, schneller als alle anderen davon erfahren. Es war, als ob er seine Informationen schon bekam, wenn die Dinge sich gerade erst ereigneten. Er mußte überall Mittelsmänner haben, die ihn über alles auf dem laufenden hielten, was im Jemen und in Großbritannien vorging. Alle jemenitischen Männer machen Geschäfte mit Gerüchten und Gerede, und weil so viele zwischen den Ländern hin und her pendeln, verbreiten sich Neuigkeiten schnell. Er schrieb mir postwendend, daß er von den Reportern im Dorf wüßte und versicherte mir, daß sie gar nichts für uns tun könnten und drohte, Gott möge mir beistehen, wenn sie irgendwelche Tricks versuchten.

Mir wurde klar, daß ich mich nun zum ersten Mal nicht vor ihm fürchtete. Keiner von ihnen konnte mich noch einschüchtern. Noch mehr Leid konnten sie mir nicht zufügen. Ich dachte nur noch an meine Freiheit und war zuversichtlich, daß früher oder später etwas geschehen würde.

Während eines Armeeurlaubs besuchte uns unser Bruder Ahmed noch einmal, hatte diesmal aber große Schwierigkeiten, bis zu uns durchzukommen. Die Leute aus dem Dorf hatten der Polizei gemeldet, daß er ein Unruhestifter und Dieb sei und daß seit seinem vorherigen Besuch viele Gegenstände aus den Dörfern verschwunden wären. Alle waren gegen jeden, der so aussah, als wollte er uns helfen, sehr mißtrauisch, und taten ihr Möglichstes, um zu verhindern, daß er uns erreichte. Ahmed kam zuerst nach Aschube und wurde dort schon von den Männern des Dorfs empfangen. Sie teilten ihm mit, daß Abdul Khada von seinem Besuch erfahren und ein Telegramm geschickt hatte: Er dürfte uns guten Tag sagen, müßte aber dann sofort wieder gehen. Sie wollten dafür sorgen, daß er auch gehorchte, sie würden ihn verhaften, wenn er versuchte, uns zu helfen. Weinend kam er bei mir an.

Abdul Noor, Abdul Khadas Bruder, war zu der Zeit von Saudi-Arabien nach Hockail gekommen. Als er hörte, daß Ahmed bei mir war, kam er herauf, um mit ihm zu sprechen. Er war zwar umgänglicher als sein Bruder, handelte aber auch nur auf dessen Geheiß. Er wollte wissen, warum Ahmed hier war und ob er uns wegbringen wollte. Ich versicherte ihm, daß Ahmed nicht gekommen war, um Schwierigkeiten zu machen, und bat, ihn nicht wegzuschicken. Abdul Noor glaubte mir, und Ahmed durfte bleiben.

Ein paar Tage später brachte mir Abdul Noor einen zweiten Brief von Abdul Khada und ein Tonband. Ich las zuerst den Brief. Abdul Khada schrieb, daß man ihm aus Großbritannien eine Kopie von Eileens Artikel geschickt hatte, und forderte mich auf, das Band zu hören. Ich holte meinen Recorder und reichte ihn Abdul Noor. Abdul Khadas Stimme ertönte aus dem Lautsprecher:

»So viel habe ich für dich getan, und du dankst es mir nicht. Ich dachte, daß du jetzt glücklich bist und deine Familie endlich vergessen hast. Ich dachte, du akzeptierst die Tatsache, daß du jetzt verheiratet bist, dann hättest du deine Mutter und deinen Vater nämlich besuchen dürfen. Wenn du fahren willst, laß es mich einfach wissen, und ich werde dich nicht daran hindern. Dein Sohn muß aber bei uns bleiben. Deine Mutter ist eine sehr starke Frau. Unglaublich, was sie für ihre Kinder getan hat. Mir ist klar, was sie getan hat, und ich werde dich nicht daran hindern zu gehen.«

Ich wußte, daß er immer noch nicht glaubte, daß ich Marcus zurücklassen würde. Mit dem Angebot, mich gehen zu lassen, wiegte er sich in Sicherheit; er rechnete sich aus, daß es dann so aussehen würde, als bliebe ich aus freien Stücken. So redete er auf dem Band immer weiter, wie ein Geisteskranker. Einmal sagte er, daß Eileens Artikel mir überhaupt nichts nützen, daß niemand ihn beachten würde, und im nächsten Augenblick, daß er mich nicht hindern würde zu gehen. Einmal schien er mir zu drohen, im nächsten Augenblick bot er mir Versöhnung an. Ich freute mich über die Veränderungen in seinem Tonfall. Das hieß ja, daß sich die Situation schließlich doch gewandelt hatte und für ihn außer Kontrolle geriet. Als das Band zu Ende war, nahm es Abdul Noor aus dem Gerät heraus und steckte es in die Tasche.

»Kann ich es behalten?« fragte ich und dachte, ich könnte es den anderen Männern im Dorf vorspielen, und sie würden mich dann gehen lassen.

»Nein« sagte er kopfschüttelnd. »Du solltest es nur anhören.«

Ich sah das Band nie wieder.

Ich ging in mein Zimmer und schrieb ihm einen Antwortbrief. Da er ja hören wollte, ich würde mich von Marcus nicht trennen, schrieb ich statt dessen, ich wollte fahren, und fragte ihn, wann ich gehen dürfte. Ich wußte, daß er das Angebot nicht noch einmal machen würde, jetzt wo er wußte, daß ich es annahm.

Ich ging zu Nadja und erzählte ihr von dem Band. Sie interessierte sich offenbar für gar nichts mehr. Eileen schrieb, als sie sie kennengelernt hatte, wären Nadjas Augen wie »tot« gewesen, und zu einer Toten war sie vermutlich auch geworden. Es war ihr zwar recht, nach Hause zu gehen, und sie wußte auch, daß sie ihre Kinder verlassen mußte, aber das hätte ihr das Herz gebrochen. Sie konnte es wohl nicht mehr ertragen, auch nur noch einmal daran zu denken, und deshalb sperrte sie den Gedanken aus und lebte weiter wie ein Zombie. Sie hatten es geschafft, die ganze Lebendigkeit, die in Nadja steckte, als sie noch ein Kind war, abzutöten.

Wir vereinbarten, daß wir, wenn eine von uns als erste fahren dürfte, die Kinder bei der anderen lassen und in England weiter dafür kämpfen würden, daß auch sie freikam. Ich hoffte, daß man Nadja zuerst gehen lassen würde, denn ich wußte, daß ich, falls ich im Jemen zurückbleiben mußte, die Kraft haben würde, immer weiter zu kämpfen. Ich bezweifelte aber, daß Nadja das konnte, wenn ich nicht mehr in der Nähe war.

Am folgenden Tag rief mich Abdul Noor von seinem Dach aus zu sich. Als ich unten ankam, stand er schon vor dem Haus.

»Es will dich jemand sehen«, sagte er.

»Wer denn?« fragte ich.

»Abdul Walli. Er ist Polizeikommandant und ein wichtiger Mann. Du mußt ihm viel Respekt zeigen, wenn du zu ihm gehst. Die Regierung von Ta'izz hat ihn zur Untersuchung eures Falles hergeschickt.«

»Wo ist er?« wollte ich wissen.

»Er wartet in dem Haus der Familie seiner Frau auf dich.«

Ich hatte schon von ihm gehört und wußte, wie einflußreich er war, hatte ihn aber nie kennengelernt. Es hieß, er hätte einen Draht zu allen wichtigen Leuten des Landes.

»Was will er denn wissen?« Ich wollte mir Klarheit darüber verschaffen, was mich erwartete.

»Er hat von eurem Fall gehört«, sagte Abdul Noor. »Die Zeitungen aus England sind auch in Libyen und Saudi-Arabien gelesen worden. Die Regierung will wissen, was vorgeht, und hat ihn beauftragt, das zu ermitteln.«

Wir gingen die Straße entlang zu dem Haus, in dem Abdul Walli wartete. Zu der Zeit trug ich schon wie gefordert immer einen Schleier, wenn die Möglichkeit bestand, daß fremde

Männer mich sehen konnten. Auf der Straße fuhren mit Männern besetzte Autos vorbei, deshalb mußte ich den Anstand wahren, bis ich ins Haus kam. Das Haus war voller Menschen, und Abdul Noor befahl mir, zu den Frauen zu gehen und in ihrem Zimmer zu warten.

»Ich rufe dich, wenn Abdul Walli mit dir sprechen will«, sagte er.

Die Frauen wollten brennend gern erfahren, was hier vorging und warum ein so wichtiger Mann mich sprechen wollte. Alle hatten von den Zeitungsartikeln gehört und stellten mir Fragen über Fragen. Ich wollte sie irgendwie zum Schweigen bringen und mich sammeln und auf das Zusammentreffen mit einem Menschen vorbereiten, der uns vielleicht retten konnte. Ich war unverhohlen mürrisch und grob zu ihnen, damit sie endlich mit ihren Fragen aufhörten.

Ein paar Minuten später kam Abdul Noor zur Tür und rief mich. Ich folgte ihm in ein anderes Zimmer, und er hielt mir die Tür auf. Der Raum war groß, und in der hinteren Ecke saß ein Mann allein mit untergeschlagenen Beinen auf einem Kissen. Er war wie ein Saudi gekleidet, trug ein langes, weites Kleid und hatte den Turban abgesetzt und auf den Boden gelegt. Vor ihm auf dem Tisch lagen ein paar Papiere. Er war klein und sehr dick und hatte dunkles, lockiges Haar und war vermutlich Mitte bis Ende dreißig. Er sah sehr bedeutend aus.

»Guten Tag«, sagte er höflich.

»Guten Tag.«

»Bitte«, wies er auf den Boden vor dem Tisch, »bitte setz dich.«

»Bitte lassen Sie uns allein«, sagte er zu Abdul Noor und sprach erst weiter, als dieser das Zimmer verlassen hatte. »Ich hatte keine Ahnung, was hier im Dorf mit dir geschah«, leitete er das Gespräch ein. »Erzähl es mir bitte.«

In groben Zügen erzählte ich meine Geschichte ein weiteres Mal. Als ich geendet hatte, versuchte er mir die Bräuche seines Landes und die Religion der Jemeniten zu erklären und fragte mich, ob ich je daran gedacht hätte, mich mit

Abdullah abzufinden und ob ich ihn während all dieser Ehejahre einmal geliebt hätte.

Ich blieb standhaft. »Nein, ich hasse ihn, und ich will ihn nicht.« Ich weinte und sah, daß ich ihn mit meinem Gefühlsausbruch verwirrt hatte.

»Ich habe heute auch deine Schwester Nadja aufgesucht«, sagte er, »und ich habe mit ihr das gleiche Gespräch geführt wie jetzt mit dir. Sie berichtete mir ebenfalls, daß sie unglücklich ist und nach England zurückmöchte, doch sie will ihre Kinder und ihren Mann mitnehmen. Was sagst du dazu?«

Nadja hatte das gesagt, weil es die einzige Chance war, Haney und Tina auch herauszubekommen. Wenn sie Mohammed ablehnte, blieben die Kinder automatisch bei ihm. Obwohl sie Mohammed und Gowad so tief haßte wie ich Abdullah und Abdul Khada, fürchtete sie sich, das vor anderen zu zeigen, denn dann würde man ihr die Kinder wegnehmen. Den Männern war es gelungen, sie in dieser Falle zu fangen. Ich konnte meine Gefühle nicht wie sie verbergen.

Wohl minutenlang saß er schweigend da und dachte nach, und ich wartete respektvoll, wie Abdul Noor es mir befohlen hatte. Schließlich sagte er:

»Gut, du kannst jetzt gehen. Auf Wiedersehen.« Ich stand auf und verließ das Zimmer. Obwohl er kein Wort darüber verloren hatte, glaubte ich sicher zu wissen, was nun geschehen würde. Ich war sicher, daß er nach Ta'izz zurückkehren und höheren Beamten die Richtigkeit der Zeitungsmeldungen bestätigen würde und daß wir dann herauskämen. Daß seit unserer Ankunft im Jemen inzwischen beinahe sieben Jahre vergangen waren, bedeutete, daß wir auch noch ein wenig länger warten konnten. Ich war sehr aufgeregt bei dem Gedanken, daß wir nun endlich mit einflußreichen Persönlichkeiten sprachen, die viel mächtiger waren als Abdul Khada und alle übrigen Männer des Dorfs.

Ich legte den Schleier wieder an und verließ das Haus allein. Auf dem Weg zum Berggipfel kam ich an Aminas Haus vorbei, und sie wollte wissen, was passiert war. Ich sagte ihr nur, sie sollte sich um ihre eigenen Angelegenheiten kümmern, und ging weiter. Ich fühlte mich erleichtert, so als hätte man mir eine schwere Last abgenommen. Ich hatte mein Anliegen endlich den Leuten geschildert, die das Sagen hatten.

Ward und die beiden Alten kommentierten nie, was gerade vor sich ging. Vermutlich waren sie der Meinung, daß sie sowieso nichts dagegen tun konnten, und daß ich, wenn sie mit mir darüber sprachen, ohnehin nur unverschämt antworten würde. Wie oft sie sich auch untereinander darüber unterhalten mochten, mir gegenüber äußerten sie sich nicht.

Saida, die alte Frau, war all die Jahre hindurch gut zu mir gewesen. Da sie jeden Tag zu Hause war, hatte sie gesehen, wie ich leiden und arbeiten mußte. Sie sagte immer: »Mach dir keine Sorgen, mein Kind, möge Gott dich beschützen. Wenn er glaubt, daß du unschuldig bist und daß das, was man dir angetan hat, unrecht ist, dann wird er es richten.« Allmählich glaubte ich, daß sie recht hatte.

Ich besuchte Nadja, und wir unterhielten uns über unsere Gespräche mit Abdul Walli. Sie erklärte mir, warum sie gesagt hatte, daß sie mit Mohammed nach England gehen wollte, und ich hatte Angst um sie. Sie hatte Haney und Tina so in ihr Herz geschlossen, daß ich die Konsequenzen fürchtete, wenn man versuchen sollte, sie zu trennen. Mir gelang es noch, die Vorstellung, Marcus zurücklassen zu müssen, aus meinem Denken zu verbannen. Wenn es soweit war, würde ich es tun können, es hatte also keinen Sinn, wenn ich mich selbst quälte, indem ich daran dachte.

Haney hatte ein Alter erreicht, in dem er zu verstehen begann, was um ihn herum vorging, und stellte Fragen wie: »Mami, läßt du mich allein?« Mir brach das Herz, wenn ich ihn so reden hörte, und ich konnte mir vorstellen, welche Wirkung seine Worte auf Nadja ausübten.

Zwei Tage später kam Abdul Noor ins Haus herauf, um mit mir zu sprechen. »Man hat mir befohlen, dich und Nadja in die Stadt zu bringen«, erklärte er. »Wir werden ganz früh am Morgen fahren, halte dich also bereit.«

»Aus welchem Grund?« fragte ich.

»Jemand will euch sprechen.«

»Fahren wir im selben Auto?«

»Ja.«

Ich konnte das kaum glauben, denn es wäre das erste Mal seit Nadjas Ankunft im Jemen vor sieben Jahren, daß wir gemeinsam irgendwohin fahren dürften. Schon das alleine fand ich aufregend.

»Was wird mit dem Kind?«

»Du wirst nur einen Tag weg sein, laß ihn hier, abends bist du wieder zurück. Sei um fünf Uhr unten am Berg, ich warte dort auf dich.«

»Gut.«

Ich lag die ganze Nacht wach und dachte nach. Ward kam früh am Morgen in mein Zimmer, holte Marcus und half mir beim Anziehen meiner Sachen. Für diese Fahrt in die Stadt trug ich festlichere Kleidung, einen schwarzen Umhang und einen Schleier. Der Umhang ging mir bis zur Taille, und nach unten schloß sich ein bis zum Boden reichender Rock an. Darunter trug ich die normale arabische Hose. Dieses Festgewand hatte Abdul Khada für mich in Saudi-Arabien nähen lassen. Nadja hatte ein gleiches, das man aber im Dorf gemacht hatte. Zu der Zeit machte uns die Hitze nichts mehr aus, auch dann nicht, wenn wir so viele Kleidungsstücke übereinander trugen. Zu dieser offiziellen Kleidung trugen wir aber dennoch Gummipantoffeln, weil sie hier die geeignetste Fußbekleidung waren. Die Riemen, unter die man mit dem Fuß schlüpfte, rissen leicht aus und mußten praktisch jeden Monat ersetzt werden.

Als ich fertig angezogen war, machte ich mich im Dunkeln auf den Weg den Berg hinunter. Den Rock hatte ich an der Taille mehrmals umgeschlagen. Abdul Noor stand auf dem Dach seines Hauses und leuchtete mir mit einer Taschenlampe. Ich hatte Angst, im Dunkeln danebenzutreten, obwohl ich den Pfad am Tag gut kannte. Er stand dann unten schon bereit, und gemeinsam stiegen wir den nächsten Berg hinab bis zur Straße, auf der der Land Rover uns erwartete. Er hatte zwölf Sitzplätze, wir waren an dem Tag aber die einzigen Fahrgäste.

Wir fuhren nach Aschube und warteten auf Nadja, die ebenfalls im Dunkeln einen Berg hinabgehen mußte. Als sie ankam, stieg sie rasch ein, und wir saßen tatsächlich gemeinsam im Auto. Es war so aufregend, mit ihr unterwegs zu sein, wir glaubten beide zu träumen.

»Ich kann es nicht fassen«, sagte ich. »Wir fahren nicht wirklich irgendwohin, wir sitzen nur ein paar Minuten im Auto, aber dann kommt jemand und nimmt es uns weg und sagt, daß wir ins Dorf zurück müssen, und in dieses schreckliche Haus.« Aber niemand hielt uns an, der Land Rover holperte und rumpelte über die einsamen Straßen, und die Scheinwerfer schnitten Lichtkegel in die schwarze Nacht.

Als wir in Ta'izz ankamen, ging die Sonne auf.

KAPITEL 15

Gefangene in einem Palast

Wir waren ohne anzuhalten bis Ta'izz gefahren. »Wohin fahren wir eigentlich?« fragte ich Abdul Noor, als wir in die Stadt einbogen.

»Zu einem Haus,« sagte er nur. »Dem Haus eines wichtigen Mannes.« In nachdenklichem Schweigen fuhren wir weiter durch die schmutzigen, belebten Straßen. Die Männer umgaben gern alles, was sie taten, mit einem Geheimnis. Sie glaubten wohl, das würde ihnen mehr Macht über uns verleihen.

Ganz gleich, wo man sich in Ta'izz befindet, von jeder Stelle aus kann man einen mit Häusern bebauten Berg über dem Hauptteil der Stadt aufragen sehen. Von unten, von den heißen, lauten, staubigen und schmutzigen Straßen der Innenstadt aus gesehen, wirkt dieser Berg immer ruhig und friedlich. Der Fahrer steuerte weiter an den engen Seitenstraßen vorbei, wir fuhren offenbar direkt auf den Berg zu. Kurz darauf fuhren wir schon nach oben und sahen unter uns die Hausdächer.

Die Straßen wurden eben, die Häuser in dieser schönen Gegend sahen hübsch und gepflegt aus. Verglichen mit dem Rest der Stadt war es wie eine andere Welt, und verglichen mit den Dörfern der Mukbana ein anderer Planet. Wir fuhren auf sanft gewundenen Straßen an hohen Mauern vorüber, zwischen denen wir ab und zu einen Blick in liebliche Gärten erhaschen konnten, wir bewunderten ein prächtiges Haus nach dem anderen, bevor wir schließlich in die Straße einbogen, die zu unserem Ziel führte.

Am Ende der Straße stand das wundervollste Haus von allen, es war direkt in den vor uns liegenden Berg hineingebaut und von einer hohen Mauer umgeben. Mit seinen regenbogenfarbigen Glasfenstern sah es für uns aus wie ein kleiner Palast. Als wir näherkamen, verstellte die Mauer das

Gebäude, und wir hielten schließlich vor einem Tor aus massivem Stahl an.

Abdul Noor stieg aus dem Auto und drückte auf den Knopf der Wechselsprechanlage neben dem Tor. Ein uniformierter und bewaffneter Polizist erschien daraufhin am Eingang. Abdul Noor nannte seinen Namen, und der Polizist öffnete das Tor und ließ uns passieren, wir fuhren durch den Park vor dem Hauptteil des Hauses.

Nadja und ich gingen die Stufen zu einer riesigen weißen Holztür hinauf. Eine Frau, die die gleiche traditionelle arabische Kleidung trug wie wir, öffnete und bat uns herein. Rechts im Gang war eine Tür, die wahrscheinlich zum großen Wohnzimmer führte. Wir wurden daran vorbei zu einer zweiten Tür am Ende des Gangs geleitet und dann weiter durch einen anderen großen Raum, in dem Sofas und Sessel standen. An den Fenstern hingen Gardinen, und an den tapezierten Wänden standen mehrere Tischchen, in einer Ecke flimmerte ein großer Fernsehapparat mit abgedrehtem Ton. Einen solchen Luxus hatten wir noch nie gesehen.

Wir wurden aufgefordert, uns zu setzen und die Schleier abzunehmen. Die Frau bot uns Tee und Kaffee an, wir baten aber um Limonade. Sie stellte sich uns als Abdul Wallis Frau vor und sagte, daß dies eins der Häuser ihres Mannes wäre. Ich hatte sie nie zuvor gesehen, obwohl sie ursprünglich ja aus Hockail stammte. Sie war klein, höchstens ein Meter fünfzig, sehr hübsch und teuer gekleidet. Sie brachte uns die Getränke und verschwand dann.

Nach einem Klopfen an der Tür trat Abdul Walli ein. Er trug wieder das weiße Gewand, das er auch angehabt hatte, als ich ihn kennenlernte. Nach ihm kam Abdul Noor ins Zimmer.

»Hallo.« Abdul Walli lächelte gewinnend. »Ich nehme an, ihr macht euch Gedanken darüber, warum ihr hier seid. Ich habe euren Fall dem Gouverneur von Ta'izz vorgetragen, und er hat darum gebeten, daß ihr in die Stadt gebracht werdet, damit wir versuchen können, euer Problem zu klären.«

Im Augenblick machte ich mir nicht viele Gedanken, ich verhielt mich einfach still und wollte abwarten, was passieren würde. Die Männer verließen uns wieder, und wir blieben mit Abdul Wallis Frau und ihrem Dienstmädchen, das ihr bei der Betreuung ihres kleinen Jungen half, ein paar Stunden in dem Zimmer. Sie erzählte uns, daß sich an der Vorderseite des Hauses alle Polizisten ihres Mannes zu bestimmten Zeiten träfen und Qat kauten. Sie klagte, wie beschäftigt ihr Mann sei und daß er kaum zu Hause wäre. Sie wollte wissen, ob ich im Dorf mal ein Mitglied ihrer Familie kennengelernt hatte, und ich verneinte. Ich war nur einmal in ihrem Haus gewesen, an dem Tag, an dem Abdul Walli mit mir gesprochen hatte. Sie hoffte offenbar, daß ich Neuigkeiten von ihrer Familie hätte, ich hatte aber nur gehört, daß es ihr gut ginge.

Sie ließ uns eine Weile allein und servierte uns dann mit dem Mädchen im selben Zimmer ein Mittagessen. Sie legten ein Tischtuch auf den Boden und deckten mit Tellern und Besteck. In meinem ganzen Leben hatte ich nie so viel zu Essen gesehen. Es gab Reis, Rindfleisch, Huhn, Sandwiches, Suppen, Obst und verschiedene Kuchen, die ich noch nie gegessen hatte. Schweigend aßen wir vier, und dann halfen Nadja und ich ihnen beim Abdecken. Nachdem das Essen abgeräumt war, setzten wir uns wieder hin und ruhten uns aus, bis die beiden Männer zurückkamen. Inzwischen war es Abend geworden.

»Ihr bleibt heute über Nacht bei uns«, teilte Abdul Walli mit. »Was wird mit den Kindern?« fragte ich. Ich wußte, daß Nadja Haney und Tina bei einer Nachbarin gelassen hatte, der sie vertraute.

»Macht euch keine Sorgen um die Kinder«, beruhigte er uns. »Ihr bleibt heute hier.«

Seine Bestimmtheit und seine verbindliche Art bewogen uns dazu, ihm zu vertrauen. Wir nahmen nun an, daß wir am nächsten Tag zurückfahren würden, richteten uns ein und sahen den Rest des Abends fern. Es war wie die Ankunft im Paradies. Später führte uns Abdul Walli in einen weiteren, noch prächtigeren Raum, vermutlich sein eigenes Wohnzimmer. Dort stand ein Telefon, seit Jahren hatte ich so etwas nicht gesehen!

»Ist das echt?« fragte ich und wollte meinen Augen nicht trauen.

»Ja«, lächelte er, »es ist echt.«

»Würden Sie einmal den Hörer abnehmen und eine Nummer wählen?«

»Bitte.«

Ich konnte nur noch daran denken, den Hörer abzunehmen und Mum anzurufen. Wir blieben eine Weile in seinem Zimmer und sprachen allein mit ihm, und ich konnte den Blick kaum vom Telefon abwenden. Er sprach von Mum und von dem, was sie getan hatte, erzählte uns, was er über die britischen Zeitungen und die von ihnen gedruckten Artikel wußte. Abdul Noor war ins Dorf zurückgefahren, um dort mitzuteilen, daß wir an dem Abend nicht zurückkommen würden. Als wir am Morgen aufgebrochen waren, wußte er nicht, daß wir in Ta'izz bleiben würden. Abdul Walli hatte es ihm eben erst gesagt. Dinge für sich zu behalten und aus allem ein Geheimnis zu machen, das hatte er gern.

»Du willst das Land immer noch verlassen, oder?« fragte er mich beiläufig.

»Ja, ich möchte nach Hause.«

»Mal angenommen«, sagte er freundlich, »ihr könntet hier in der Stadt leben. Würde das deine Meinung verändern?«

»Nein«, wiederholte ich. »Ich möchte nur nach Hause.«

Er sprach wieder eine Weile über ganz andere Dinge, stellte dann aber die gleiche Frage noch einmal. »Aber wenn ihr hier in der Stadt leben könntet, mit euren Kindern, würde das nicht genügen?« Genau die gleiche Frage stellte er so oft, daß ich wieder nervös, zornig und aggressiv wurde.

»Können Sie es nicht in Ihren dicken Schädel kriegen?« sagte ich schnippisch. »Ich möchte nach Hause. Ich möchte nicht hierbleiben. Ich möchte, daß meine Mum das, was sie tut, weiter tut, bis wir gehen können.«

Er nickte und dachte einen Augenblick nach und erklärte dann umständlich, daß Mum damit, daß sie an die Öffentlichkeit gegangen war, die Regierung des Jemen in eine peinliche Lage gebracht hatte und daß sie nun allmählich zornig wurde.

»Das ist mir egal«, sagte ich beleidigt. »Wir brauchen Öffentlichkeit. Die Leute müssen wissen, was los ist. Wir möchten nach Hause fahren, und niemand kann uns gegen unseren Willen hier festhalten. Ich habe nun schon so viel erreicht und werde für ein bißchen Luxus in der Stadt nicht aufgeben.«

»Bist du der gleichen Meinung wie deine Schwester?« fragte er Nadja.

»Ja.«

Ich ließ nicht zu, daß er mich mit seinen Argumenten mürbe machte. In den vergangenen sieben Jahren hatte ich sehr gut gelernt, wie man mit jemenitischen Männern streiten und sich gegen sie behaupten mußte. Ich wußte, wie ihr Denken funktionierte und bei mir kamen sie damit nicht mehr weiter. Am Ende lief es immer darauf hinaus, daß sie versuchten, ihren Standpunkt durchzusetzen, indem sie einem nicht zuhörten oder einen gar nicht zur Kenntnis nahmen. Mir war klar, daß wir ihnen bald entkommen würden, und ich wollte nun erst recht nicht aufgeben. Es machte mich rasend, das Telefon zu sehen und zu wissen, daß Mum auf eine Art so nahe war und daß wir sie trotzdem nicht erreichen konnten.

In dieser Nacht schliefen Nadja und ich auf Matten auf dem Fußboden des Wohnzimmers, in dem wir uns tagsüber aufgehalten hatten. Da auf dem Boden Teppiche lagen, war es sehr bequem. Am nächsten Tag passierte anscheinend gar nichts, man überließ uns im Haus uns selbst, und wir fingen an uns zu langweilen. Wir wollten, daß es voranging. Wir machten uns allmählich Sorgen um die Kinder. Als Abdul Walli endlich zu uns kam, fragte ich, was nun als nächstes geschehen würde.

»Wir bringen die Kinder hierher zu euch«, erklärte er uns.

»Wann?« wollte ich wissen. »Wir wollen die Kinder jetzt bei uns haben.«

»Sie werden innerhalb der nächsten zwei Tage hier sein«, versicherte er mir.

»Na gut«, sagte ich.

»Ihr müßt uns nur ein Schriftstück unterschreiben.«

Er begann mir wieder Fragen zu stellen. Wie war ich mit Ward ausgekommen? Ich sagte ihm, wie sehr wir einander haßten und wie schlecht sie mich behandelt hatte, daß sie mich vom frühen Morgen bis zum späten Abend schuften ließ und ich meist schwere Arbeiten tun mußte, die man auch einfacher verrichten konnte. Er hörte mir offenbar zu und verstand, was ich meinte. Nach einer Weile verließ er das Zimmer. Den ganzen Tag lang kam er immer wieder für ein paar Minuten herein und sprach mit uns, ging dann weg und redete mit seinen Polizisten oder kümmerte sich um seine Geschäfte.

Am dritten Tag versuchte ich mehr Informationen über die nächsten Schritte aus ihm herauszuholen, nahm aber an, daß er meine Fragen nur ausweichend beantworten würde.

»Wir wollen nicht in die Dörfer zurück«, sagte ich aggressiv. »Wir wollen nur nach Hause.«

»Ihr müßt auch nicht zurück«, sagte er ruhig.

»Was, nie mehr?« Ich dachte, ich hätte mich verhört.

Er lächelte. »Ihr müßt nie mehr in die Dörfer zurück, ihr habt mein Wort.«

Für einen Augenblick verschlug es mir den Atem. »Und warum?« Ich traute meinen Ohren nicht.

»Weil ihr nicht mehr dorthin zurück müßt«, sagte er achselzuckend. »Ihr könnt eine Weile hier in Ta'izz wohnen.«

Anfangs vertraute ich ihm nicht. Es war, als ob ein Traum wahr geworden sei. Nach dem absoluten Tiefpunkt in Campais wurde mein Leben ganz langsam immer besser, meine Anstrengungen begannen Früchte zu tragen. Zuerst war ich wieder nach Hockail und damit in die Nähe Nadjas zurückgekommen, jetzt war ich mit ihr nach Ta'izz gefahren und war raus aus dem Dorf. Der nächste Schritt mußte sein, nach England zurückzukehren.

Wir ahnten nicht, daß der Nationale Sicherheitsdienst in der ganzen Stadt alle Personen abholte und verhörte, die irgend etwas mit Eileen und Ben zu tun gehabt hatten: den Direktor des Krankenhauses, die Dolmetscherin und den Fahrer. Alle mußten Aussageprotokolle unterschreiben, und bei den Verhören wollte man erfahren, ob sie gewußt hatten, daß die Engländerin Journalistin war. Natürlich hatte keiner von ihnen etwas gewußt, denn sonst hätten sie es nicht gewagt, ihnen zu helfen.

Nadja und ich begannen Abdul Walli während dieser Zeit recht gern zu haben, denn er redete anscheinend offen mit uns. Er gab sich väterlich und sagte uns immer, wie er über eine Sache dachte und wie er die Ereignisse einschätzte. Er schien nichts vor uns zu verbergen, und ich hielt auch nichts vor ihm geheim. Ich glaube nicht, daß er wirklich verstand, daß es für uns einfach keine Alternative zur Rückkehr nach England gab. Ich glaube, niemand da draußen verstand die Stärke unserer Gefühle, verstand, wie sehr wir das Leben in den Dörfern haßten und wie entschlossen wir waren, ihm zu entkommen. Daß wir, solange sich Abdul Walli um uns kümmerte, vor Abdul Khada und den anderen sicher waren, war das Beste an der Situation. Niemand konnte uns etwas antun, solange Abdul Walli für uns verantwortlich war, und das war er mindestens, solange wir bei ihm waren. Trotzdem wußte ich natürlich, daß er nur im Auftrag der Regierung handelte und nicht die Macht hatte, selbst über unser Schicksal zu entscheiden.

Als er uns sagte, wir brauchten nur ein paar Papiere zu unterschreiben und bekämen dann unsere Kinder zurück, waren wir deshalb einverstanden. Die Papiere waren »an alle, die es angeht« adressiert, und mit unserer Unterschrift erklärten wir, daß wir akzeptierten, mit unseren Ehemännern verheiratet und glücklich mit ihnen zu sein, daß wir nun in Ta'izz lebten und daß alle unsere Probleme gelöst seien. Abdul

Walli ließ uns den Text mit der Hand abschreiben und bat uns dann, ihn zu unterschreiben. Wenn wir das täten, sagte er, würden wir unsere Kinder bis zum Ende der Woche wiederhaben. Wir gingen auf seinen Vorschlag ein, weil wir ihm mehr trauten als jedem anderen Menschen und weil wir die Kinder bei uns haben wollten.

Wir mußten während dieser Tage im Haus bleiben, durften uns aber in den Zimmern frei bewegen und auch aufs Dach gehen, wenn wir an die frische Luft wollten. Das Wichtigste für uns war, daß wir zusammen waren. Gefangene zu sein störte uns nicht, solange wir uns nur hatten. Auf dem Dach befand sich eine voll eingerichtete moderne Küche mit Kühlschrank, Abwaschtisch, Waschmaschine und Mixer, Dinge, die wir seit unserer Abfahrt aus England nicht mehr gesehen hatten.

In Ta'izz gab es mehrere Kommandeure, die den gleichen Rang wie Abdul Walli hatten, und jeder befehligte eigene kleine Polizeieinheiten. Die Polizisten lebten wie wir innerhalb der Mauern, auf dem zum Haus gehörenden Gelände, bewohnten jedoch ein Gebäude am anderem Ende. Alle Männer hatten Handfeuerwaffen, und einige trugen über der Schulter auch Gewehre. Wenn wir auf dem Dach saßen und sie unten herumspazieren oder in kleinen Gruppen dasitzen und reden sahen, fühlten wir uns sehr frei und gleichzeitig sehr sicher.

Am vierten Tag, als wir im Haus saßen und uns unterhielten, kam Abdul Walli überraschend herein. »Eure Kinder sind da«, sagte er, und wir trauten unseren Augen nicht. Abdul Noor und Schiab, Gowads ältester Sohn, hatten sie aus dem Dorf hergebracht. Schiab und seine Schwester fuhren zurück und sollten bei ihren Großeltern bleiben, Marcus, Haney und Tina aber blieben bei uns. Wir waren so erleichtert. Marcus fing gerade an zu laufen, und ich schloß ihn in die Arme. Ich hörte, daß er, seitdem ich weggegangen war, ununterbrochen nach mir geweint hatte.

KAPITEL 16

Aufenthalt in Ta'izz

Ein paar Tage später kamen Abdullah und Mohammed, unsere sogenannten »Ehemänner«, aus Saudi-Arabien nach Ta'izz. Die Regierung hatte sie zur Klärung der Situation herbestellt. Abdul Walli hatte uns schon darauf vorbereitet, daß sie kommen würden, hatte aber nicht gesagt, wann. Wir saßen im Wohnzimmer der Frauen, als er zu uns kam und uns eröffnete: »Eure Männer sind nebenan, wollt ihr kommen und sie begrüßen?«

Widerwillig folgten wir seiner Aufforderung. Sie saßen da und warteten auf uns, beide machten besorgte Mienen. Wir setzten uns und wechselten höflich ein paar Worte mit ihnen, dann verließ Abdul Walli den Raum. Mohammed war ungeheuer fett geworden, Abdullah war so dünn wie eh und je.

»Worum geht es hier überhaupt?« wollte Mohammed wissen. »Wir kriegen nur Gerüchte zu hören und wissen nicht, was los ist. Wir haben von Zeitungsartikeln in England erfahren und gerüchteweise gehört, daß eure Mutter herkommt. Was ist los?«

Ich fühlte mich sicher und hatte nichts mehr zu verbergen. Ich vertraute darauf, daß Abdul Walli uns nicht wieder in die Dörfer verschleppen ließ, und deshalb sagte ich ihm alles. »Mum tut, was sie nur kann, um uns hier rauszuholen. Was ihr und eure Väter uns angetan habt, ist unrecht, und wir werden uns nie damit abfinden. So muß es sein.«

Abdullah schwieg zu alledem.

Als Abdul Walli wiederkam, baten ihn die Jungen darum, telefonieren zu dürfen. Er erlaubte es, und sie riefen Gowad in England und Abdul Khada in Saudi-Arabien an. Beide Väter schärften ihren Söhnen ein, nicht in eine Scheidung einzuwilligen und uns die Kinder nicht zu überlassen. Sie wollten uns nicht in England haben, wo wir sie bloßstellen konnten, und sie glaubten nicht, daß wir die Kinder verlassen würden. Die Väter rieten ihnen, sich mit einem Aufenthalt in Ta'izz einverstanden zu erklären, vorausgesetzt, daß ihre Frauen und Kinder bei ihnen sein würden. Araber widersetzen sich niemals den Anordnungen ihrer Väter, und deshalb weigerten sich Mohammed und Abdullah, Alternativen überhaupt in Erwägung zu ziehen. Wir standen wieder vor einem Hindernis.

In dem Haus konnten wir nun nicht mehr bleiben, wir waren zu viele Personen. Abdul Walli besorgte uns eine Wohnung, die man mit dem Taxi in fünf Minuten erreichen konnte, und wir vier zogen mit unseren drei Kindern dort ein. Es war mir in diesem Augenblick egal, wohin ich gehen mußte, wenn es nur nicht Hockail war und wenn ich mit Nadja zusammenbleiben konnte. Solange ich in Ta'izz war und Verbindung zu Abdul Walli hatte, solange konnte ich meinen Kampf für die Heimkehr nach England fortsetzen.

Die Wohnung lag in einer unwirtlichen Gegend, in einer dreigeschossigen Häuserzeile am Ende einer heruntergekommenen Straße. Wir wohnten im ersten Obergeschoß. Die Wohnung hatte einen breiten Mittelgang, von dem zwei Schlafzimmer und ein Wohnzimmer abzweigten, außerdem ein Badezimmer und eine Küche. Zur Straße hinaus ging ein Balkon.

Uns war klar, daß wir mit Mohammed und Abdullah schlafen mußten, das ließ sich nicht verhindern. Auch wenn wir in der Stadt waren, so kannten wir doch die Ehegesetze und -regeln. Ich wußte, daß unser Martyrium bald vorbei war, darum wollte ich keine unnötigen Konflikte heraufbeschwören. Marcus schlief mit Abdullah und mir in einem Zimmer, und Nadjas Kinder schliefen bei ihr und Mohammed.

Sie hatten unsere Matratzen aus dem Dorf mitgebracht, und wir legten sie auf den kalten Steinboden. Anderes Mobiliar war nicht da, nur ein Fernsehapparat, der ans Stromnetz angeschlossen war. Ich hatte noch immer mein Kassettengerät. In der Küche war ein Abwaschbecken, ein kleiner Gaskocher und ein Regal. Im Bad gab es sogar eine Dusche, wenn auch kein heißes Wasser. Wir hatten alles, was wir brauchten, und ich war schon glücklich darüber, den ganzen Tag mit Nadja zusammenzusein. Obwohl es, gemessen an den Wohnungen, in denen ich in England gewohnt hatte, ein Slum war, war es im Vergleich zu den Lebensbedingungen in der Mukbana die Erfüllung eines Traums. Es war einfach wunderbar, nicht von morgens bis abends arbeiten zu müssen und bis nachmittags liegenbleiben zu können, wenn uns danach war.

Die Jungen verhielten sich wie sonst auch. Fast den ganzen Tag lang waren sie mit Freunden in der Stadt, und wir machten uns nie die Mühe, sie zu fragen, wohin sie gingen – es interessierte uns nicht. Solange wir uns hatten, waren wir lieber allein.

Mohammed, Abdullahs Bruder, lebte mit seiner Frau Bakela immer noch in Ta'izz, und sie besuchten uns ab und zu. Jetzt, wo sich schon die Regierung damit beschäftigte, sprach niemand mehr über unsere Situation. Wir unterhielten uns nicht über die Vergangenheit, wir warteten alle nur auf das, was als nächstes kommen würde. Nadja und ich waren glücklich, die Vergangenheit aus unserem Gedächtnis streichen zu können.

Anfangs verließen Nadja und ich selten das Haus. Wir hatten eine merkwürdige Angst vor den belebten Straßen, den Autos und den vielen umherstreifenden Männern. Nach sieben Jahren echter Gefangenschaft in den Dörfern überwältigte uns die Aussicht auf Freiheit. Sogar wenn wir auf den Balkon gingen und unsere Wäsche zum Trocknen aufhingen, verschleierten wir uns, aus Furcht, irgend jemand könnte uns von den anderen Fenstern aus sehen. Wir waren wie die Dorffrauen geworden, in deren Mitte wir gelebt hatten, waren schamhaft und fürchteten uns vor der offenen Welt, weil wir vergessen hatten, wie man sich in ihr bewegt. Die Jungen kauften die Lebensmittel und alles andere Lebensnotwendige ein, während wir in der Wohnung blieben.

Manchmal gingen die Jungen nachmittags zu Abdul Wallis Haus und kauten dort mit den Polizisten Qat. Dann begleiteten wir sie, um mal rauszukommen, und unterhielten uns dort mit den anderen Frauen, die zu Besuch in das Haus kamen. Wir hatten die Kinder immer bei uns, und solange wir in ihrer Nähe waren, waren sie wohl auch glücklich. Wenn Nadja oder ich aus dem Zimmer gingen, fingen sie an zu weinen und liefen uns nach. Sie hatten Angst, daß wir sie wieder verlassen würden. Haney war am schlimmsten, er hing Nadja ständig am Rockzipfel. Wenn wir alle da waren, spielten die Kinder schön zusammen.

Mum erlebte in England ebensoviel Enttäuschungen wie wir in Ta'izz. Alf Dickens hatte ihr einen Kontakt zur *Daily Mail* vermittelt, aber Mum begann bald zu spüren, daß sie nur dazu benutzt werden sollte, ihnen einen Exklusivbericht zu verschaffen, um Eileen und den *Observer* auszubooten. Mum wandte sich wieder an Eileen und verbrachte Weihnachten mit ihr und ihrer Familie in ihrem Haus in London. Die vielen unterschiedlichen Ratschläge und Anforderungen, mit denen sie konfrontiert war, verwirrten und überforderten sie.

Der jemenitische Botschafter in London hatte eine Erklärung veröffentlicht, daß Nadja und ich unsere Ehemänner in Birmingham kennengelernt und geheiratet hätten und dann mit ihnen in den Jemen gegangen wären. Probleme seien, wie er behauptete, erst entstanden, als Mum Dad verließ.

Dies war Dads neueste Version der Geschichte und widersprach allem, was er bis dahin Journalisten gesagt hatte. Früher hatte er nämlich zugegeben, daß wir in die Ferien gefahren waren und danach die Jungen kennengelernt hatten, mit denen wir insgeheim schon verheiratet worden waren. Der Botschafter behauptete auch, daß Mum, falls sie in den Jemen reisen und die familiären Probleme klären wollte, von der jemenitischen Regierung auf jede erdenkliche Weise unterstützt werden würde, um ihre Töchter nach Hause zu bringen.

Unser Leben in Ta'izz verlief so, als ob sich nichts von alledem ereignete. Um uns die Zeit zu vertreiben, begannen wir andere Leute zu Hause zu besuchen. Wir lernten Frauen kennen, die sich sehr von denen in den Dörfern unterschieden. Frauen, die ihren Männern in die Stadt folgten, dachten wesentlich moderner und besuchten sich wechselseitig gern in ihren Wohnungen. Ganz anders als die Frauen im Dorf mußten sie nicht den ganzen Tag lang Wasser holen oder Korn mahlen, sondern hatten freie Zeit zu ihrer Verfügung. Sie fuhren, in der Regel verschleiert, mit dem Taxi von einem Haus zum nächsten und besuchten Freunde und Verwandte. Da Ward und ich nur so selten Besuch gehabt hatten, dauerte es eine Weile, bis ich mich an dieses gesellschaftliche Leben gewöhnte.

Viele der Frauen wollten offenbar in Erfahrung bringen, was es mit uns auf sich hatte. Man hatte sie aber wohl gewarnt, daß ich auf Fragen aggressiv reagierte, und deshalb stellten sie in der Regel auch keine. Einige Hartnäckige fragten mich, ob wir nach Hause fahren oder ob Mum zu uns kommen würde, ich antwortete dann immer, sie sollten sich um ihre eigenen Angelegenheiten kümmern. Die meisten aber waren zurückhaltend. In der Stadt besserte sich unser Gesundheitszustand, ich fühlte mich psychisch viel wohler, war weniger müde und depressiv.

Ich dachte immerzu an das Telefon in Abdul Wallis Zimmer, hatte aber nie den Mut, ihn zu fragen, ob ich es benutzen und Mum anrufen dürfe. Eines Tages mußte jemand von ganz oben Abdul Walli befohlen haben, uns zu Hause anrufen zu lassen. Sie wollten, daß wir Mum erzählten, welche Wende zum Besseren unser Leben genommen hatte, seitdem wir das Dorf verlassen hatten. Sie hofften, daß wir ihr sagen würden, wie herrlich nun alles war und daß sie aufhören sollte, Unruhe zu stiften und die Zeitungen aufzuhetzen. Diese Rechnung ging nicht auf. Je näher die Heimfahrt rückte, desto eher wollte ich auch fahren.

Wir erzählten Abdul Walli und den übrigen, daß es uns

jetzt besser ginge und daß wir glücklicher seien und versuchten sie mit ihren eigenen Waffen zu schlagen. Wir belogen sie so wie sie uns hintergingen, zwar nicht direkt mit dem, was sie uns mitteilten, sondern mit dem, was sie uns verschwiegen und was sie, entgegen allen Ankündigungen, nicht taten. Sie hofften, daß sie nichts mehr für uns zu tun brauchten und daß sich das ganze Problem nun, da wir nicht mehr in der Mukbana waren, in Luft auflösen würde. In dem Glauben wollten wir sie gern lassen, nicht aber Mum auffordern, ihre Bemühungen um unsere Freilassung einzustellen.

Ashia nahm den Hörer ab und wollte nicht glauben, daß tatsächlich ich am Telefon war, und stellte mir alle möglichen Fragen, um meine Identität zu überprüfen. Dann holte sie Mum. Wir sprachen eine Weile miteinander, und sie sagte, daß sie zu Besuch zu uns nach Ta'izz kommen würde.

Ein paar Wochen später wurde uns mitgeteilt, daß wir einen Anruf aus England erhalten würden, und wir gingen zu Abdul Wallis Haus, um ihn entgegenzunehmen. Es war Mum, die wissen wollte, wie es uns ginge, und uns aufforderte, uns keine Sorgen zu machen, weil vieles in Bewegung sei und sie bald bei uns sein würde. Nadja war zu schüchtern, deshalb war immer nur ich am Telefon.

»Ein Freund ist hier, der dir guten Tag sagen will«, sagte Mum.

»Ja, gut.« Ich war zwar überrascht, ließ mir aber nichts anmerken. Ich war bereit, alles zu tun, was sie von mir verlangte.

»Sein Name ist Tom.«

»Okay.« Dann kam Tom an den Apparat. Erst später erfuhr ich, daß er der Lokalreporter war, der die ganze Geschichte ins Rollen gebracht hatte, und daß er über einen Radiosender mit mir sprach und das Gespräch überall in der Umgebung von Birmingham ausgestrahlt wurde. Sie konnten mir das nicht sagen, denn sonst wäre die Verbindung auf unserer Seite vielleicht unterbrochen worden. Da draußen kann man jedes Telefongespräch abhören.

»Wie geht es dir, Zana«, fragte er.

»Ganz gut.« Ich war vorsichtig, da ich nicht wußte, wer er war.

»Möchtest du immer noch nach Hause kommen, nach Birmingham?« fragte er weiter.

»Ja«, antwortete ich. »Das möchte ich, und zwar so schnell wie möglich.«

»Was von zu Hause fehlt dir denn am meisten?«

»Meine Freunde.« Nach ein paar weiteren Fragen gab er den Hörer an Mum zurück.

Dann erhielten wir einen Anruf von Dad. Er flehte uns an, nicht nach Hause zu kommen, weil er sonst vor Schande sterben würde. »Wenn ihr mich liebt, dann kommt nicht nach Hause«, sagte er immer wieder. Na gut, wir liebten ihn ja nicht, und das wird er wohl auch gewußt haben. Er bat uns, in Ta'izz zu bleiben, bis die Presse die Geschichte vergessen haben würde. Das wäre sicher das Beste für ihn, sagte ich. Er sagte, er würde sich umbringen, wenn wir nach Hause kämen, ich entgegnete kalt: »Gut.«

Während wir in Ta'izz waren, hörten wir immer neue Gerüchte von weiteren Zeitungsartikeln, und für die Regierung wurde das Problem größer und größer. Abdul Wallis Sorgen nahmen ständig zu. Seine Vorgesetzten bedrängten ihn vermutlich und wollten wissen, warum er nicht in der Lage war, die Situation zu entschärfen.

Jedesmal wenn wir über die Berichterstattung in den ausländischen Medien sprachen und er uns dazu überreden wollte, uns mit dem nun Erreichten abzufinden und Mum zur Beendigung ihrer Kampagne zu bewegen, sagte ich nur: »Aber sie schreiben in den Zeitungen nur die Wahrheit«, und er konnte nichts mehr erwidern.

Einmal zeigte er uns die Heiratsurkunden. Sie waren in arabisch ausgestellt, aber ich beherrschte die Sprache inzwischen so gut, daß ich sie lesen konnte. Er zeigte sie mir, um ihre Echtheit unter Beweis zu stellen.

»Was mich anbetrifft, so sind sie falsch«, sagte ich zornig.

»Ich habe den Koran studiert und weiß, daß es darin heißt; es ist unrecht, ein Mädchen zur Ehe zu zwingen. Ich akzeptiere deshalb nicht, daß diese Urkunden echt sein sollen.«

Obwohl wir wußten, daß er nur auf Befehl handelte, betrachteten Nadja und ich Abdul Walli als unseren Retter, war er doch derjenige gewesen, der uns aus den Dörfern herausgeholt hatte. Von den Männern, die wir kannten, war er der erste, der uns gut behandelt hatte, und dafür achteten wir ihn. Neben der Frau, die mit ihm in der Stadt lebte, hatte er noch eine zweite in seinem Heimatdorf. Ich hörte, daß sie sechs Kinder von ihm haben soll, und dazu kommt noch das Kind bei der Frau in Ta'izz. Ich weiß nicht, ob es ihnen erlaubt ist, mehr als eine Frau zu haben, doch ich hatte den Eindruck, daß sich reiche Männer im Jemen alles erlauben können.

Nadja und ich gewöhnten uns allmählich daran, wieder in der wirklichen Welt zu leben. Wir fingen an, mit den Kindern Taxi zu fahren, nur so durch die Stadt. Wir stiegen an der Haustür ins Auto ein und dort auch wieder aus, wir mußten also nicht zu Fuß gehen.

Eine Weile später waren wir so mutig, daß wir die Autos irgendwo anhalten ließen, ausstiegen und Einkäufe machten, Lebensmittel oder Kleidung für die Kinder kauften, immer aber trugen wir den Schleier und die traditionelle Kleidung. Da uns inzwischen klar war, daß man uns eine Weile in der Stadt festhalten würde, wollten wir sie wenigstens ein bißchen kennenlernen und so das Beste daraus machen. Es fiel einem schwer, die schmutzige und überfüllte Stadt zu mögen, und trotzdem waren wir glücklich, weil wir zusammen waren, und wir fühlten uns schon wieder mehr wie die freien englischen Mädchen, die wir einmal gewesen waren.

Für die Gewalt, die im Jemen sogar in den Städten herrscht, bieten die auf den Plätzen der Stadt durchgeführten Hinrichtungen ein Beispiel. Wenn Gefangene mit Maschinengewehren hingerichtet wurden, strömten ganze Menschenmassen, einschließlich Frauen und Kindern, herbei und sahen zu.

Hinter dem Schleier waren wir unsichtbar. Niemand wußte, wer wir waren, und wir konnten in der Menge untertauchen. Nachdem wir all die Jahre hindurch keinen Augenblick des Tages unbeobachtet waren und auch ständig über uns gesprochen wurde, war das ein wunderbares Gefühl.

Eines Tages, als wir in Abdul Wallis Haus waren, kamen drei wichtig aussehende Frauen zu uns. Sie waren ganz anders als die Frauen, mit denen wir es bisher zu tun gehabt hatten. Sie machten den Eindruck, als hätten sie Jobs und Geld, sie sahen gesund aus und trugen Goldschmuck, und sie hatten Bücher und Stifte und Papier bei sich. Eine der drei arbeitete als Sekretärin für den Gouverneur von Ta'izz, die anderen beiden hatten etwas mit einem Frauenverband zu tun, der in der Stadt gegründet worden war. Sie hatten von uns gehört und wollten mehr von unserer Geschichte wissen. Die Sekretärin sagte, sie sei vom Gouverneur geschickt worden, um mehr über uns in Erfahrung zu bringen.

»Sie können dem Gouverneur sagen, das geht ihn nichts an«, sagte ich wie üblich schnippisch.

»Es besteht keine Veranlassung für einen solchen Ton«, antwortete sie bestimmt. »Wir sind als Freundinnen zu Ihnen gekommen. Wir mißbrauchen die Informationen nicht, die Sie uns geben, wir wollen nur hören, wie Sie gelebt haben und was Ihnen widerfahren ist. Möglicherweise können wir anderen Mädchen in Ihrer Situation dann helfen.«

Mir wurde klar, daß es ihr ernst damit war, und daraufhin erzählten Nadja und ich ihnen alles von unserem Leben in den Dörfern und von der Arbeit, die wir hatten tun müssen. Sie waren sichtlich erschüttert. Obwohl sie Jemenitinnen waren, hatten sie sich nicht vorstellen können, daß solche Dinge in ihrem Land geschahen. Sie glaubten, nur ihre Vorfahren hätten mit der Hand gesät und Getreide gedroschen, sie hatten keine Ahnung, daß Menschen immer noch so lebten.

Wir sagten ihnen noch einmal, wie unglücklich wir waren und daß wir nur den einen Wunsch hatten, nach Hause zu fahren. Sie versuchten uns klarzumachen, daß wir nun jemenitische Staatsbürgerinnen seien.

»Ich weiß, was ich bin«, sagte ich störrisch, »und ich weiß, was ich will. Ich will nach Hause.« Ich kam mir vor wie ein tropfender Wasserhahn, der immer weiter tropft, bis ich sie schließlich ausgehöhlt haben würde und sie akzeptieren mußten, daß sie mich nicht dazu überreden konnten, meine Meinung zu ändern und zu bleiben.

Die drei Frauen mußten von den gleichen Personen instruiert worden sein wie Abdul Walli, weil sie uns die Stadt mit den gleichen Argumenten schmackhaft machen wollten wie er. Sie bekamen dieselben Antworten, die ich auch schon ihm gegeben hatte. Ich sah, daß sie damit nicht zufrieden waren, aber als sie gingen, verabschiedeten sie sich höflich.

Ein paar Tage später hörten wir, daß Mum zu uns unterwegs sei. Sie sollte mit Jim Halles, dem britischen Konsul, und einem Beamten des Außenministeriums, der beim Dolmetschen helfen sollte, von Sanaa nach Ta'izz fliegen. Endlich, so dachten wir, geschieht noch etwas anderes; Mums Reise verlief aber nicht reibungslos.

Um ein Einreisevisum für den Jemen zu erhalten, mußte sie zur jemenitischen Botschaft nach London fahren. Eileen und Ben waren mit dabei. Als sie mit einem Taxi dort ankamen, war das Gebäude von Filmteams, Fotografen und Reportern umringt. Mum drückte sich auf den Boden des Taxis, und sie fuhren weiter zu einem Pub um die Ecke. Von dort aus riefen sie die Botschaft an und baten, ihr die Papiere zu bringen. Die Beamten kamen auch, nahmen Mum den Paß und das Antragsformular ab und sagten, sie würden in einer halben Stunde wieder da sein. Mum sollte im Pub auf sie warten.

Als die Papiere schließlich vollständig waren, wurde sie in Gatwick wie ein VIP durch den Flughafen geschleust und flog in Begleitung eines Mitglieds der Lufthansa-Crew, die sich ständig um sie kümmerte, nach Sanaa.

Jim holte sie in Sanaa ab und brachte sie in ein kleines Hotel in der Nähe seines Hauses, und am nächsten Tag suchten sie den Außenminister auf, der verlangt hatte, mit Mum vor ihrer Weiterreise nach Ta'izz zu sprechen. Als sie im Ministerium eintrafen, hieß es, alle Beamten seien zu beschäftigt, um Mum empfangen zu können, und ihr wurde untersagt, telefonisch Kontakt zu uns aufzunehmen. Jim ging später noch einmal dorthin und sprach mit einem anderen Kontaktmann, der ihren Weiterflug nach Ta'izz organisierte. Am Flughafen herrschte jedoch dichter Nebel, und es bestand Startverbot bis zum Nachmittag des folgenden Tages.

Dann waren sie aber endlich doch in der Luft und zu uns unterwegs.

KAPITEL 17

Bürokratie und offizielle Verhandlungen

Uns wurde mitgeteilt, daß im Haus des Gouverneurs eine wichtige Unterredung stattfinden sollte. Mum, der britische Konsul und ein Vertreter der jemenitischen Regierung würden daran teilnehmen, und auch wir sollten mit Mohammed, Abdullah und den Kindern anwesend sein.

Wir gingen zu Abdul Walli und warteten in seinem Haus auf Mum, die nach dem Flug aus Sanaa ebenfalls dorthin gebracht werden sollte. Als sie eintraf, ging er hinaus, um sie aus zu begrüßen, während wir im Frauenwohnzimmer warteten. Er führte sie herein. Mum hatte nur einen Koffer bei sich. Wir begrüßten sie sehr gefaßt, die Gefühle gerieten nicht wie beim vorherigen Mal in Aufruhr, vielleicht weil wir wußten, daß die Freiheit nahe war, vielleicht aber auch, weil wir zu hart geworden waren, um Gefühle offen zu zeigen. Nadja weinte, ich jedoch nicht.

Zum ersten Mal sah Mum nun die Kinder. Der Luxus in Abdul Wallis Haus hat sie wohl überrascht. Als sie sich in einen Sessel setzte, jauchzte sie: »Herrje! Der ist aber bequem.« Ich mußte über sie lachen. Falls sie damit gerechnet hatte, in ein Haus zu kommen, wie sie in Hockail üblich waren, mußte diese Pracht hier eine große Überraschung für sie sein.

Abdul Walli und seine Frau waren im Zimmer, Abdullah und Mohammed ebenfalls. Mum vermied es, die Jungen anzuschauen, doch was sie über die beiden dachte, war ihr anzusehen: sie waren unter aller Kritik. Abdul Walli machte ein paar Minuten lang höflich Konversation und nahm dann die Jungen mit hinaus zu der Baracke, vor der die Männer gewöhnlich saßen, sich unterhielten und Qat kauten.

Mum blieb mit Nadja, mir und den Kindern allein. Wir konnten ihr alles erzählen, was sich seit ihrem letzten Besuch bei uns ereignet hatte, und sie berichtete uns, was auf ihrer Seite geschah.

Sie hatte den Kindern aus England Spielzeug mitgebracht, eine Puppe für Tina, einen Autotransporter für Haney und ein Karussell für Marcus. Sie waren überglücklich über die Geschenke und spielten, während wir uns unterhielten.

Mum war erschöpft, sah aber viel besser aus als beim letzten Mal. Sie erzählte uns von Jim, von dem Zwischenstop in Sanaa und von dem offiziellen Gespräch, an dem wir alle teilnehmen würden.

Da es am folgenden Tag stattfinden sollte, brachten wir sie in unsere Wohnung, damit sie schlafen konnte. Nadja, ich und die Kinder teilten uns ein Zimmer mit ihr. Sie bekam das vorhandene Bett, und wir übrigen schliefen auf dem Boden auf den Matratzen. Die Jungen mußten allein schlafen, Mohammed in seinem Zimmer und Abdullah im Wohnzimmer. Mum hätte auf keinen Fall geduldet, daß wir bei ihnen schliefen. Sie verlangte, daß wir nun, wo sie da war, bei ihr blieben. Ich wußte, daß wir Schwierigkeiten bekommen würden, wenn das jemand erführe, doch sie war in diesem Punkt unerbittlich. Ich machte mir nur Sorgen darüber, daß Abdul Khada erfahren könnte, was bei uns vorging, und daß er aus Saudi-Arabien herkommen würde, um uns noch mehr Ärger zu machen. Ich hatte immer noch Angst vor ihm, sogar in der Stadt. Ich war zwar ziemlich sicher, daß er es nicht wagen würde, weil die inzwischen eingetretenen Entwicklungen ihm ebenfalls Angst machten, aber ich konnte ihn nie ganz aus meinen Gedanken verdrängen.

Nach dem Frühstück am nächsten Morgen bereiteten wir uns auf die Unterredung vor. Nadja und ich begannen die schwarze Kleidung anzuziehen und die Schleier anzulegen, doch Mum war das gar nicht recht. Sie konnte nicht verstehen, warum wir uns immer noch so anziehen mußten, jetzt, wo wir nicht mehr im Dorf waren. Daß wir das Gesicht verschleierten, gefiel ihr ganz und gar nicht. »Ihr seid jetzt frei, ihr seid Briten«, sagte sie. »Zieht an, was ihr wollt.« Doch das konnten wir nicht. Wir hatten immer noch Angst, und die Kleider schützten uns, darin konnten wir uns vor der Welt verstecken. Keine von uns beiden war stark genug, solchen einflußreichen Männern in respektloser Kleidung gegenüberzutreten. Wir hätten uns wie nackt gefühlt. Mir war überdeutlich bewußt, daß wir noch nicht frei waren, und ich wollte sie jetzt nicht provozieren und das Risiko eingehen, daß Mum vielleicht des Landes verwiesen und wir in die Dörfer zurückgeschickt wurden.

Jim holte uns in der Wohnung ab. Er wirkte sehr nett, war groß, hatte rötliches Haar und sprach mit schottischem Akzent.

Das Taxi kam und brachte uns zu dem riesigen Haus des Gouverneurs, das in vier Stockwerken viele einzelne Büros beherbergte. Wir gingen zwei Etagen hinauf und kamen in einen großen Raum mit einem Schreibtisch an der Schmalseite und mehreren Gruppen von Sesseln und Sofas. Wir setzten uns und warteten, und dann kamen allmählich immer mehr Männer herein. Der Vertreter des Ministeriums kam mit dem Gouverneur und drei Sekretären, und Abdullah und Mohammed waren ebenfalls da.

Der Ministeralbeamte leitete das Gespräch. Er war offenbar sehr gebildet, sprach ein fast akzentfreies Englisch. Er wollte unsere Geschichte hören, und wir erzählten die ganze Sache noch einmal von Anfang an.

Marcus wurde unruhig und wollte nicht aufhören zu weinen. Er wollte herumlaufen und toben. Einmal wurde der Gouverneur zornig und herrschte mich an, das Kind zur Ruhe zu bringen. Jeder, der kleine Kinder hat, weiß, daß man sie nicht zwingen kann, und deshalb schimpfte ich erst gar nicht mit ihm, schließlich beruhigte ich Marcus aber so weit, daß ich die Geschichte schildern konnte. Haney saß auf Nadjas Schoß und hörte mit großen, weit aufgerissenen Augen zu, und Tina schlief.

Während ich sprach, sagte keiner der Männer im Zimmer ein Wort. Ich schaute sie der Reihe nach an, alle saßen mit gesenkten Köpfen da, so als ob sie sich für das, was uns widerfahren war und wie man mit uns umgesprungen war, schämten. Ich berichtete, daß wir von der Verheiratung nichts gewußt hatten, als wir in den Jemen kamen, und daß man uns gezwungen hatte, mit den Jungen zu schlafen. Ich war nicht aggressiv, ich erzählte einfach, wie es war, sachlich, ohne Zorn und Anklage im Ton.

»Sind Sie jetzt glücklich?« fragte der Innenminister schließlich.

»Nein«, sagte ich mit fester Stimme.

Er nickte und erläuterte uns die gesetzlichen Bestimmungen, die in unserer Lage angewendet werden mußten.

»Wenn Sie den Jemen verlassen«, sagte er, »müßten Sie die Kinder hierlassen, das wissen Sie.«

»Warum denn?« fragte ich. »Es sind unsere Kinder. Sie sind sowieso unehelich, ihre Väter haben keinen Anspruch auf sie, weil wir nicht mir ihnen verheiratet sind. Warum können wir sie dann nicht behalten?«

Diese freche Zwischenfrage mißfiel ihm, sie mißfiel allen Männern, aber ich mußte für meine Interessen eintreten. Sie wollten mich zum Schweigen bringen, es gelang ihnen aber nicht. Jim stand mir bei, er wollte, daß ich jetzt, wo wir schon so weit gekommen waren, nicht den Mund hielt.

»Wie wäre es, wenn wir Ihnen allen Visa geben und Sie zusammen wegfahren würden?« fragte der Beamte. »Würden Sie mit ihren Ehemännern nach England gehen? Das ist die einzige Möglichkeit, das Land mit den Kinder zu verlassen. Wenn Sie mit den Männern fahren, dürfen Sie die Kinder mitnehmen.«

Nadja und ich sahen uns an. »Gut.« Wir hätten alles gesagt, nur um mit den Kindern aus dem Jemen herauszukommen.

»Und nun zu Ihnen«, sagte er an die Jungen gerichtet. »Wären Sie bereit, mit Ihren Frauen und Kindern nach England zu fahren, wenn wir das arrangieren können?« Die Jungen erklärten sich nickend mit dem Plan einverstanden.

»Also gut.« Er war offenbar erleichtert darüber, einen gangbaren Ausweg gefunden zu haben. »Wir werden für Mohammed und Abdullah Visa besorgen.«

Die Unterredung war anscheinend zu Ende. Alles hing nun davon ab, ob das britische Innenministerium den Jungen Einreisevisa austellen würde. Das bedeutete, wir mußten wieder warten, bis das Ministerium die Anfrage erhalten und eine Entscheidung getroffen haben würde. Jim vermutete, daß es ablehnen würde, weil es darin ein Komplott sehen würde, um die Jungen nach Großbritannien zu bringen. Man wußte ja, daß Nadja und ich oft genug gesagt hatten, daß wir sie haßten. Jim hoffte aber, daß es irgendwie trotzdem gehen mußte, wenn das die einzige Möglichkeit war, die Kinder nach England zu bringen.

Jim hatte Antragsformulare bei sich, und wir gingen in einen kleineren Raum, um sie auszufüllen. Die Jungen mußten belegen, daß sie in England ihren Lebensunterhalt bestreiten konnten, und Mohammed erzählte Jim, daß er 12 000 Pfund aus seinem Verdienst in Saudi-Arabien gespart hatte. Später fanden wir heraus, daß sowohl Mohammed als auch Abdullah Jim an diesem Tag angelogen hatten. Mohammed hatte in Wahrheit gar kein Geld, und Abdullah hatte ihm verschwiegen, daß er damals bei seiner medizinischen Behandlung in Großbritannien die Aufenthaltserlaubnis überzogen hatte. An dem Tag aber hatte Jim ihnen geglaubt und uns gesagt, daß das britische Innenministerium in der Regel sechs Monate zur Bearbeitung solcher Anfragen benötigte, aber er wolle versuchen, die Angelegenheit zu beschleunigen.

Als Mum im Jemen war, entdeckte sie, daß Abdul Khada und Gowad sich im Jahre 1980 an die britische Botschaft in Sanaa gewandt und um die Erlaubnis zur Einreise ihrer Söhne nach England nachgesucht hatten. Sie hatten den Antrag damit begründet, daß ihre Söhne mit britischen Staatsbürgerinnen verheiratet seien. Der Vizekonsul hatte ihnen damals schriftlich den Bescheid gegeben, daß sie mit ihren Frauen zu einem Interview in der Botschaft erscheinen sollten. Da sie uns aber mit einem Trick zu illegalen Ehen gezwungen hatten, konnten sie das nicht riskieren und hatten die Sache nicht weiter verfolgt. Diese Antragsformulare liegen noch immer bei der britischen Botschaft in Sanaa und beweisen, daß einer der Hauptgründe, warum wir von Dad »verkauft« wurden, unsere britische Staatsbürgerschaft war. Mum blieb vier Wochen bei uns in der Wohnung. Die Jungen gingen ihr die meiste Zeit aus dem Weg, so daß fast immer nur Mum, Nadja, ich und die Kinder zusammen waren. Das war herrlich. Wenn die Jungen da waren, gab es manchmal Streit, denn sie drohten damit, den Gouverneur zu bitten, Mum auszuweisen, weil sie sich in ihr Eheleben einmischte.

Man hörte zu der Zeit die unterschiedlichsten Gerüchte. Einer behauptete, daß Gowad und Abdul Khada den Gouverneur bestochen hatten, ein anderer, wir würden in sechs Monaten ausreisen, und ein dritter wiederum, man würde uns überhaupt nicht gehen lassen. Ein vierter erzählte uns, er könne uns innerhalb einer Woche herausholen, weil er den Präsidenten kenne, und ein fünfter behauptete, Dad hätte einen Brief an die Regierung geschrieben und dafür gesorgt, daß man uns nie gehen lassen würde. In Wirklichkeit aber passierte gar nichts.

Eines Tages wollte Mum nach Sanaa fliegen, um dort Geld abzuheben und ihren Paß abzuholen, Sie hatte ihn bei Jim gelassen, der sich um die Verlängerung ihres Visums kümmern wollte. Sie schlug vor, daß wir sie begleiten sollten, um mal rauszukommen. Als wir am Flugplatz von Ta'izz ankamen, um die Inlandsmaschine zu erreichen, entdeckten wir unsere Fotos an einer Anschlagtafel. Den Wachposten hatte man gesagt, daß wir versuchen würden, ins Ausland zu fliehen. Man brachte uns auf direktem Wege zu Abdul Wallis Haus.

Die drei Frauen, die bei Abdul Walli schon einmal mit uns gesprochen hatten, besuchten Mum in der Wohnung. Sie gaben uns ihre Adressen und luden uns ein, sie zu besuchen, falls Mum einmal etwas Abwechslung haben wollte. Mum begann sich in der Wohnung wirklich zu langweilen, deshalb nahmen wir das Angebot an. Sie hatten schöne Häuser, vergleichbar mit dem von Abdul Walli, nur kleiner. Sie bereiteten uns etwas Gutes zu essen, ihr Lebensstil war stark vom Westen beeinflußt. Sie trugen westliche Kleidung und hatten das Haar nicht bedeckt, sie konnten lesen und schreiben, sie hatten das College besucht und waren gereist.

Die eine Frau aus dem Frauenverband war besonders nett und einfühlsam. Ich vertraute ihr an, wie die alte Frau Nadja bei Tinas Geburt geschnitten hatte. Nadja bekam deshalb zeitweise immer noch Ausfluß. Die Frau war offenbar besorgt und bot mir an, mit Nadja zu ihr zu kommen. Sie wollte dann ein Taxi bestellen und mit uns zu einer mit ihr befreundeten Ärztin fahren. Mum erzählten wir nichts davon, weil wir sie nicht beunruhigen wollten.

Die Praxis der Ärztin lag in einer schönen Gegend der Stadt. Sie sah aus wie eine Familienberatungsstelle, und wir kamen gleich dran. Die Ärztin untersuchte erst mich und dann Nadja. Sie sah sofort, daß Nadja eine Infektion hatte und gab ihr Tabletten dagegen. Sie fragte uns, ob wir irgendwelche Schwangerschaftsverhütungsmittel verwendeten und war empört, als wir verneinten. Wir hatten ständig Angst davor, schwanger zu werden. Wir konnten nur versuchen, Sex so oft wie möglich zu verhindern. Es war reines Glück, daß wir nur so selten schwanger geworden waren. Die Ärztin war entsetzt, das zu hören, und gab uns einen Vorrat an Pillen mit. Mum war darüber hocherfreut und erinnerte uns jeden Abend daran, sie zu nehmen.

Mein Bruder Ahmed kam uns auch besuchen, während Mum bei uns war. Nachdem er mit drei Jahren von ihr getrennt worden war, hatte sie ihn nun zum ersten Mal wiedergesehen. Wir waren alle in der Wohnung, als er an der Tür klopfte. Mum hatte keine Ahnung, wer er war, sie stand vor ihm wie vor einem Fremden. Ich mußte sie miteinander bekannt machen, und dann umarmten sie sich. Sie konnten nicht direkt miteinander sprechen, wir mußten dolmetschen.

Dads Bruder war bei ihm, er war aus Saudi-Arabien in den Jemen gekommen.

Er sagte, uns, daß er auf unserer Seite stünde und das, was Dad uns angetan hatte, verurteilte. Das ganze öffentliche Aufsehen war ihm peinlich. Er war nett. Er sah genauso aus wie Dad, obwohl er ein paar Jahre jünger war.

Ahmed kennengelernt zu haben machte Mum sehr glücklich, sie strahlte danach übers ganze Gesicht. Er wollte wissen, ob sie ihm helfen könne, auch aus dem Jemen herauszukommen, er hatte die Armee inzwischen satt. Er war niedergeschlagen und wollte nach England kommen. Sie versprach ihm, es zu organisieren. Mum rief Jim an, und er gab ihr den Rat, Ahmed zur britischen Botschaft zu schicken. Dort würde man ihm einen Paß ausstellen, sobald er die notwendigen Formulare ausgefüllt hatte. Da Ahmed britischer Staatsbürger war, gab es in seinem Fall keine Probleme. Dad erfuhr von Ahmeds Vorhaben und tat alles mögliche, um es zu verhindern. Anscheinend schämte er sich für das, was er getan hatte, und wollte Ahmed nicht in die Augen schauen müssen.

Mein Onkel und Ahmed wohnten in Ta'izz bei Verwandten, von denen wir noch gar nichts wußten. Sie nahmen uns mit, damit wir sie kennenlernten. Es war eine nette Familie, die schon vor langer Zeit aus dem Dorf in die Stadt gezogen war. Ihr älterer Sohn war Arzt, und sie waren ziemlich westlich orientiert. Die Frau war Dads Cousine, und sie erzählte mir ein bißchen von Dad aus der Zeit, als er noch in Aden war. Sie sagte, daß Dad als Junge in Marais verheiratet worden war, und Mum und ich hörten da zum ersten Mal einige Einzelheiten aus dieser Zeit. Nachdem er nach England gefahren war, schrieb er seiner jungen Frau, daß er nicht zurückkommen würde, und die Geschichte endete damit, daß sie an gebrochenem Herzen starb.

Eines Morgens kam mein Onkel zu uns und fragte, ob wir wüßten, wo Ahmed sei. Sie wohnten immer noch bei den Verwandten, die wir besucht hatten, doch mein Bruder war verschwunden. Niemand von uns hatte eine Ahnung, wo er sein konnte, deshalb fuhren wir alle zusammen mit dem Taxi zu Abdul Walli, um ihn zu fragen, ob er herausbekommen könne, was mit Ahmed passiert sei. Der Onkel sprach mit Abdul Walli, der sogleich einige seiner Leute beauftragte, sich umzuhören. Sie kamen mit der Nachricht zurück, daß Ahmed im Gefängnis saß.

Ich wartete nicht, bis Abdul Walli etwas unternahm. Ich stieg mit Mum, dem Onkel, Nadja und den Kindern in ein Taxi und fuhr zum Zentralgefängnis, in dem er sein sollte. Vor dem großen Stahltor stand ein uniformierter Wachposten. Er hatte ein Gewehr umgehängt, und ich fragte, ob Ahmed Muhsen da drin sei. Der Wachposten war sehr freundlich. Er war wohl verblüfft, daß eine verschleierte Frau ihn auf der Straße ansprach, ließ es sich aber nicht anmerken. Er sagte, er würde hineingehen und fragen. Ein paar Minuten später kam er wieder heraus und bestätigte, daß Ahmed dort sei.

»Warum hat man ihn eingesperrt?« wollte ich wissen, doch er konnte es mir nicht sagen. »Ich will ihn sehen«, ließ ich nicht locker.

»Nein«, sagte er kopfschüttelnd, »das dürfen Sie nicht. Er wird jetzt gerade dem Gefängnisdirektor vorgeführt und dann entlassen.«

»Hat man Sie dafür bezahlt, das zu sagen?« schrie ich. »Hier funktioniert alles nur mit Geld! Alle hier tun doch nur was, wenn man sie bezahlt.«

Er nahm das Gewehr ab und richtete es auf mich. »Wenn Sie nicht den Mund halten ...«, sagte er knurrend und wurde dann still.

»Na los doch, tun Sie's!« sagte ich. Mein Onkel packte mich am Arm und versuchte mich wegzuziehen.

»Beruhige dich, Zana«, sagte er beschwörend, und ich begriff, daß es keinen Sinn hatte, einen Gefängniswärter anzuschreien. Wir stiegen alle wieder ins Taxi und fuhren zur Wohnung zurück.

Noch am selben Tag kam ein Polizist aus der Miliz Abdul Wallis zu uns und berichtete, was sie in der Zwischenzeit noch herausgefunden hatten. Ahmed war verhaftet worden, weil er und der Onkel geplant hätten, uns zu entführen und außer Landes zu schmuggeln. Ahmed war zum Gouverneur von Ta'izz bestellt worden, und als er in dessen Büro kam, wurde er festgenommen. Zum ersten Mal hörten wir nun von diesem Komplott.

Nadja und ich beschlossen, den Gouverneur aufzusuchen und Mum und den Onkel in der Wohnung zu lassen. In dem Regierungsgebäude drängten wir uns durch die Sicherheitskräfte durch, und auf der Treppe liefen wir direkt der Sekretärin in die Arme, die uns schon einmal besucht hatte. Sie bat uns in ihr kleines Bürozimmer. Ich war so wütend, daß ich einfach drauflosredete, was mir in den Sinn kam. Sie wollte mich beruhigen und rief den Gouverneur an, um ihm mitzuteilen, daß wir da waren. Jemand brachte uns Tee, und dann ließ man uns in dem kleinen Zimmer allein.

Mit dem Gouverneur ließ man uns gar nicht sprechen. Statt dessen riefen sie Abdul Walli an, er mußte kommen und uns abholen. Er war sehr zornig auf uns, weil wir eigenmächtig gehandelt hatten, doch ich sagte ihm, daß mir das gleichgültig sei. »Geht jetzt nach Hause«, befahl er.

»Ich gehe nirgendwohin«, sagte ich, »bis mein Bruder nicht freigelassen wird.«

»Na dann kommt«, sagte er, »wir holen ihn heraus.«

Wir nahmen uns ein Taxi und fuhren noch einmal zum Gefängnis. Abdul Walli ging hinein, um mit den Verantwortlichen zu sprechen, wir warteten draußen im Taxi. Ungefähr eine halbe Stunde später kam er wieder. Er hatte Ahmed bei sich.

Ahmed stieg ins Taxi, und während wir zur Wohnung zurückfuhren, erzählte er uns, daß er im Gefängnis von einem Wärter zusammengeschlagen worden war. Sie hatten ihn gewarnt, sich weiter in unseren Fall einzumischen, und gesagt, das sie eine Familienangelegenheit und ginge ihn nichts an. Er tat mir leid, denn er hatte ja nichts Böses getan. Sie vermuteten nur, daß er einen Plan ausheckte, beweisen konnten sie nichts. Aber da draußen braucht die Polizei keine Beweise, um gegen jemand vorzugehen. Als wir in der Wohnung waren, war Mum sehr erleichtert, Ahmed wiederzusehen.

Eines Tages, als Mum, Nadja und ich mit den Kindern allein in der Wohnung waren, klopfte es an der Tür. Ich ging aufmachen und sah einen Polizisten in der üblichen paramilitärischen Uniform mit Käppi und geschultertem Gewehr und neben ihm einen Mann in einem langen weißen Kleid, der wie ein Beamter aussah.

»Ist Ihre Mutter da?« fragte der Beamte zornig.

»Ja, hier entlang.« Ich zeigte auf das Wohnzimmer, in dem Mum und Nadja auf den Matten saßen, die anstelle von Möbeln überall auf dem Boden ausgelegt waren. Sie gingen durch, und der Beamte begann Mum in gebrochenem Englisch anzuschreien.

»Miriam Ali, ich teile Ihnen mit, daß Ihr Visum für den Jemen abgelaufen ist. Sie verstoßen gegen das Gesetz, wenn sie sich hier aufhalten.«

»Nein, ist es nicht.« Mum ließ sich nicht einschüchtern. »Es ist noch vier Tage gültig.«

»Ist Ihnen klar, was Ihnen passieren kann, wenn Sie die Aufenthaltserlaubnis überziehen?« fragte er drohend, während der Polizist mit dem Zeigefinger am Abzug des Gewehrs herumspielte.

»Es ist aber noch nicht abgelaufen«, sagte Mum noch einmal. »Zeigen Sie mir Ihren Paß«, befahl er.

Mum reichte ihm den Paß, und er blätterte ihn durch. »Wer hat Ihnen befohlen, mich hier aufzusuchen?« wollte sie wissen, doch er antwortete nicht. »Geben Sie mir meinen Paß zurück«, rief sie, »verschwinden Sie aus diesem Haus, und belästigen Sie mich nicht noch einmal! Mein Visum ist noch vier Tage gültig, und ich werde nicht vorher abreisen.« Sie bebte vor Zorn darüber, daß sie ihr auf so primitive Weise Angst machen wollten. Die Männer gingen und murmelten weiter Drohungen.

Wie Jim es erwartet hatte, lehnte das britische Innenministerium die Visumanträge ab. Man hatte entdeckt, daß die Jungen in den Antragsformularen gelogen hatten, deshalb durften sie nicht nach Großbritannien einreisen. Da wußte ich, daß wir den Jemen nicht mit unseren Kindern verlassen würden. Ich wußte, daß ich Marcus zurücklassen mußte, und ich konnte den Gedanken daran kaum aushalten. Es hatte keinen Sinn, daß Mum noch länger bei uns blieb, auch sie fand es besser, nach England zurückzufahren und von dort aus weiter für uns zu kämpfen. In Ta'izz konnte sie in diesem Stadium nichts weiter tun.

Nadja und ich nahmen die Kinder mit, als wir mit Abdul Wallis Land Rover zum Flugplatz von Ta'izz fuhren, um Mum zu verabschieden. Das Flughafengebäude ist neu und aus Glas, man kann die Flugzeuge auf der Rollbahn schon von der anderen Seite her sehen. Wir mußten nur zehn Minuten warten, bis Mums Flugzeug kam. Das entsetzliche Gefühl, sie wieder gehen zu sehen, wo wir doch alle mit ihr ins Flugzeug einsteigen wollten, ist schwer zu beschreiben. Nadja, Mum und ich weinten ununterbrochen. Als Haney Nadja weinen sah, fing er auch an.

»Kein Grund zur Sorge«, sagte sie, »jetzt ist es bald vorbei.«

Abdul Walli durfte sie durch den Zoll begleiten, und wir winkten ihr durchs Fenster nach. Er wartete auf dem Rollfeld, bis sie sicher an Bord war, und kam dann zu uns ins Flughafengebäude. Wir fuhren erst zur Stadt zurück, nachdem das Flugzeug gestartet war. Auf dem Rückweg schwiegen wir, und Abdul Walli versuchte erst gar nicht, ein Gespräch mit uns zu beginnen.

An der Straße zum Flughafen war ein neuer, großer Park mit Spielstraßen für die Kinder eingerichtet worden. Mohammed und Abdullah waren einmal mit uns und den Kindern hingegangen. Die Kinder hatten an diesem Tag viel Spaß.

Mohammed und Abdullah waren für die Kinder mehr wie Brüder, nicht wie Väter. Ich habe nicht einmal bemerkt, daß

Abdullah Marcus gegenüber ein Gefühl gezeigt hätte. Wenn ich für den Jungen neue Sachen brauchte, mußte ich immer erst darum bitten, von sich aus hat er ihm nie etwas gekauft.

Mein Onkel und Ahmed blieben noch eine Weile in Ta'izz, nachdem Mum abgereist war. Eines Tages nahm mein Onkel mich beiseite: »Hör mal, Zana«, sagte er, »man macht euch hier so viele Schwierigkeiten. Warum kommt ihr nicht mit uns nach Marais? Wir können über Aden alles für euch organisieren.«

»Warum sollten wir denn nach Marais gehen?« fragte ich. »Was könnten wir dort erreichen?«

»Eine Menge, unsere Regierung ist ganz anders als die im Jemen. Sie kann sich nicht bei uns einmischen.«

Ich dachte gründlich darüber nach, beschloß dann aber, das Risiko nicht einzugehen. Wir hatten schon so viel bewirkt, und obwohl ich glaubte, meinem Onkel vertrauen zu können, war es ja möglich, daß Dad ihn überredet hatte, das zu arrangieren. Und in Marais hätten wir dann festgestellt, daß wir wieder ganz von vorn beginnen müßten. Ich wußte, daß Dad und Abdul Khada zu einer solchen Gemeinheit fähig waren.

Irgendwie hatte Abdul Walli von der Idee meines Onkels Wind bekommen »Wie ich höre, nimmt euch euer Onkel mit nach Marais«, sagte er eines Tages zu mir. Mir war rätselhaft, wie das Gerücht zu ihm durchgedrungen sein konnte. Nachdem Mum fort war, fühlten Nadja und ich uns wieder unsicher, obwohl wir in der Stadt waren. Wir wußten nicht, was vorging, und alles war so verwirrend. Wir besuchten auch weiter die gleichen Leute und lebten mit Mohammed und Abdullah, die für uns alle sorgen mußten.

Eines Tages wurde Marcus wieder sehr krank. Er aß nicht, wurde sehr dünn und war zu schwach, noch irgend etwas zu tun, wohingegen er vorher eher zu lebhaft war. Diesmal brachten Nadja und ich ihn allein ins Krankenhaus. Die Nachricht von der Unterredung damals beim Gouverneur hatte sich in der ganzen Stadt verbreitet. An dem Tag war das Gouverneursgebäude voller Menschen gewesen, darum war unsere Geschichte überall bekannt. Auch wenn wir verschleiert waren, erkannten uns die Leute auf der Straße, entweder daran, daß wir die Kinder bei uns hatten, oder daß sie uns Englisch sprechen hörten. Als wir ins Krankenhaus kamen, muß uns jemand erkannt haben, und als wir durch das Wartezimmer stürmten, hielt niemand uns auf.

Wir gingen gleich ins Sprechzimmer des Arztes hinein, und ich verlangte, daß jemand mein Kind untersuche. Man bat mich, einen Augenblick zu warten, und ein anderer Mann wurde zu uns gerufen. Ich weiß nicht, ob er Arzt war, offensichtlich kannte aber er uns und sprach sehr freundlich mit uns. Mir war es gleich, wer oder was er war, wenn sich nur jemand Marcus anschaute. Er bat uns, ihm zu folgen, und führte uns in einen Raum, der wie ein Labor ausgestattet war. Leute wurden geröntgt, und es wurden Bluttests und andere Untersuchungen gemacht.

»Setzen Sie sich«, sagter er, »schauen wir uns den jungen Mann mal an.« Es dauerte ein paar Minuten, bis er Marcus untersucht hatte. »Er ist sehr schwach. Ich denke, wir sollten einen Bluttest machen', sagte er schließlich. Er nahm Marcus ein wenig Blut ab.

»Wie lange dauert es, bis wir das Ergebnis erfahren?« fragte ich.

»Kommen Sie morgen wieder«, sagte er. »Kommen Sie gleich in diesen Teil des Gebäudes, ich werde da sein.«

Am folgenden Tag gingen wir wieder hin, und der Arzt war da. Er machte ein sehr ernstes Gesicht, als wir eintraten.

»Haben Sie die Ergebnisse?« fragte ich.

»Ja«, nickte er, »Marcus braucht dringend Blut. Sonst wird er bald sterben. Er hat Glück gehabt. Wenn Sie ihn nicht hergebracht hätten, hätte er wahrscheinlich nicht mehr lange zu leben gehabt.«

»Wo bekomme ich denn das Blut her?« fragte ich.

»Er muß es vom Vater bekommen.«

»Ich will nicht, daß er irgend etwas von seinem Vater bekommt«, sagte ich schnell und dachte an die vielen Liter fremden Bluts, die man während der Operation in Saudi-Arabien in Abdullah hineingepumpt hatte. »Ich will nicht, daß Marcus etwas von ihm bekommt.«

»Na gut.« Der Arzt verstand offenbar. »Ich gebe ihm Blut von mir, wenn meine Blutgruppe paßt.« Er nahm sich selbst etwas Blut ab, und seine Blutgruppe paßte. Dann rief er einen anderen Arzt und bat ihn, ihm eine Flasche Blut zu entnehmen. Es war wunderbar mitanzusehen, daß er sich offenbar persönlich für uns verantwortlich fühlte und glaubte, uns helfen zu müssen. Ich weiß nicht, warum er das gemacht hat, vielleicht tat ihm leid, was mit uns geschehen war, und er wollte das irgendwie wiedergutmachen. Nach der Blutentnahme wurde Marcus auf einen Tisch gelegt. Er war so schwach, daß er kaum die Augen offenhalten konnte.

»Was werden Sie jetzt tun?« fragte ich.

»Wir müssen eine Vene bei ihm finden, und dann übertragen wir ihm das Blut ganz langsam«, erklärte der Arzt.

Sie suchten am ganzen Arm, fanden aber keine Vene, und ich geriet in Panik. Marcus hatte auf der Stirn eine stark hervortretende Vene, und sie beschlossen, diese zu benutzen. Ich fing an zu weinen.

Als sie ihm die Kanüle durch die Stirn stießen, schrie er und zappelte. Ich nahm ihn hoch und hielt ihn auf dem Arm und sah zu, wie das Blut langsam in den Kopf meines Kindes floß. Ich mußte ganz stillhalten, damit die Kanüle nicht verrutschte. Das Blut floß so langsam, und nach einer Weile schlief Marcus ein. Es dauerte zwei Stunden, bis die ganze Flasche übertragen war. Dies mitansehen zu müssen und zu wissen, daß ich mein Kind bald verlassen mußte, war das schrecklichste Gefühl, das man sich vorstellen kann. Ich war wie versteinert vor Angst, daß irgend etwas schiefgehen könnte. Nadja war bei mir, sonst aber wußte niemand, wo wir waren und was mit Marcus geschah.

Ich bat Nadja, einen der Jungen zu suchen und ihn zu bitten, eine Transportmöglichkeit für Marcus zu organisieren. Sie ging zur Wohnung zurück, aber es war keiner zu Hause. Sie nahm ein Taxi und holte Abdul Walli. Als sie wieder im Krankenhaus waren, sah Abdul Walli ganz verängstigt aus und wollte wissen, was passiert war. Man hätte ihn wohl zur Rechenschaft gezogen, wenn Marcus etwas zugestoßen wäre, solange er für uns verantwortlich war.

Der Arzt kam mehrmals zurück und schaute nach, ob alles in Ordnung war. Abdul Walli dankte ihm für alles, was er getan hatte. Am Ende der Bluttransfusion sah Marcus nicht mehr gelb, sondern rosig aus, und wir brachten ihn in die Wohnung zurück. Wahrscheinlich hatte er nur das Blut gebraucht, denn ein paar Tage später fing er wieder an zu essen und erholte sich. Es sah so aus, als würde er wie sein Vater immer gesundheitliche Probleme haben.

Einer der Gründe, warum ich es mir vorstellen konnte, ihn im Jemen zu lassen, war, daß er ein Junge war. Ich wußte, daß es ihm gut gehen würde. Wenn ich aber ein Mädchen gehabt hätte, weiß ich nicht, wie ich mich verhalten hätte. Es wäre aber trotzdem leichter für mich gewesen, wenn er ein gesunder und kräftiger Junge gewesen wäre und nicht einer, den das Leben so viel Kraft kostete.

KAPITEL 18

Plötzliche Trennung

Nachdem Mum abgefahren war, rief Jim uns bei Abdul Walli an und wollte mit Mohammed sprechen. Er teilte ihm mit, daß man ihm einen britischen Paß ausstellen würde, da Gowad, sein Vater, inzwischen britischer Staatsbürger geworden war.

»Können Sie nach Sanaa kommen und den Papierkram erledigen?« fragte Jim.

»Ja, in Ordnung«, willigte Mohammed ein. Die Aussicht schien ihn zu freuen.

Auch für mich klang das nach einer guten Nachricht. Vermutlich hatte Nadja nun als erste die Chance, mit ihren Kindern das Land zu verlassen, und das wollte ich ja, falls wir nicht gleich alle zusammen fahren durften. Ich wollte nicht, daß sie allein zurückblieb, weil ich vermutete, daß sie ohne mich nicht die Kraft und den Willen haben würde weiterzukämpfen.

Obwohl Mohammed so versessen darauf war, nach Großbritannien zu kommen, schien er es nicht eilig zu haben, nach Sanaa zu fahren und zu Jim zu gehen. Nadja und ich drängten ihn ständig, es endlich zu tun, und schließlich fragte er, ob wir alle ihn nicht begleiten wollten. Abdul Walli teilte mir mit, daß mein Paß ebenfalls bei Jim bereitlag und daß ich ihn abholen mußte. Mum hatte unsere Papiere bei Jim gelassen, weil sie fürchtete, daß sie bei uns nicht sicher waren. Wenn wir sie bei uns hätten, konnten die Männer sie uns leicht wegnehmen, und dann würden sie ebenso verschwinden wie die Originale.

Nadja, ich und die Kinder fuhren mit Abdul Walli und einer seiner Wachen mit dem Land Rover nach Sanaa. Mohammed begleitete uns, um seinen Paß abzuholen, Abdullah aber nicht. Ich wußte nicht, wo er war, machte mir aber auch keine Gedanken darüber. Wie üblich brachen wir zu der vierstündigen Fahrt schon am frühen Morgen auf.

Abdul Walli hatte ein Haus am Stadtrand von Sanaa, in dem wir wohnten, bis wir unsere Angelegenheiten geregelt hatten. Es war schön, wenn auch ein wenig kleiner als das in Ta'izz. In Sanaa war es kalt und feucht, und verglichen mit dem Gedränge in der Polizeistation von Ta'izz wirkte das Haus wie verlassen. Alle Nachbarhäuser gehörten anderen reichen Familien und waren von hohen Mauern umgeben. In beiden Städten unterscheiden sich die Viertel der Reichen und der Armen drastisch.

Abdul Walli erzählte uns, daß das Haus nebenan einem Rechtsanwalt und das gegenüber einem Arzt gehöre. Beide Häuser waren viel prächtiger und größer als sein eigenes. Ein in der Ölbranche tätiger englischer Geschäftsmann lebte mit seiner Familie in einem Haus in der Nähe. Gleich als wir ankamen, gingen die Männer Lebensmittel einkaufen, damit Nadja und ich etwas kochten.

Als Mohammed zur Botschaft kam und seinen Paß holen wollte, wurde dort plötzlich von einem technischen Problem gesprochen. Es hieß, Gowad müsse noch ein Formular ausfüllen, weigere sich aber, das zu tun. Offenbar wollte sein Vater nicht, daß er nach England kam, wenn das bedeutete, auch Nadja mitzubringen. Und wie Abdullah auch tat Mohammed immer nur das, was sein Vater anordnete und wollte keine Kritik über ihn hören. Mir aber war klar, daß Gowad hier bewußt etwas verzögern wollte. Nadja wollte sowohl in seinen Paß eingetragen werden als auch einen eigenen haben, um zu garantieren, daß die Kinder mit ihr fahren konnten.

Nadja holte meinen Paß bei Jim ab, als sie mit Mohammed zu ihm ins Büro ging. Ich wartete draußen im Land Rover. Es war das erste Mal, daß ich einen britischen Paß sah, denn Dad und Abdul Khada hatten meinen ersten immer bei sich gehabt. Ich mußte ihn jedoch gleich an Abdul Walli weitergeben. Er sagte mir, das Innenministerium des Jemen müßte ihn ebenfalls noch abstempeln.

Wir sahen uns an dem Tag mit dem Auto die Stadt an. Es war eine schöne Stadt, groß und voller alter Bauwerke. Sie wirkte viel westlicher als Ta'izz, viel mehr wie englische Städte. Frauen trugen dort häufig westliche Kleidung, manche gingen mit ihrem Mann Hand in Hand. In den Straßen sah man viele Touristen, und es war viel sauberer.

Bei dem windigen Wetter dort hatten sich alle Kinder schon am zweiten Tag erkältet, und wir mußten im Haus bleiben. Am nächsten Tag fuhren wir nach Ta'izz zurück. Mein Paß wurde nicht wieder erwähnt, so als hätte ich ihn nie gehabt. Ich konnte wohl nichts tun oder sagen, um die Dinge zu beschleunigen.

Als wir in Ta'izz angekommen waren, zeigte mir Abdul Walli ein arabisch abgefaßtes Schriftstück und sagte, daß meine Scheidung genehmigt und damit offiziell bestätigt sei. Er steckte das Papier sofort wieder in die Tasche. Ich war empört.

»Was denn für eine Scheidung?« fragte ich.

»Deine, von Abdullah.«

»Wozu brauche ich denn eine Scheidung?« wollte ich wissen, »wenn ich gar nicht mit ihm verheiratet bin?«

»Du bist lange genug hier, um unsere Gepflogenheiten zu kennen. Du brauchst ein Dokument, das beweist, daß du nicht mit ihm verheiratet bist. Wenn man dich freigelassen hat, kannst du gehen, wohin du willst. Du kannst dich entscheiden. Du kannst mit Marcus entweder hier in Ta'izz leben – und brauchst nicht wieder zu heiraten –, oder du kannst Marcus hierlassen und nach England zurückgehen. Die Entscheidung liegt ganz bei dir.«

Ich wußte nicht, was ich antworten sollte. Obwohl mir ja klar gewesen war, daß ich mich am Ende entscheiden mußte, war es nun doch ein Schock, tatsächlich mit dieser Möglichkeit von solcher Tragweite konfrontiert zu werden. Ich würde ja nicht nur Marcus zurücklassen, sondern auch Nadja. Bis zu dem Zeitpunkt hatte ich mir wohl selber etwas vorgemacht, wenn ich dachte, ich müßte das Land verlassen, um nicht verrückt zu werden. Insgeheim aber hatte ich nicht damit gerechnet, daß ich es wirklich einmal tun würde. Und gleichzeitig gehofft, daß es für uns alle ein Happy-End geben würde. Nun begriff ich, daß jedes Ende ein Ende mit Schmerzen sein würde.

Die jemenitische Regierung hatte offenbar plötzlich beschlossen, daß sie von mir genug hatte. Der Außenminister, Doktor Ala-Riyani, hatte den britischen Botschafter angerufen und ihm gesagt, er wolle die Angelegenheit so schnell wie möglich bereinigen. Entweder sollte Abdullah schriftlich sein Einverständnis zu meiner Ausreise geben oder er mußte sich von mir scheiden lassen.

Mir war völlig rätselhaft, wie es ihnen gelungen war, Abdullah zur Scheidung zu überreden, da Abdul Khada sie ihm doch verboten hatte und ich wußte, wie sehr er seinen Vater fürchtete. Wenn wir in Abdul Wallis Haus waren, sah ich immer wieder einen bestimmten Polizisten, der ständig ein und aus ging und für die anderen draußen Wasser und andere Dinge holte. Abdul Walli vertraute ihm anscheinend bedingungslos. Er war sehr freundlich zu Nadja und mir und berichtete uns oft vom Stand der Dinge und von den Gerüchten, die im Umlauf waren. Ich fragte ihn, was er über die Scheidung wüßte. Er erzählte mir, daß die Polizei Abdullah mit Ketten an den Füßen abgeführt und in ein fünf Autostunden von Ta'izz entferntes Gefängnis gebracht und ihn gezwungen hatte, die notwendigen Scheidungspapiere zu unterzeichnen.

Ich fragte Abdul Walli, ob das der Wahrheit entsprach, und er gab zu, daß Abdullah schon seit einiger Zeit eingesperrt war. Deswegen hatte er uns auch nach Sanaa nicht begleitet. Er soll in seiner Zelle ständig geweint haben, hatte sich anfangs aber trotzdem geweigert, sich von mir scheiden zu lassen, weil Abdul Khada es verboten hatte.

Einer der Gründe, warum Abdul Khada sich gegen eine Scheidung so sträubte, waren die Schwierigkeiten, für Abdullah eine neue Frau zu suchen. Jemanden zu finden, der seinen Sohn nun heiraten wollte, würde ihn sehr viel Geld kosten, vielleicht mehr, als er auftreiben konnte. Ich glaube, er wollte nicht das Gesicht verlieren, indem ich mich ihm gegenüber durchsetzte und der Familie entkam.

Was mit Abdullah geschah, nachdem er aus dem Gefängnis entlassen wurde, weiß ich nicht. Ich sah ihn nie wieder. Ich nehme an, er ist wieder nach Saudi-Arabien oder nach Hockail gegangen.

»Du wirst bald fahren können«, versicherte mir Abdul Walli, »aber du mußt noch drei Monate warten, damit wir sichergehen können, daß du nicht schwanger bist.« Sogar in diesem Stadium wollten sie nicht riskieren, ein jemenitisches Baby an eine Ausländerin zu verlieren. »Und du mußt Marcus bei Nadja lassen.«

»Darf er denn bei ihr bleiben?« wollte ich wissen.

»Eine Weile schon, aber irgenwann muß er zu seinen Großeltern zurück.«

Ich nahm Abdul Walli das Versprechen ab, daß Nadja in der Stadt bleiben durfte und nicht in die Mukbana zurückmußte. Er gab es mir.

Ich versuchte die Trennung von Marcus aus meinen Gedanken zu verdrängen, doch das gelang mir nur zeitweise. Wenn ich ihn hielt und zu ihm hinunterschaute, mußte ich immer daran denken, daß ich ihn verlieren und daß er ohne mich aufwachsen würde. Ich war beruhigt bei dem Gedanken, daß Nadja für ihn dasein würde, und ich hoffte einfach, daß sie ihn später mitbringen konnte.

Nadja bestand darauf, daß ich fahre; sie sagte immer wieder: »Tu alles, was du kannst, um mich nach England zu holen.« Doch sie wußte, daß sie warten mußte, bis Mohammed einen Paß ausgestellt bekam, und Gowad weigerte sich weiterhin, die erforderlichen Papiere zu unterschreiben.

Einmal bekam ich einen Anruf von Mum, und sie berichtete mir, daß Jim Schwierigkeiten bekommen hatte, weil er mir meinen Paß ausgehändigt hatte, bevor die jemenitischen Behörden ihn gestempelt hatten. Nun wollten sie wissen, wo der Paß war. Ich wußte nicht, wo er abgeblieben war, ich mußte darauf vertrauen, daß Abdul Walli das Richtige für mich tat.

Ich war immer noch nicht überzeugt davon, daß ich Abdullah wirklich los war, und ich erkundigte mich bei verschiedenen Leuten. Da es mir alle bestätigten, gewöhnte ich mich allmählich an den Gedanken. Als ich meine Scheidung schließlich akzeptiert hatte, wußte ich, daß ich mich auf dem Heimweg befand.

Abdul Walli kam in die Wohnung, um mir mitzuteilen, daß ich Koffer packen und mich in zwei Tagen für die Fahrt nach Sanaa bereithalten sollte. Er gab uns eintausend Rial, um Geschenke für unsere Familie zu kaufen. Dazu brauchte man uns nicht zweimal aufzufordern. Wir verließen die Wohnung und kauften kleine Flaschen teurer Parfums für Mum und unsere Schwestern und für Mum auch noch eine Uhr. Auch für mich erstand ich ein paar Kleinigkeiten wie zum Beispiel eine Kulturtasche und Kinderkleidung. Wie gaben nicht alles Geld aus, Nadja behielt, was davon übrig war.

Die Kleider, in denen wir das Dorf verlassen hatten, trugen wir inzwischen nicht mehr. Die Mode hatte sich geändert, anstelle der halblangen Umhänge über Röcken trug man jetzt fußlange, vorn ganz durchgeknöpfte Umhänge, und solche besaßen wir auch seit einiger Zeit. Als sicher war, daß ich nach Hause fahren würde, kaufte ich mir einen westlicheren beigen Umhang, damit ich in England nicht so auffiel. Darunter hatte ich immer noch Pluderhosen an, und ich trug auch weiterhin ein Kopftuch. Nadja schien froh darüber zu sein, daß ich wegfahren konnte, und auch zuversichtlich, daß sie mir bald nachkommen würde. Als ich mit Mohammed darüber sprach, war er sehr optimistisch.

»Sobald Vater die Papiere schickt, die sie brauchen«, sagte er, »bringe ich Nadja und die Kinder zu dir zu Besuch.« Zu der Zeit war ich ganz sicher, daß ich ihm vertrauen konnte, denn er wollte ja offenbar selbst unbedingt nach England.

»Wenn es mit Mohammeds Paß nicht klappt«, schärfte mir Nadja ein, »mußt du tun, was du nur kannst, um mich rauszuholen. Warte nicht zu lange damit.«

»Bestimmt nicht«, versicherte ich ihr, »ich versprech's.«

Nachdem wir die Einkäufe erledigt hatte, gingen wir zur Wohnung zurück, und ich fing an, meinen Koffer zu packen. Abdul Walli hatte mich ermahnt, nicht zuviel Gepäck mitzunehmen, nur einen Koffer und eine Handtasche. Mein Koffer war sehr klein, den meisten Platz nahmen die Geschenke ein. Ich hatte noch die englischen Sachen, in denen ich vor acht Jahren angekommen war. Was mich an mein altes Leben erinnerte, hätte ich unter keinen Umständen wegwerfen können.

Da wir früh am Morgen in Sanaa auf dem Flughafen sein sollten, also über Nacht hinfahren mußten, gingen wir am Nachmittag zu Abdul Walli. Nichts kam mir wirklich vor, ich fühlte mich wie eine Schlafwandlerin. Ich war sicher, daß ich jeden Augenblick aufwachen und wieder im Dorf sein würde und aufstehen mußte, um die Tagesarbeit zu beginnen.

Wir aßen in Abdul Wallis Haus zu Abend, und Mum rief an und wollte wissen, wie die Dinge stehen. Sie versprach, mich vom Flughafen abzuholen. »Das Schlimmste ist, daß ich Nadja hierlassen muß«, sagte ich.

»Mach dir um Nadja keine Sorgen, sie kommt nach dir auch heraus«, versicherte sie mir.

Der Land Rover wartete an der Rückseite des Hauses, das wir durch die Hintertür verließen. Abdul Walli trug mir den Koffer, damit ich Marcus im Arm halten konnte. Nadja und die Kinder kamen mit vors Haus, um sich zu verabschieden, und ein Polizist fuhr auch mit uns. Nadja war sehr tapfer. Ich sagte ihr auf Wiedersehen, küßte Haney und Tina und gab ihr Marcus. Er war wach und sah mich an, als ich ging, weinte aber nicht.

»Alles wird gut werden«, sagte Nadja.

Ich konnte nur tonlos sagen, »Ich weiß«, als ich in den Land Rover einstieg und wir in der Dunkelheit davonfuhren. Während der Fahrt sprach keiner der Männer ein Wort mit mir.

Kurz bevor es hell wurde, kamen wir am Flughafen an, und ich fing an zu weinen.

Obwohl es ein großer, moderner Flughafen war, gab es pro Woche nur einen Direktflug nach London. Als ich alle diese Flugzeuge starten und landen sah, wurde mir plötzlich bewußt, daß ich Nadja, Marcus und die anderen Kinder wirklich verlassen würde.

Wir gingen hinein, und ich mußte dastehen und warten, während Abdul Walli und Mohammed im Flughafengebäude hin und her liefen, mit Leuten sprachen und verschiedenes klärten. Daß Jim Halley auch dort war, wußte ich nicht. Er hatte einen Freund verabschiedet und beobachtete nun aus der Ferne, ob bei mir alles reibungslos verlief.

Schließlich rief mich Abdul Walli zu sich, und wir gingen durch einige Glastüren in einen Raum, in dem das Gepäck gewogen wurde. Man nahm mir den Koffer ab, und ich kehrte ins Hauptgebäude zurück, um dort in der Kantine zu warten. Nach ein paar Minuten kam ein Flughafenangestellter mit Abdul Walli zu mir und reichte mir ein blaues Formular. Er befahl mir, es auszufüllen.

»Was ist das?« fragte ich.

»Füllen Sie es nur schnell aus«, sagte der Mann. »Wir brauchen es sofort.«

Die Fragen waren sehr einfach. Ich beantwortete sie und gab das Formular zurück, und der Mann verschwand. Eine halbe Stunde lang passierte gar nichts, und ich war sicher, daß sie einen neuen Grund gefunden hatten, meinen Abflug zu verzögern und mich nach Ta'izz zurückzubringen. Dann kam er endlich mit meinem Paß wieder, und Abdul Walli reichte ihn mir.

»Dein Ausreisevisum ist nun abgestempelt«, sagte er und lief wieder davon und ließ mich allein.

Ich weiß nicht, ob Abdul Walli mich angelogen hatte, als er Wochen zuvor behauptet hatte, er ließe meinen Reisepaß abstempeln, oder ob es nur ein Mißverständnis war. Ich hatte das Dokument jedenfalls endlich in der Hand, und das allein war wichtig. Jede Sekunde, die wir noch im Flughafen verbrachten, erwartete ich, daß ein Polizist auftauchen, mich ergreifen und zum Land Rover zurückbringen würde. Ich konnte kaum schlucken, und von der Anspannung war mir körperlich schlecht, ich zitterte innerlich vor Furcht.

Per Lautsprecher wurde die Ankunft eines Flugzeugs nach London angekündigt, und ich wußte, das war meines. Abdul Walli tauchte wieder auf und bat mich, mitzukommen und mich auf einen Platz neben dem Ausgang zum Rollfeld zu setzen. Mohammed war nirgendwo zu sehen. Ich schüttelte Abdul Walli die Hand und sagte ihm auf Wiedersehen. Dann ging ich zur Abflughalle durch.

Ohne Abdul Walli war ich nun ganz auf mich gestellt, und ich hatte Angst. Wenn jetzt noch etwas schiefging, konnte ich mich an niemanden wenden. Soweit man sehen konnte, war ich nur eine allein reisende Araberin. Um mich herum saßen viele Touristen und ein paar Jemeniten, die alle auf das gleiche Flugzeug warteten.

»Ist das das Flugzeug nach London?« fragte ich die neben mir sitzende Amerikanerin mittleren Alters. Sie gehörte offenbar zu einer Reisegruppe.

»Ja«, lächelte sie, »wohin fliegen Sie denn?«

»Ich fliege nach Hause zurück, nach England.«

»Sind Sie Engländerin?«

»Ja.«

»So wie Sie angezogen sind, dachte ich, Sie müßten eine Einheimische sein. Und Sie sind so braun.«

»Ich bin acht Jahre hiergewesen«, erklärte ich ihr.

»Wir waren bloß drei Wochen hier und sind herumgefahren ...« Sie plauderte weiter, und ich war froh über die Ablenkung von der Spannung. Ich sah Beamte an den Türen zum Rollfeld erscheinen, sie unterhielten sich miteinander, und ich war überzeugt davon, daß sie mich ansahen. »... Wir sind durch den ganzen Jemen gefahren, ich war begeistert. In den Städten hab ich ein paar wundervolle Motive gefunden, sie sind ja so alt, ich wollte gar nicht glauben ...« Ich war froh, daß sie mir keine Fragen über mich stellte. Ich war so angespannt, ich weiß, ich wäre aggressiv geworden. Ich hörte ihr zu, und sie klang so frei, so als könnte sie hingehen, wohin sie wollte, und tun, was sie wollte.

Man rief uns auf, ins Flugzeug einzusteigen. An der Tür standen zwei bewaffnete Polizisten, denen wir beim Vorübergehen unsere Flugkarten zeigen mußten. Der erste schaute in meine Handtasche und sah sich dann meine Flugkarte an. Er nickte, und ich folgte den anderen Passagieren zu dem wartenden Bus.

»He!« rief er mir nach. Mein Herzschlag hämmerte in den Ohren, und er winkte mich zurück. »Ihren Paß!« sagte er schnarrend. Ich gab ihn ihm, und er blätterte ihn ganz langsam und Seite für Seite durch und sah mich dabei unverwandt an.

»Warum wollen Sie denn meinen Paß sehen?« fragte ich mir zitternder Stimme. »Alle anderen mußten nur ihre Flugkarte zeigen.« Er sagte nichts, starrte mich nur weiter an. »Sie erkennen mich wohl, ich fahre nach Hause«, sagte ich. Seine Augen wurden klein, und er war im Begriff, etwas zu sagen.

»Laß sie durch und gib ihr den Paß zurück«, schrie sein Kollege ihn an. Der Mann schluckte seinen Einwand hinunter und schob mir den Paß grob in die Hand. Ich ging zum Bus. Alle anderen waren schon eingestiegen und warteten auf mich, die Blicke aller waren auf mich gerichtet.

Als ich die Stufen der Gangway hinaufging, konnte ich es immer noch nicht fassen. Es kam mir so unwirklich vor, daß ich das war. Das Flugzeug war klein, und trotzdem hatte ich zwei Plätze für mich allein. Ich starrte aus dem Fenster auf das Flughafengebäude. Das Flugzeug begann langsam über die Rollbahn zu gleiten, und ich rechnete damit, daß jemand die Tür aufreißen, hereinspringen und mich im letzten Augenblick aus dem Flugzeug zerren würde. Als das Flugzeug schneller wurde, spürte ich, wie sich die Erregung in mir abbaute, und dann hoben wir vom Boden ab. Die Hostess kam und fragte mich, ob ich etwas essen wollte, denn es war

Ramadan, und die meisten Jemeniten fasteten zu dieser Zeit. Ich sagte ihr, ich hätte keinen Hunger, fastete aber nicht. Sie ging weiter, und ich schaute aus dem Fenster nach hinten und sah, wie der Jemen unter den Tragflächen des Flugzeugs und immer kleiner wurde verschwand, während wir in den klaren blauen Himmel aufstiegen, und dann weinte ich.

Nach kurzer Flugzeit mußten wir auf einem zweiten Flughafen im Nahen Osten zwischenlanden, um Fluggäste aus- und einsteigen zu lassen. Ich malte mir aus, daß man mich hier herausholen und zurückschicken würde. Wir landeten, aber wir konnten an Bord bleiben und mußten nicht ins Flughafengebäude gehen. Das erleichterte mich, aber es geschah nichts. Ich sah aus dem Fenster, und plötzlich kam ein Polizeitransporter über das Rollfeld auf uns zugefahren. Mein Herz schlug wieder wie rasend. Das Auto hielt unter dem Flugzeug an, und zwei bullige bewaffnete Polizisten kamen an Bord. Gingen bis zu meinem Platz, starrten mich frontal an und setzten ihren Weg durchs Flugzeug fort. Ganz hinten wendeten sie und kamen den gleichen Gang wieder nach vorn. Ich sah wie die meisten Araberinnen weiter zu Boden und betete, daß sie einfach an mir vorbeigehen würden. Das taten sie auch und verließen dann das Flugzeug.

Später hörte ich die Leute in meiner Nähe sagen, daß sich in dem Gebiet ein paar entflohende palästinensische Terroristen aufhalten sollten und deshalb alle gelandeten Flugzeuge durchsucht wurden. Wir blieben mehr als zwei Stunden auf dem Rollfeld stehen, bevor wir endgültig nach London starteten.

KAPITEL 19

Das Ende eines Alptraums

Wie eine Schlafwandlerin stieg ich am Flughafen London Gatwick aus dem Flugzeug aus. Ich folgte den übrigen Fluggästen über das Rollfeld zum Flughafengebäude. Ich sah mich überall um, suchte Mum und hatte Angst. Ich sah westlich gekleidete Menschen und wußte, daß ich das Kopftuch hätte abnehmen können und so frei sei wie früher, bevor ich England verlassen hatte, und trotzdem konnte ich es nicht. Ich war zu sehr eine jemenitische Frau. Wir gingen ein paar Stufen hinauf, und ich bemerkte oben auf der Treppe eine Frau, die eine Uniform trug. Sie hielt ein Stück Zeitung in der Hand und sah jeden an, der an ihr vorüberging.

»Zana?« rief sie, als ich vorbeiging.

»Ja«, sagte ich, »das bin ich.«

»Ich hätte Sie nicht erkannt.« Sie zeigte mir das Stück Zeitung, auf dem ein altes Foto von mir abgebildet war. »Haben Sie keine Angst, wir müssen Sie auf einem anderen Weg zu den anderen bringen, denn da draußen warten eine ganze Menge Journalisten auf Sie.«

Ich folgte ihr durch einige Korridore, während sie freundlich auf mich einredete. Wir holten meinen Koffer, und sie brachte ihn für mich durch den Zoll. Dann gingen wir nochmal durch eine Tür und waren wieder auf dem Rollfeld.

»Der da ist für uns.« Sie zeigte auf einen Kleinbus. »Er bringt Sie zu Ihrer Mutter.« Wir stiegen ein und fuhren über die Landebahn, an den Flugzeugen vorbei, die aufgetankt wurden. Neben uns fuhr auf jeder Seite ein Polizeiauto mit Blaulicht. Die Frau erklärte mir, daß überall auf dem Flughafen Teams von Fernsehsendern nach mir suchten.

»Nach allem, was Sie durchgemacht haben, wollen Sie sich dem doch jetzt bestimmt nicht aussetzen«, sagte sie.

»Nein«, sagte ich dankbar, »ich will nur meine Mum.«

Ich bemerkte einen Hubschrauber ganz am Ende der Rollbahn, und wir fuhren direkt auf ihn zu. Als wir näherkamen, sah ich Mum neben ihm stehen und erkannte Eileen und Ben. Der Pilot saß schon im Hubschrauber. Der Kleinbus hielt an, und wir stiegen aus. »Hier ist Ihre Tochter, Miriam«, sagte die Frau. Sie stieg wieder in den Bus ein und winkte noch einmal, bevor er abfuhr.

Ich rannte zu Mum und umarmte sie für eine Ewigkeit. »Ich kann es nicht glauben, hier zu sein«, waren die einzigen Worte, die mir einfielen. Sie weinte und lachte zur gleichen Zeit, und ich hörte das Klicken von Bens Kamera, der uns umrundete und Fotos machte, doch das war mir egal. Ich hatte alles, was ich in diesem Augenblick wollte.

»Wir müssen in den Hubschrauber und vom Flughafen weg«, sagte Mum. »Es ist die einzige Möglichkeit, an den Reportern vorbeizukommen. Eileen hat ihn besorgt.«

Ich hatte schreckliche Angst – ich war noch nie mit einem Hubschrauber geflogen. »Hab keine Angst«, sagte Mum, und ich sah, daß sie sich ebenfalls fürchtete. Als wir vom Boden abhoben, schwankte der Hubschrauber von einer Seite auf die andere, und mir war klar, daß er auseinanderbrechen würde, aber der Pilot schien nicht beunruhigt zu sein.

Eileen und Ben waren zu uns eingestiegen. »Wie geht es dir, Zana?« fragte sie. »Wie war dein Flug?«

»Gut«, antwortete ich und sagte dann zu Mum: »Ich hatte Angst, Mum, ich war so allein in dem Flugzeug.«

Sie nickte: »Hab keine Angst, ich bin ja jetzt bei dir.«

»Wie geht's Nadja und den Kindern?« fragte sie.

»Gut.« Ich war inzwischen so mutig, daß ich nach draußen auf die unter uns vorbeifliegende Landschaft von Sussex schauen konnte. Alles sah so grün und üppig aus. Nach einem kurzen Flug landeten wir auf einem Feld neben einem Haus am Ende der Welt. Wir stiegen aus und duckten uns unter dem kreisenden Propeller, der Wind peitschte unsere Kleider, und gingen über das Feld zu einer Landstraße, wo ein

Auto mit einem Fahrer schon auf uns wartete. Der Hubschrauber hinter uns hob wieder ab und verschwand über den Bäumen, eine tiefe Stille blieb zurück.

»Wohin fahren wir?« fragte ich. »Wir fahren in ein Hotel in Brighton«, antwortete Eileen, als wir ins Auto einstiegen.

Nach der Bombe, die ein paar Jahre zuvor beinahe alle Mitglieder der britischen Regierung getötet hätte, war das Grand Hotel renoviert worden, doch davon wußte ich zu der Zeit nichts. Ich sah nur ein teures, luxuriöses Hotel mit Meeresblick. Die Zimmer mußten schon vorher bestellt worden sein, denn Eileen gab Mum einen Schlüssel und erklärte ihr den Weg zum Zimmer, während sie zur Rezeption ging und mitteilte, daß wir angekommen waren.

»Wann kann ich nach Hause, Mum?« fragte ich immer wieder. Ich wollte dort nicht bleiben, ich wollte nur meinen Bruder und meine Schwestern und meine Freunde sehen.

»Ich weiß nicht«, sagte sie und zuckte mit den Schultern, »morgen vielleicht.«

»Warum denn? Ich möchte jetzt gleich.«

»Es ist wegen der Reporter«, erklärte sie mir. »Wir müssen ihnen eine Weile aus dem Weg gehen. Zu Hause warten auch welche auf uns. Wenn wir uns jetzt draußen blicken lassen, laufen sie uns alle nach, und wir wollen doch noch nicht so schnell ins Fernsehen. Du mußt Eileen vertrauen.

Ich verstand damals überhaupt nichts von Zeitungen und dachte, daß Eileen die Story vielleicht für sich selbst behalten wollte. Nach allem, was sie für uns getan hatte, war ich der Meinung, daß sie das verdient hatte, und darum hörte ich auf Mum und schwieg eine Weile. Ich war sehr müde, so müde, daß ich an dem Tag weder essen noch schlafen konnte. Das Letzte, was ich wollte, war im Fernsehen auftreten, dafür war ich viel zu schüchtern und nervös. Ich begriff immer noch nicht, wie Medien funktionierten, und Mum erklärte mir nach und nach, mit welchem Ansturm wir vermutlich rechnen mußten.

»Ich will heute niemandem Fragen beantworten«, sagte ich.

»Ich will einfach nur allein sein.« Alle hatten Verständnis dafür. Ich wollte an nichts anderes denken, bis ich Nadja wieder bei mir hatte. Mir war zumute, als hätte ich einen Teil von mir im Jemen zurückgelassen. Ich war die ganze Zeit damit beschäftigt, mir die richtigen Worte zu überlegen, damit die Regierung des Jemen Nadja und die Kinder gehen ließ. Ich war so müde, daß in meinem Kopf alles durcheinanderging. Halb wünschte ich mir, zu Nadja und den Kindern zurückzukehren, und irgendwann an dem Tag habe ich auch etwas Derartiges gesagt. Mum hat wohl ebenfalls enorm unter Druck gestanden, denn sie herrschte mich gleich an, als ich das sagte. Sie hat vielleicht gedacht, ich wäre ihr nicht dankbar für alles, was sie für mich getan hatte. Sie beschuldigte mich, nur deshalb zurückgehen zu wollen, weil ich in Abdul Walli verliebt wäre. Es war dumm von ihr, so etwas auch nur zu denken, und anschließend entschuldigte sie sich auch sofort. Doch das war zu spät, denn Eileen hatte es gehört und ernstgenommen. Sie glaubte nun, ich plane, in den Jemen zurückzukehren und Abdul Walli zu heiraten. An dem Tag war ich aber zu verwirrt, um zu merken, was für einen Eindruck wir machten, und daß Mißverständnis tauchte erst wieder auf, als Eileen später ausführlichere Stories schrieb.

Ben fragte, ob wir mit ihm nach draußen gehen würden, damit er einige Aufnahmen machen konnte. Es war April und wirklich kalt. Ich wollte nicht, aber Mum schlug vor, ihm den Gefallen zu tun und es schnell hinter uns zu bringen, denn dann würde er uns in Ruhe lassen. Mum und ich gingen mit ihm für ungefähr zwanzig Minuten zum Strand. Ich trug immer noch das Kopftuch, fand einfach nicht den Mut, es abzunehmen. Ich hätte mich sonst nackt gefühlt.

Am nächsten Tag blieben wir im Hotelzimmer. Ein mit Eileen befreundetes Ehepaar vom *Observer* kam uns besuchen. Sie waren sehr rücksichtsvoll, und als sie sahen, wie durcheinander ich war, stellten sie mir keine Fragen. Am selben Tag kam Eileen später mit der Nachricht zu uns, daß Journalisten einer anderen Zeitung unseren Aufenthaltsort herausgefunden hätten und unten in der Halle warteten. Sie hatte schon den Umzug in ein anderes Hotel für uns organisiert und wir mußten durch einen Seitenausgang hinaus.

Wir folgten ihr nach unten zur Seitentür, vor der ein Taxi wartete, das uns nach London, ins Metropolitan Hotel, bringen sollte. Es war viel schöner als das Grand Hotel, viel bequemer und nicht so vornehm. Wir blieben den ganzen Tag über im Zimmer, doch am Abend hatte ich genug davon.

»Wenn sie mich jetzt nicht nach Hause bringen«, sagte ich zu Mum, »fahre ich allein.«

»Also gut«, sagte sie, »wir fahren. Ich rede mit Eileen.« Sie machte Eileen klar, daß ich unbedingt nach Hause wollte und wie aggressiv ich schon sei. Eileen kam zu mir.

»Was ist denn los?« fragte ich. »Ich möchte nur nach Hause.«

»Okay, ich besorg ein Auto, und morgen fahren wir.«

In der Nacht schlief ich gut. Am nächsten Vormittag fuhr Ben uns nach Birmingham, ich war nun auch endlich imstande, die englischen Sachen anzuziehen, die Mum für mich mitgebracht hatte. Von der Fahrt weiß ich nicht mehr viel. Ich nahm nicht wirklich wahr, was um mich herum vorging. Ich wollte nur zu meiner Familie kommen und war so ungeduldig, daß ich kaum stillsitzen konnte. Als wir uns dem Stadtzentrum von Birmingham näherten, sah ich die Rotunde auf uns zukommen, alles sah genauso aus, wie ich es in Erinnerung hatte, und Tränen stiegen mir in die Augen.

»Kannst du dich daran erinnern?« fragte Mum.

»Ja, natürlich.« Die Stimme versagte mir, als ich sprach. »Wohin fahren wir jetzt?«

»Wir fahren zu Mrs. Wellington«, erklärte sie. Die Aussicht, die Wellingtons, Lynny und ihre Mutter, wiederzusehen, war überwältigend. Ich konnte nicht glauben, daß das wirklich wahr werden würde. Mir fiel ein, wie Lynny und ich Mrs. Wellington sonntags im Laden geholfen und Kunden bedient hatten, und wie sie uns dann Taschengeld gegeben hatte, damit wir abends ins Kino gehen konnten. Sie waren wunderbare Freunde.

Mrs. Wellington hat ein Haus in Sparkbrook, und als wir in das Viertel kamen, starrte ich wie ein Kind aus dem Fenster, ob ich nicht zufällig meine alten Freunde auf der Straße sehen würde. Mum beobachtete mich lächelnd.

»Woran denkst du?« fragte sie.

»Ich kann es kaum erwarten, die ganze Familie zu sehen.«

Als wir vor dem Haus anhielten und ich aus dem Auto ausstieg, kam unsere ganze Familie zur Tür heraus: Mo, Ashia, Tina und Ashias Tochter Lana, die ich noch nie gesehen hatte. Dann erschien Mrs. Wellington mit ihren beiden ältesten Töchtern. Ich ging auf sie zu und sah, daß alle weinten. Lynny hatte in der gleichen Straße eine eigene Wohnung und war schon unterwegs, man hatte ihr gesagt, daß ich käme.

Wir traten ins Haus, setzten uns aufs Sofa, und alle wurden still. Ashia weinte am meisten, und Tina hatte sich in den acht Jahren so verändert, daß ich sie nicht wiedererkannte; sie war so groß geworden. ich aber konnte nur an Nadja denken, die immer noch im Jemen festgehalten wurde. Es schnürte mir die Kehle zu, und ich konnte kein Wort herausbringen. Eileen und Ben waren auch da, und dann kam Lynny. Ich erkannte sie sofort, obwohl sie inzwischen eine erwachsene Frau war. Sie war jetzt viel hübscher als in ihrer Kindheit, trug das Haar kurzgeschnitten und war auch viel größer geworden. Wir umarmten uns und weinten, und keine von uns fand die richtigen Worte. Sie starrte mich nur unverwandt an, weinte und schüttelte ungläubig den Kopf.

»Du siehst ganz anders aus, du siehst ganz anders aus«, staunte sie nur immer wieder. »Du bist so braun.«

Mum und ich blieben vier Tage bei den Wellingtons, die übrigen schliefen in Mums Haus und kamen jeden Tag. Eileen und Ben hatten sich in Birmingham ein Hotel genommen und besuchten uns jeden Tag. Sie blieben wohl in unserer Nähe, um dafür zu sorgen, daß andere Zeitungen uns nicht fanden. Kurz vor ihrer Abreise machte Ben viele Aufnahmen von uns allen im Garten. Ich wollte ihn und Eileen nicht mehr um mich haben, sie fingen an, mich zu deprimieren.

»Ich will keine Fotos mehr«, sagte ich zu Mum.

»Wir brauchen die Fotos aber«, sagte sie, »um sie der Öffentlichkeit zu zeigen und um Nadja zu helfen.« Also machte ich noch eine Weile mit.

Vier Tage später war ich zum Umzug in Mums Haus in King's Heath bereit, das sie bewohnte, seit sie Dad verlassen hatte. Mum und ich fuhren mit dem Taxi dorthin, und die anderen warteten schon auf uns. Das Haus war zwar klein, aber es tat so wohl, wieder bei meiner Familie zu sein.

In den nächsten Wochen standen hin und wieder Reporter vor der Tür und fragten nach mir, aber ich wollte nicht mit ihnen sprechen. Es ging immer jemand aus der Familie an die Tür und schickte sie weg. Manche standen stundenlang draußen herum, deshalb konnte ich dann eine Weile nicht aus dem Haus gehen. Ich wagte mich in den ersten Wochen nicht auf die Straße. Nur zu Lynny oder zu Mrs. Wellington brachte mich Ashia mit dem Taxi.

Tom Quirke, der Journalist von der *Birmingham Post*, meldete sich wieder bei Mum und wollte wissen, was mit Nadja geschehen war. Wir gingen mehrmals in sein Büro und riefen Abdul Walli in seinem Haus in Ta'izz an. Wir konnten regelmäßig telefonieren, und daher wußte ich, daß sie noch in der Stadt war und daß es Marcus gutging. Sie und Mohammed sagten, daß ich mir keine Sorgen machen sollte und daß sie nachkommen würden, sobald die Papiere eingetroffen seien. Er wartete immer noch darauf, daß Gowad sie schickte. Wie ich hörte, wurde Gowads Haus in Birmingham von Reportern belagert, doch er ließ keinen zu sich.

Ganz gleich, was sie mir auch versicherten, ich machte mir doch immer wieder Sorgen, denn ich wußte ja, wie leicht dort etwas im Sand versickern konnte und daß die Leute ihre Versprechungen nie hielten. Ich konnte nicht ruhig darüber nachdenken, wie ich mein eigenes Leben in Ordnung bringen sollte, solange Nadja mit den Kindern da draußen noch in der Falle saß.

Der einzige Mensch, der Nadja sonst noch helfen konnte,

war Dad. Wenn er sagen würde, daß seine Tochter und seine Enkelkinder im Jemen unglücklich seien, konnte er ihre Rückkehr nach England verlangen, und ich weiß, daß Gowad ihm dann nicht widersprochen hätte. Aber er wollte nicht helfen.

»Ich muß zu Dad gehen«, sagte ich zu Mum, »und ihn bitten, uns zu helfen, Nadja herauszuholen.«

Ich zog mich für den Besuch wieder an wie eine Jemenitin, trug Hose und Kopftuch und wollte ihm demonstrieren, daß ich mich verändert hatte und jetzt eine respektvolle Tochter war. Ich fuhr allein mit dem Taxi zum Café. Das Café sah aus wie früher. Ich sah ihn hinter der Theke und fühlte gar nichts.

»Zana!« rief er aus und fing an zu weinen. Ich weinte nicht.

Ich ging nach hinten durch und wartete auf ihn. Als die Gäste gegangen waren, schloß er ab und kam zu mir. Er weinte immer noch und fand keine Worte.

»Was geschehen ist, tut mir leid«, sagte er. »Wenn ich früher erfahren hätte, wie man dich dort behandelt hat, wäre alles anders gekommen.« Ich wußte, daß er log, denn die vielen Leute, die in all den Jahren zwischen dem Jemen und England hin und her gefahren waren, hatten ihm ja berichtet, in welcher Lage wir dort waren, und er hatte ja auch die vielen Briefe von uns abgefangen, in denen wir unser Unglück schilderten. Das alles wollte ich nun nicht noch einmal mit ihm durchgehen, ich wollte ihn nur bitten, Nadja zu helfen.

»Nun bin ich also wieder da«, sagte ich, »und wie die siehst bin ich immer noch eine Moslemin und respektiere dich. Ich liebe dich, Dad, und ich bitte dich um Hilfe, damit Nadja und ihr Mann auch herkommen und wir wieder wie eine große glückliche Familie leben können.«

Er nickte und war mit allem einverstanden, was ich sagte. »Ich geh zu Gowad und rede mit ihm«, versprach er. »Du weißt jetzt, was es bedeutet, Mohammedanerin zu sein, du sprichst arabisch, und du verstehst das Leben besser. Nur das habe ich für dich gewollt.«

»Ja, ich bin jetzt vernünftiger«, stimmte ich zu. »Du wirst also wegen Nadja mit Gowad reden?«

»Ja. Du kannst ihn auch besuchen.« Er meinte das ernst, denn er verabredete sich mit mir, um zu Gowad zu gehen.

Ich zog noch einmal die arabische Kleidung an und ging zur vereinbarten Zeit zu Gowads Haus. Es war groß und alt. Salama war auch da. Ich sprach mit ihr, doch empfand ich nur Haß für sie nach dem, was sie Nadja am Ende angetan hatte. Sie war immer noch gekleidet wie die Frauen im Dorf, und hatte eine kleine, zwei Jahre alte Tochter.

»Warum bist du so lange fortgewesen und hast uns einfach deine Kinder aufgehalst?« fragte ich. »Wir wollten wissen, was los ist, aber niemand hat uns etwas gesagt. Warum hast du das getan?«

»Ich fahre bald zurück«, versprach sie, »und Nadja und Mohammed kommen mit den Kindern herüber.«

»Ja, das weiß ich.« Ich verlor kein weiteres Wort mehr, es wäre umsonst gewesen. Es gelang mir, auch weiterhin höflich zu bleiben, obwohl ich schon spürte, wie sich die Aggression in mir aufbaute. Ich wollte mich aber beherrschen, um sie nicht zu verärgern und Nadja nicht zu schaden.

Dad unterhielt sich mit Gowad auf arabisch, doch ich konnte ihrem Gespräch inzwischen folgen. Gowad versprach, alles zu tun, war er nur konnte. »Es wird dauern«, sagte er, »aber sie werden kommen.«

Seitdem ist nichts geschehen. Ich glaube nicht, daß sie überhaupt die Absicht hatten, etwas zu unternehmen, sie wollten mich wohl bloß zum Schweigen bringen.

Durch Araber, die auf Durchreise in Birmingham waren, habe ich das Gerücht gehört, daß Nadja mit den Kindern ins Dorf zurückgekehrt sei. Sie hatten mich auf der Straße erkannt und mir berichtet, was passiert war. Sie behaupteten, Nadja sei freiwillig gegangen, aber ich weiß, daß das nicht stimmen kann.

Ahmed kam auch nach England und besuchte uns, und er hatte die gleichen Geschichten gehört. Er erzählte uns, daß Leilah sehr krank sei und sich in England behandeln lassen müßte.

Mum hatte noch ihre Geburtsurkunde, und Ahmed wollte sie nach Aden mitnehmen. Ein paar Monate später klopfte es an der Tür, und mein Bruder Mo sagte mir, daß Leilah angekommen sei. Ich ging ihr auf der Straße entgegen und sah sie nun zum ersten Mal, sie saß mit ihrem Mann in einem Kleinbus. Die vier Kinder schliefen im Auto. Sie sah aus wie Nadja. Sie stieg aus und weinte, aber ich konnte nur denken, warum kommst du raus und Nadja nicht?

Sie sah krank aus. Es war kalt und zugig auf der Straße, aber sie und Mum lagen sich in den Armen und wollten nicht voneinander lassen. Ich wollte sie so schnell wie möglich ins Warme bringen. Sie blieben ein paar Tage bei uns, bis wir für Leilah einen Termin beim hiesigen Arzt besorgt hatten. Mum hatte den nach ihrer Geburt ausgestellten Krankenversicherungsschein aufbewahrt, sie mußte ihn also nur erneuern lassen. Als es Leilah besser ging, mieteten sie sich ein Haus.

Den Gerüchten zufolge hat Nadja wieder ein Baby bekommen. Wenn das stimmt, dann muß sie aus Ta'izz fortgegangen sein und keine Möglichkeit zur Schwangerschaftsverhütung mehr gehabt haben. Daß sie sich noch ein Kind gewünscht hat, kann ich mir nicht vorstellen, nach den Komplikationen bei Tinas Geburt und bei der Arbeit, die sie mit ihr, Haney, Marcus und vermutlich auch noch den beiden Kindern von Salama hat.

Ich wollte Abdul Walli anrufen und ihn fragen, warum er sein Versprechen gebrochen und Nadja nicht in der Stadt behalten hat, aber er war nie da oder für mich nicht mehr zu sprechen. Mum rief Jim in Sanaa an, aber er wußte nichts über den aktuellen Stand der Dinge. Die Kommunikationswege waren wieder versperrt, und Nadja war für uns nicht mehr erreichbar. Wir mußten uns wieder mit Warten begnügen.

Durch meine eigenen Erfahrungen nehme ich nun bewußter wahr, was in der Welt passiert. Wenn ich jetzt im Fernsehen Berichte sehe über Kinder, die kein Zuhause haben, über Familien, die man auseinandergerissen hat, tut das so weh, daß es mich fast zerreißt.